根据2019年教育部、中央军委国防动员部联合制订的
《普通高等学校军事课教学大纲》编写

新编军事理论
与技能训练教程

XINBIAN JUNSHI LILUN
YU JINENG XUNLIAN JIAOCHENG

袁　野 ◎主编

精品教学课件
+考试平台+慕课
配套

国防大学出版社

图书在版编目（CIP）数据

新编军事理论与技能训练教程 / 袁野主编 .-- 北京：国防大学出版社，2019.5
　　ISBN 978-7-5626-2437-0

　　Ⅰ．①新… Ⅱ．①袁… Ⅲ．①军事理论—高等学校—教材②军事技术—高等学校—教材 Ⅳ．① E0 ② E9

中国版本图书馆 CIP 数据核字（2019）第 057551 号

新编军事理论与技能训练教程
袁　野　主编

出版发行：国防大学出版社
地　　址：北京市海淀区红山口甲 3 号
邮　　编：100091
电　　话：发行部 010-55479710　总编室 010-55479705
责任编辑：闫立炜
责任校对：邓彦防
封面设计：王雨桥

经　　销：新华书店
排　　版：北京联众恒创文化有限公司
印　　刷：北京富泰印刷有限责任公司
开　　本：787×1092 毫米　1/16
印　　张：17
字　　数：314 千字
版　　次：2019 年 7 月第 1 版　2020 年 5 月第 2 版　2021 年 6 月第 3 版
印　　次：2021 年 6 月第 3 版第 1 次印刷
定　　价：39.80 元

（如有质量问题，本社负责调换）

编 委 会

主　编 袁　野

副主编 李百成　李海滨　裴志伟　段　涛

编　委（以姓氏笔画为序）

尤海臣　王军勋　化新向　江国华

华佰春　汪　旭　李　江　李良俊

郑海龙　赵文静　施　展　夏俊毅

前言

兵者，国之柱石。

俯仰天地，纵览古今，环视西东，几千年人类文明，烽火硝烟不绝。华夏先贤的警言振聋发聩：国家虽大，忘战必危！在党的第十九次全国代表大会上，习近平总书记庄严宣告"中国特色社会主义进入新时代"，并强调："我们的军队是人民军队，我们的国防是全民国防。我们要加强全民国防教育，巩固军政军民团结，为实现中国梦强军梦凝聚强大力量！"

放眼全球，我们正面临百年未有之大变局。无论国际风云如何变幻，中国维护国家主权和安全的信心和决心不会变，中国维护世界和平、促进共同发展的诚意和善意不会变。新时代，人民军队将坚定不移走中国特色强军之路。坚持政治建军是立军之本，改革强军是必由之路，科技兴军是核心驱动，依法治军是强军之基，与练兵备战、军民融合等着力重点一道，与国家现代化进程相一致，为建设成为世界一流军队而勠力奋斗。

2021年是中华民族伟大复兴进程中具有历史性意义的一年。这一年既是中国共产党成立100周年，也是"十四五"开局之年。中国将开启全面建设社会主义现代化国家新征程，向第二个百年奋斗目标阔步前进。2019年伊始，教育部、中央军委国防动员部联合制订了《普通高等学校军事课教学大纲》，对军事课教学工作做出了新的部署。

本书分为军事理论和军事技能两大部分，共9章。具体内容包括：中国国防、国家安全、军事思想、现代战争、信息化装备、共同条令教育与训练、射击与战术训练、防卫技能与战时防护训练、战备基础与应用训练。本书采用权威性观点和最新理论教学成果，紧紧围绕《普通高等学校军事课教学大纲》来展开编写。在编写过程中，我们参考了《国家安全法》《总体国家安全观干部读本》《中国大百科全书·军事》《中国军事科学》等权威著作，并与军内外相关领域的专家和学者进行反复调研和论证。此外，本书还增设了二维码链接，以图文和视频的形式对一些晦涩难懂、专业性较强的内容进行立体式解读。本书内容新颖、材料翔实、结构严谨，这既有助于任课教师按照教学要求和教学重点丰富教学内容，深入浅出地讲授军事理论知识，还有助于学生自主学习军事理论知识和军事技能。

本书在编写过程中参考和吸收了有关专家、学者的最新研究成果，全书编写工作和统稿定稿工作得到了国防大学教授的大力支持，在此一并表示感谢。

限于编者水平，本书难免存在疏漏或不妥之处，敬请读者批评指正。

编 者
2021 年 3 月

目 录

上篇 军事理论

第一章 中国国防 ... 3

第一节 国防概述 ... 3
一、国防的内涵 ... 3
二、国防的类型与特征 ... 5
三、国防的历史与启示 ... 7
四、现代国防观 ... 13

第二节 国防法规 ... 15
一、国防法规的特性 ... 15
二、国防法规体系 ... 16
三、公民的国防权利和义务 ... 16

第三节 国防建设 ... 19
一、国防领导体制 ... 19
二、国防战略和国防政策 ... 21
三、国防现代化建设的成就 ... 24
四、军民融合发展 ... 26

第四节 武装力量 ... 29
一、人民军队的性质、宗旨和任务 ... 29
二、我国武装力量构成 ... 29

第五节 国防动员 ... 35
一、国防动员的内容 ... 35
二、国防动员的意义 ... 40

第二章 国家安全 ... 43

第一节 国家安全概述 ... 43
一、国家安全的内涵 ... 43
二、正确理解和把握总体国家安全观 ... 44
三、国家安全是安邦定国的重要基石 ... 46

第二节 国家安全形势 ... 47
一、我国地缘环境基本概况 ... 47
二、我国周边安全环境 ... 49
三、新形势下的国家安全 ... 54
四、新兴领域的国家安全 ... 57

第三节 国际战略形势 ... 58
一、国际战略形势现状 ... 58
二、国际战略形势发展趋势 ... 59
三、世界主要国家军事力量及战略动向 ... 64

第三章 军事思想 ... 71

第一节 军事思想概述 ... 71
一、军事思想的内涵 ... 71
二、军事思想的发展历程 ... 72
三、军事思想的地位和作用 ... 74

第二节 外国军事思想 ... 75
一、外国军事思想的主要内容 ... 75
二、《战争论》的主要军事思想 ... 78

第三节 中国古代军事思想 ... 80
一、中国古代军事思想的分期 ... 80
二、中国古代军事思想的主要特点 ... 82
三、《孙子兵法》的主要军事思想 ... 83

第四节 毛泽东军事思想 ... 86
一、毛泽东军事思想的科学含义 ... 86
二、毛泽东军事思想的主要内容 ... 88

第五节 邓小平新时期军队建设思想 ... 92
一、和平与发展是当今世界的两大主题 ... 93
二、军事战略思想 ... 93

三、军队建设思想 ·········· 93
　　四、国防建设思想 ·········· 94
第六节　江泽民国防和军队建设思想 ·········· 95
　　一、战争与战略理论 ·········· 95
　　二、国防建设理论 ·········· 96
　　三、军队建设理论 ·········· 96
第七节　胡锦涛国防和军队建设思想 ·········· 98
　　一、进一步认清新世纪新阶段我军肩负的历史使命 ·········· 98
　　二、坚持在国防和军队建设中贯彻落实科学发展观 ·········· 98
　　三、切实加强和改进军队思想政治工作 ·········· 99
第八节　习近平强军思想 ·········· 99
　　一、深刻认识习近平强军思想的重大里程碑意义 ·········· 100
　　二、全面领会习近平强军思想的精神实质和丰富内涵 ·········· 101
　　三、努力掌握习近平强军思想蕴含的科学立场观点方法 ·········· 105
　　四、坚持把习近平强军思想贯彻到国防和军队建设各领域
　　　　全过程 ·········· 107

第四章　现代战争 109

第一节　战争概述 ·········· 109
　　一、战争的内涵 ·········· 109
　　二、影响和制约战争的主要因素 ·········· 110
　　三、战争的发展历程 ·········· 112
第二节　新军事革命 ·········· 117
　　一、新军事革命的内涵 ·········· 117
　　二、新军事革命的发展演变 ·········· 118
　　三、新军事革命的主要内容 ·········· 119
第三节　机械化战争 ·········· 120
　　一、机械化战争的内涵 ·········· 121
　　二、机械化战争的特点 ·········· 121
　　三、机械化战争的代表性战例 ·········· 122
第四节　信息化战争 ·········· 123
　　一、信息化战争的基本内涵 ·········· 123
　　二、信息化战争的基本特征 ·········· 124

三、信息化战争的代表性战例 ……………………………… 126
　　四、战争形态发展新趋势 …………………………………… 128

第五章　信息化装备 …………………………………………… 131

第一节　信息化装备概述 ……………………………………… 131
　　一、信息化装备的内涵 ……………………………………… 131
　　二、信息化装备的分类 ……………………………………… 132
　　三、信息化装备对现代作战的影响 ………………………… 133

第二节　信息化作战平台 ……………………………………… 135
　　一、信息化陆上作战平台 …………………………………… 135
　　二、信息化海上作战平台 …………………………………… 138
　　三、信息化空中作战平台 …………………………………… 143

第三节　综合电子信息系统 …………………………………… 149
　　一、指挥控制系统 …………………………………………… 149
　　二、预警探测系统 …………………………………………… 151
　　三、导航定位系统 …………………………………………… 153

第四节　信息化杀伤武器 ……………………………………… 154
　　一、新概念武器 ……………………………………………… 155
　　二、精确制导武器 …………………………………………… 157
　　三、核生化武器 ……………………………………………… 159

下篇　军事技能

第六章　共同条令教育与训练 ………………………………… 167

第一节　共同条令教育 ………………………………………… 167
　　一、军队颁布共同条令的意义 ……………………………… 167
　　二、新修订的共同条令的指导思想和原则 ………………… 168
　　三、新修订的共同条令简介 ………………………………… 171

第二节　单个军人的队列动作 ………………………………… 173
　　一、立正、跨立、稍息 ……………………………………… 173
　　二、行进间转法 ……………………………………………… 174
　　三、坐下、蹲下、起立 ……………………………………… 174
　　四、行进间队列动作 ………………………………………… 175

五、敬礼、礼毕和单个军人敬礼 …………………… 178
　　六、脱帽、戴帽、整理着装与宣誓 ………………… 179
第三节　分队的队列动作 ……………………………………… 181
　　一、集合、离散 ……………………………………… 181
　　二、整齐、报数 ……………………………………… 183
　　三、出列、入列 ……………………………………… 184
　　四、行进、停止 ……………………………………… 185
　　五、方向变换 ………………………………………… 185

第七章　射击与战术训练 …………………………………… 187

第一节　轻武器射击 …………………………………………… 187
　　一、轻武器性能、构造与保养 ……………………… 187
　　二、射击基本原理 …………………………………… 188
　　三、射击基本动作与方法 …………………………… 194
第二节　战术 …………………………………………………… 197
　　一、单兵战术基础动作 ……………………………… 197
　　二、班（组）战术动作 ……………………………… 203

第八章　防卫技能与战时防护训练 ………………………… 209

第一节　格斗基础 ……………………………………………… 209
　　一、格斗常识 ………………………………………… 209
　　二、格斗基本功 ……………………………………… 212
　　三、捕俘拳 …………………………………………… 216
第二节　战场医疗救护 ………………………………………… 219
　　一、救护基本知识 …………………………………… 219
　　二、特殊战伤的救护 ………………………………… 221
　　三、战场自救互救基本技能 ………………………… 222
第三节　核生化防护 …………………………………………… 226
　　一、核武器防护技能 ………………………………… 226
　　二、生物武器防护技能 ……………………………… 229
　　三、化学武器防护技能 ……………………………… 233
　　四、防护装备使用 …………………………………… 235

5

第九章 战备基础与应用训练 ... 237

第一节 战备规定 ... 237
一、战备规定的主要内容 ... 237
二、战备规定的要求 ... 239

第二节 紧急集合 ... 240
一、紧急集合要领 ... 240
二、紧急集合训练 ... 241

第三节 行军 ... 242
一、行军组织准备 ... 242
二、行军管理与指挥 ... 243
三、宿营 ... 244

第四节 野外生存 ... 247
一、野外觅水 ... 247
二、野外取火 ... 249
三、野外觅食 ... 250
四、野外救护 ... 252

第五节 电磁频谱监测 ... 254
一、电磁频谱简介 ... 254
二、电磁频谱的特点 ... 254
三、电磁频谱监测工作 ... 255

附录 ... 258

参考文献 ... 259

上 篇

军事理论

第一章　中国国防

> **教学目标**
>
> 了解国防的内涵、特征及历史，思考国防历史带来的启示；了解我国国防体制、国防战略、国防政策以及国防成就，使学生了解我国国防并激发爱国热情；熟悉国防法规、武装力量、国防动员的主要内容。

第一节　国防概述

国家是社会在一定发展阶段上的产物。有国家存在，就有国防。历史和现实一再告诉人们，一个国家要想捍卫自己的合法权益，维护自己独立自主的尊严和生存发展的权利，就不能不强化国家机器的职能，就不能不重视作为维护国家主权、权益与安全后盾的国防建设。

一、国防的内涵

国防是指国家为防备和抵抗侵略，制止武装颠覆和分裂，保卫国家主权、统一、领土完整、安全和发展利益所进行的军事活动以及与军事有关的政治、经济、外交、科技、教育等方面的活动。维护国家安全和发展利益是国防的根本职能；捍卫国家主权、安全和发展利益是国防的根本目标。

边防官兵在中蒙边境执行巡逻任务

（一）国防的主体

国防的主体是国防活动的实行者。

就法律的角度而言，国防的主体是国防权利的享有者和国防义务的承担者，也是国防法律的遵守者和实施者。在中外诸多"国防"概念中，一般认为国防的主体是国家，这就意味着国防是国家的事业，是国家的固有职能。从国家的起源与发展看，任何国家，自诞生之日起，就要固国强边，防备和抵御各种外来侵略，以保障国家安全，维系国家生存。因此，国防必然随着国家的产生而产生，随着国家的发展而发展，最终，也只能随着国家的消亡而消亡。各级各类国家机关和武装力量、各政党和社会团体、各企事业组织、全体公民，都是我国国防活动的主体，都享有一定的国防权利，履行一定的国防义务，都必须遵守中华人民共和国的国防法律。

（二）国防的目的

国防的目的是维护国家利益，主要包括以下三个方面的内容：一是安全利益，即国家的主权、领土和国民可以得到可靠保护，不受其他国家武力侵犯或武力威胁，以确保国家的安全和稳定；二是经济利益，即本国的经济权益和人民的财产必须受到保护，不被他国侵犯；有利于加强本国的经济地位，保证国家经济发展不受损害；三是政治利益，即维护本国在国际上的政治地位，实现国家的政治目标。

（三）国防的对象

国防的对象是指国防所要防备、抵抗和制止的行为。根据《中华人民共和国国防法》(以下简称《国防法》)的界定，国防的对象，一是"侵略"；二是"武装颠覆和分裂"。"侵略"包括武装侵略和非武装侵略。武装侵略是指战争状态的侵略行为。对付武装侵略，国防行为使用战争手段进行制止。非武装侵略是指运用各种经济、外交等手段进行的侵略行为。对付非武装侵略，国防行为则相应使用非战争手段进行制止。"武装颠覆和分裂"是指颠覆国家政权、推翻社会主义制度和分裂国家的武装叛乱或暴乱。这些行为对国家主权、统一、领土完整和安全，对我们的社会主义制度都构成严重威胁，必须运用国防力量加以制止。反颠覆是国防的职能，而且是重要职能之一。

（四）国防的手段

国防的手段是指为达到国防目的而采取的方法和措施。根据《国防法》的界定，我国国防的手段包括军事活动，以及与军事有关的政治、经济、外交、科技和教育等方面的活动。由此可见，现代国防不仅继承了过去以军事力量在战场上进行较量的基本形式，而且突出了非暴力斗争形式的应用。所以，在现代国防手段运用方面，战争仍然是维护国家安全最主要、最直接和最后的手段，但已不是唯一的手段，其他一些与军事相关的手段，在国防实践活动中也经常出现。国防的手段主要有以下几种：一是实力展示，即加强本国的综合实力，提高在国际斗争中的地位，以大国或强国的姿态出现；二是军事威慑，即向对方展现强大的军事实力和战争能力，给对方造成心理震慑，使之改变侵略意志，放弃侵略企图；三是外交谈判，即通过外交斡旋，使双方达成谅解，从而缓解矛盾和威胁；四是经济制约，即大力发展本国经济，形成明显的对敌优势，并通过一定的方式制约或削弱对方的经济实力，减少威胁。

相关链接：
最想说的话

二、国防的类型与特征

国家的社会制度和国家的政策决定着国防的性质，不同制度、不同政策的国家，制定的国防政策和追求的国防目标不同，因而，国防的类型与特征也各不相同。

（一）国防的类型

1. 扩张型国防

扩张型国防奉行霸权主义侵略扩张政策，以国家安全和防务需要为幌子，将其他国家和地区纳入自己的势力范围，对其进行侵略、颠覆或渗透，其特点是把本国的安全利益建立在别国屈服的基础上，把国防作为侵犯别国主权和领土、干涉他国内政的代名词。

2. 自卫型国防

自卫型国防以防止外敌侵略为目的，在国防建设上主要依靠本国的力量，广泛争取国际上的同情和支持，以达到维护本国的安全、周边地区和世界的和平与稳定。

3. 联盟型国防

联盟型国防为弥补自身力量的不足，以结盟的形式联合他国进行防卫。联盟型国防又分为一元体系联盟和多元体系联盟，前者以某一大国为盟主，其余国家处于从属地位；后者的联盟国则是伙伴关系，通过共同协商确定防卫大计。

4. 中立型国防

中立型国防是指一些中小发达国家，为了保障本国的繁荣和安全，所奉行的和平中立政策。执行中立型国防的国家，有些采取完全不设防的方式，在大国争夺的"真空地带"或"敏感地区"实行偏安中立；有的采取全民防卫的武装中立，通过高度武装来确保中立，使潜在的侵略者因侵略后果得不偿失而不敢轻易发动战争。

（二）国防的特征

1. 现代国防概念的内涵更丰富

现代国防虽然与传统的国防一样都是为了维护国家利益，但它所维护的国家利益，无论是内涵还是范围，以及维护国家利益的行为方式，都远比以前丰富得多。国防所维护的国家利益主要是安全利益。首先，它是指国家作为一个政治利益实体的安全，包括巩固国家政治制度和领土主权完整，维护主导意识形态、民族团结和睦统一等。其次，它还指国家作为一个经济利益实体的安全，包括国家资源和经济活动、人民群众生命财产的不可侵犯性等。此外，它还指国家作为国际社会成员的地位和威望。一个国家在国际上的地位、尊严、荣誉、信誉、对外友好关系等，对国家的生存与发展都有着十分重大的影响。

2. 现代国防是多种手段、多种斗争形式的角逐

国防手段是为达到国防目的而采取的方法和措施。主要包括军事活动，以及与军事有关的政治、经济、外交、科技、教育等方面的活动。这些手段的综合运用又形成了诸多的斗争形式。在国际社会中，无论是影响力、谈判，还是威慑，都必须以强大的实力为后盾和基础，甚至要随时准备把实力投入战场。国家武装力量强弱是一个国家实力的重要标志。第二次世界大战结束以来，尽管没有发生新的世界大战，但世界各国都十分重视军队建设，战争手段作为最高仲裁者的地位还未发生根本性变化。在这一点上，现代国防观与传统国防观是相同的。现代国防观与传统国防观的根本不同之处，并不在于是否在战场上决一雌雄，而在于是否着眼于制约战争的发生。因此，运用影响力、谈判和威慑等非暴力手段已客观地居于国防的重要位置。现代国防也正是这多种手段和多种斗争形式的角逐。

3. 现代国防是综合国力的较量

现代国防理论把军事力量的增长同经济发展、科技进步联系起来，以在综合国力较量中取得优势作为维护国家安全利益的主要内容。它与传统国防理论的不同之处在于它是在第二次世界大战之后，经济与科技飞速发展基础上产生的一种凭借综合国力维护国家安全的新理论。综合国力是指国家全部物质力量和精神力量、实力和潜力的总和，由表现为自然的、经济的、政治的、科技的、军事的、精神的等要素构成。它包含国家的方方面面。现代国防的核心问题是如何在现有

客观基础上，尽快增强综合国力，并有效地运用综合国力，实现国防目标。

4. 现代国防与国家经济建设关系更密切

现代国防与国家经济建设有着更为密切的关系，一方面，国家经济发展水平制约国家武器装备发展的总水平和国防力量的总规模，特别是在当今科技迅猛发展，促使武器装备不断更新的情况下，现代国防对资源、财力的需求，对国家各经济部门的依赖性日益增强，没有强大的经济实力为现代国防提供物质基础，就不可能从根本上加强现代国防建设。但另一方面，现代国防对于经济并不是消极和被动的，它不仅能为经济建设创造一个和平安定的国内外环境，保障经济建设顺利进行，还可以充分发展国防系统的社会经济功能，直接从多方面支援和促进经济建设的发展。

三、国防的历史与启示

（一）我国古代的国防

约在公元前21世纪，中国建立了第一个奴隶制国家——夏朝，随之产生了我国最初的国防。夏朝建立了"兵出于农，计田赋以出兵事"的民军制兵役制度，这是我国最早的兵役制度。

公元前770年至公元前221年，我国进入春秋战国时期，这一时期是我国奴隶制开始瓦解和封建制度开始形成及确立的历史大变革时期。大国兼并小国，强国吞并弱国。新兴的地主阶级战胜没落的奴隶主贵族。弱肉强食成为这一时期社会发展的显著特征。各国都崇尚武备，重视国防建设，采取各种办法富国强兵，图强称霸。

公元前221年，秦始皇建立了我国历史上第一个统一的多民族的中央集权的封建国家，此后的国防才真正担负起巩固和发展统一政权、抗击外族入侵的双重任务。秦王朝后期，由于秦始皇横征暴敛，滥施法度，激发了各种矛盾，引发了秦末农民大起义。公元前202年，农民起义领袖刘邦夺取政权，建立了汉朝，史称西汉，经12帝，历时210年。

西汉国防建设大致可以分为三个阶段：第一阶段，西汉政权对内发展生产，整军习武，增强国力，平息内乱；对外则北和匈奴，南霸南越，争取时间，富国强兵，出现了"文景之治"的空前繁荣景象。第二阶段，具有雄才大略的汉武帝集中全国的力量开始消除边患的大反击，先后对匈奴发动了大规模的"漠南之战""漠北之战"，取得了决定性的胜利。为实现最终征服匈奴的战略，公元前138年和公元前119年，汉武帝两次派张骞等出使西域，联合大月氏，断了匈奴右臂。公元前51年，匈奴被迫投降汉朝。第三阶段，西汉末期，由于外戚专权，帝权旁落，加之成、平二帝昏庸腐败，西汉王朝日趋衰微，最终政权为王莽所篡夺。

公元25年，刘秀称帝，重建汉王朝，史称东汉，历12帝，共195年。东汉前期国防日益强大，北破匈奴，西定西域，南通蛮獠。然而，东汉王朝的全盛期并不长久，从和帝后期开始，外戚专权，宦官祸国，官逼民反，边患四起，东汉王朝日趋衰落，国防在内忧外患中瓦解。

汉代长城遗址

汉亡后，中国历史经历了三国、两晋、南北朝长达300多年的分裂，直至隋文帝灭南朝的陈国，中国又重新获得统一。在混乱中起家的隋文帝深知富国强兵的重要性，采取了一系列整顿改革措施，使秦汉以来我国的疆域迅速得到恢复，国力达到亘古未有的强盛。但隋炀帝荒淫残暴，穷兵黩武，三次远征高丽，搞得国疲民贫。农民起义风起云涌，群雄割据并起，天下大乱。618年，隋朝为唐所灭。

曾目睹隋末农民起义风暴的唐太宗李世民"以亡隋为戒"，在隋之旧制上革故鼎新，制定了一系列使国家繁荣进步的方略，成功实现了"中国既安，四夷自服"的战略防御构想，使唐朝成为当时世界上的头等强国。但到唐玄宗统治的后期，由于朝政的腐败，社会经济和军事制度的破坏，统治阶级内部矛盾日趋尖锐，引发了绵延八年之久的"安史之乱"。从此，唐王朝一蹶不振，江河日下，最终走向灭亡。大一统的中国又陷入五代十国的混战之中。

960年，赵匡胤陈桥兵变，建立宋朝。宋王朝为了消灭内部可能叛变的武装势力，抵抗外族的侵扰，在政治、军事、财政等各方面实行了中央集权政策。这些政策虽然改变了中唐以来藩镇割据的局面，但政权、军权、财权等的过度集中导致军力削弱，国防危机加深，官僚机构臃肿，使宋朝成为我国古代史上罕见的积贫积弱的一代王朝。随着金兵大举南下，北宋沦亡，南宋偏寓临安。

1279年，元朝灭亡南宋，统一了中国。元王朝把"鼎新革故，务一万方"作为治国之策，在中央设立枢密院掌管全国军务，在地方设行省，并使历来由少数民族地方政权统治的一些地区，如云南、西藏等，统归于中央政府，还在澎湖设巡检司，管辖澎湖、台湾；将西沙、南沙群岛隶于湖广行省，重建了幅员辽阔的国家。但元王朝恃强凌弱，征伐不已，很快便走向衰弱。

1368年，贫苦农民出身的朱元璋率领红巾军灭亡元朝，建立明朝。朱元璋一方面恢复生产，发展经济，推行一系列休养生息、富国强民的政策；另

第一章 中国国防

一方面，加强国防建设，发展冶铁技术，造枪炮，造战船、战车，陆海统筹，巩固周边防务。有效维护了元代以来统一的辽阔版图。明朝后期政治腐败，党争激烈，兵变频繁，武力衰竭，又由于倭寇、西方殖民者骚扰侵犯，内乱外患迭至。李自成领导的农民起义军攻占北京，明王朝在内忧外患和农民战争的风暴中灭亡。

1644年，盘踞关外的清军乘李自成立足未稳之际，大举入关，李自成兵败南走，清王朝成为中国新的统治者。清王朝前期，因亡明残余势力和割据势力的存在，沙俄的东犯和西方殖民者在沿海的侵犯，清廷重视武备，革新兵制，先后平定"三藩"，统一台湾，收复雅克萨，征服准噶尔，制止了分裂，抵御了外敌入侵，捍卫了国家的领土主权，建立起疆土辽阔的多民族封建专制国家。清朝后期，由于其重内轻外，"防民甚于防寇"，导致政治昏暗，财政拮据，国防废弛，军队腐败，内乱外患不息。1840年鸦片战争后，中国逐步沦为半殖民地半封建社会。

（二）我国近代的国防

我国近代的国防是屡弱、衰败和屈辱的。1840年，西方殖民主义者凭借船坚炮利的优势，攻破了清王朝紧缩的厚重国门，对中华民族实行残酷的殖民统治。在西方殖民主义者的侵略面前，腐朽的清王朝统治者奉行的国防指导思想却是"居安思奢""卖国求荣"；执行的国防建设思想是"以军压民""贫国臃兵"；倡导的国防教育思想是"愚兵牧民""莫谈国事"。结果是有国无防，国家沦为半殖民地，人民惨遭蹂躏和屠杀。

从1840年鸦片战争到中华人民共和国成立的100多年间，由于当时统治阶级的腐败衰落，国力日趋空虚，国防每况愈下，在外国列强"弱肉强食"的政策下，中华民族屡遭外敌侵略和欺辱，先后有英国、美国、法国、俄国、德国、瑞典、挪威、丹麦、荷兰、西班牙、比利时、意大利、奥地利、秘鲁、巴西、葡萄牙、日本、墨西哥和瑞士等国家的侵略者践踏过我国的国土，抢掠过我国的财物，屠杀过我们的同胞，参与过损害我国主权的罪恶活动。在此期间，外国侵略者还强迫腐朽的清政府签订了500多个不平等条约，每个不平等条约都是对中国最野蛮的掠夺。香港被迫割让给英国，澳门被葡萄牙霸占，俄国侵吞了我国北方150多万平方千米的土地，日本占领了台湾及澎湖列岛，旅顺、胶州湾、广州湾等地成为帝国列强的租借地。据记载，在这500多个不平等条约中，几乎都要求中方支付赔款，少则数十万两白银，多则上亿两白银。列强的军事侵略，一个个强加在中国人头上的不平等条约，一次次的割地赔款，使中国在政治上、经济上、文化上蒙受了巨大屈辱和损失。当时中国1.8

万多千米的海岸线上，竟找不到一个自己拥有主权的港口；外国商船和军舰可以在中国内河、领海任意航行，自由停泊于各个通商口岸；外国人在中国境内犯罪，中国政府无权审理；外国人在租界地实行殖民统治，形成了"国中之国"，外国人甚至控制了中国的警察权和外交权。整个中华民族美丽富饶的国土被帝国主义列强分割霸占。

1911年10月，武昌起义的枪声开启了中国辛亥革命的滚滚洪流。在伟大民主革命者孙中山领导下，辛亥革命推翻清王朝的腐朽统治，结束了中国绵延两千余年的封建统治。1921年7月，中国共产党正式宣告成立。从此，中国无产阶级有了自己的战斗司令部，中国人民救亡图存的革命斗争有了自己的组织者和领导者。当日本军国主义对我国发动侵略战争，国家处在危亡时刻，中国共产党高举民族抗战的旗帜，领导全国人民一致抗战，驱逐日寇，才使我国国防得以建立和发展。

抗日战争胜利后，全国人民迫切需要一个和平安全的建设环境，但蒋介石政府背信弃义，妄图消灭中国共产党及其所领导的军队。中国共产党带领中国人民，经过解放战争，打倒了蒋介石反动政权，终于推翻了压在中国人民头上的"三座大山"，从此结束了100多年来中华民族有国无防的屈辱历史。

（三）我国当代的国防

中华人民共和国成立以来，我国国防建设大体经历了以下四个阶段。

1. 恢复阶段（1949—1953年）

这一阶段我国处在外御帝国主义侵略、内治战争创伤和恢复经济时期。这一时期的国防建设主要完成了三个方面的任务：一是解放了全国大陆和除台、澎、金、马之外的全部沿海岛屿，肃清了大陆上国民党的残余武装，平息了匪患，建立了边防和守备部队，加强了海上边防的守卫。二是取得了抗美援朝战争的胜利。三是建立健全统一的军事领导机构和军事制度。建立了全军的领导机关和各级军事领导机构，加强了对全国武装力量的领导；建立了初具规模的海军、空军和各兵种部队，逐步开始从单一陆军向诸军兵种全面建设过渡；开办了100余所军事院校，为国防建设培养了大批现代化军事人才；统一了军队编制体制；建立了各项规章制度。

2. 全面建设阶段（1954—1965年）

这一阶段是我国国防现代化建设突飞猛进的重大时期。1953年12月召开的全国军事系统党的高级干部会议，是军队建设和国防建设的一个里程碑。这次会议确定了我国国防建设的主要任务是防御帝国主义侵略，保卫社会主义建设，保卫亚洲与世界和平。制定了"积极防御"的战略方针，提出了实现国防

第一章 中国国防

现代化的重大战略措施，包括精简军队，压缩国防开支，加速发展工业，为国防现代化打基础；加强国防工程建设，在沿海、边防和纵深要地建设防御工程体系；实行义务兵、军官薪金、军衔三大制度；大办军事院校，重新划分战区，完善战略、战役指挥体系；加强动员准备，建立各级动员机构和动员制度。这些重大措施有力地促进了我国国防现代化建设的全面发展，初步形成了具有中国特色的国防体系。经过 10 多年的艰苦努力，我国国防体系基本完成配套，一些领域已接近当时的世界先进水平，并成功地爆炸了第一颗原子弹。

相关链接：
中国首颗原子弹爆炸成功纪实

3. 曲折发展阶段（1966—1976 年）

这一时期尽管有林彪、"四人帮"的干扰和破坏，毛泽东、周恩来等党和国家主要领导人仍然警觉地注意维护我国的安全，保持了军队的稳定，顶住了霸权主义的压力。同时对发展国防尖端技术始终没有放松，因而保证了我国氢弹试验和人造卫星发射成功。

4. 现代化建设阶段（党的十一届三中全会至今）

党的十一届三中全会后，随着国家工作重点的转移，国防建设进入一个新的历史时期。20 世纪 80 年代，邓小平提出了和平与发展是当今世界两大主题的观点，确定国防建设指导思想实行战略性转变。90 年代，以江泽民为核心的党的第三代中央领导集体科学地回答和解决了国防与军队建设的一系列重大理论和实践问题。在新世纪新阶段，以胡锦涛为总书记的党中央，坚持把科学发展观作为国防和军队建设的重要指导方针，主动适应世界军事发展新趋势，适应打赢信息化条件下局部战争的要求，在更高起点上推进国防和军队的现代化建设。

党的十八大以来，以习近平同志为核心的党中央，站在新的历史起点上，为适应国家安全环境新变化，提出了党在新时代的强军目标，以国家核心安全需求为导向，贯彻新形势下积极防御军事战略方针，着眼建设信息化军队，打赢信息化战争，全面深化国防和军队改革，努力构建中国特色现代军事力量体系，不断提高军队应对多种安全威胁、完成多样化军事任务的能力，坚决维护国家主权、安全、发展利益，为实现"两个一百年"奋斗目标和中华民族伟大复兴的中国梦提供坚强保障。

（四）国防历史的启示

纵观我国几千年的国防史，不难发现，国防的兴衰与各时期的政治、经济、军事状况是密切相关的。当统治阶级处于上升时期，政治清明、经济发展、军事强大、民族团结、国家统一的时候，国防就强盛；反之，当统治阶级走下坡路，政治腐败、经济凋敝、军事屡弱、民族分裂、国内混乱的时候，国防就削弱甚至崩溃。重温这一漫长的国防历史，我们可以从中得到有益的启示。

1. 强大的国防必须有强大的经济力量做后盾

经济是国防的物质基础，强兵必先富国。从古至今，历史上都没有一个国家是经济落后而国防强大的。早在春秋时期，齐国的政治家管仲就提出过"富国强兵"的思想。历代统治者无不把发展经济作为巩固国防、争夺霸权的重要措施。与此相反，各朝代的衰败、灭亡，几乎毫无例外是由于王朝后期政治腐败、经济落后，动摇了国防的根基，才使得政权易手。由此可见，只有保证了经济的强盛，才会有国防的强大，才能有政权的稳固、国家的安全。因此，通常情况下，发展经济应当优先于发展国防；同时，国防建设又必须量力而行，与经济建设相适应，实行"平战结合"的原则。

2. 国防巩固的根本取决于国家政治的兴衰

列宁指出，战争无非是政治通过另一种手段即暴力的继续。战争这一本质决定了国防从来都是服从、服务于政治的。国防的状况从来都是和社会政治状况紧密联系在一起的。历史经验证明，当统治阶级处于上升时期，政治修明、国家统一，国防就可能强盛；当统治阶级走下坡路的时候，政治腐败、国内四分五裂，国防就削弱、崩溃。我国古代凡是兴盛的时期和朝代都十分注意修明政治，实行比较开明的治国之策。秦原为西陲小国，自商鞅变法以后，修政治、明法度、发展生产，国力日渐强大，为统一六国奠定了基础；唐建立之初，百废待兴，正是由于制定并实施了一系列行之有效的政治制度，国家很快从隋末的战争废墟中恢复过来，形成了国力昌盛、空前统一的大唐帝国。总之，国防的兴衰、王朝的更替、近代中国的百年国耻，都深刻地告诉我们，政治昌明是国防巩固的基础，是国家长治久安的根本保证。

3. 国家统一和民族团结是国防强大的关键

我国国防历史给予我们的另外一个重要启示，就是在面临外敌入侵、国家危亡关头，只有国家统一、民族团结、共同抵抗，才能筑起一道坚强的国防长城，取得反侵略战争的胜利。清王朝晚期，统治者在西方列强的进攻面前，不仅不敢发动反侵略战争，不依靠、不支持人民群众进行战争，反而认为"患不在外而在内""防民甚于防寇"，对人民群众自发组织的反侵略斗争实行镇压的方针，最终造成屡战屡败的恶果，割地赔款，逐步沦为半殖民地半封建社会。抗日战争时期，在中国共产党的倡导和组织下，建立了抗日民族统一战线，团结一切抗日力量共同抗击侵略，最终取得了抗日战争的伟大胜利。历史证明，

第一章 中国国防

国家的统一、民族的团结、全国军民一致共同抵抗侵略的精神和意志，才是国防真正的钢铁长城。这是造成淹没一切侵略者的人民战争汪洋大海的基础，是一切侵略者都望而生畏的真正铜墙铁壁，是民族自强的根本和国防力量的源泉。

知识链接

居安思危凝结着深刻的历史经验

我国古代社会有这样一种现象发人深省：一方面，曾出现过"文景之治""贞观之治"等繁荣时期；另一方面，紧随繁荣而来的却是危机、衰退、灾难以至王朝的覆灭。为什么会如此？这与当时的统治者忧患意识不强，看不到繁荣稳定下潜伏的危机，贪图享乐、不思进取是分不开的。重温我国国歌的确定过程，对于我们居安思危很有启发意义。中华人民共和国成立前夕，当把《义勇军进行曲》定为代国歌时，针对一些人提出修改歌词的意见，毛泽东、周恩来等深谋远虑地指出，"中华民族到了最危险的时候"这句歌词没有过时，我们面前还有帝国主义敌人，我们要争取中国完全独立解放，还要进行艰苦卓绝的斗争，"还不如留下这句话，继续保持警惕好"。正是在"起来！起来！起来！"的奋进旋律中，我国一步步站起来、富起来、强起来，勾勒出中华民族在中国共产党领导下走向伟大复兴的路线图。

四、现代国防观

习近平总书记在党的十九大报告中明确指出："我们的军队是人民军队，我们的国防是全民国防。我们要加强全民国防教育，巩固军政军民团结，为实现中国梦强军梦凝聚强大力量。"建设与我国国际地位相称、国家安全和发展利益相适应的巩固国防和强大军队，就要树立与之相适应的国防观。

（一）增强新时代国防意识的必要性

走进新时代，我们在为"中国奇迹"举国欢庆的同时，不能忘却"中国安全"这个发展的底线。没有强烈的战略清醒、强大的国防支撑，就没有安全的生存与发展环境。从陆地到太空、深海，从有形的陆、海、空域到无形的网络空间，从实体边疆到利益边疆，中国的国防早已不仅仅是那条长长的陆地边界线——国家安全在哪里受到威胁，哪里就是国家安全的边界。

如果说国防是民族生存之盾，那么国防意识就是民族生存之魂。增强忧患意识，做到居安思危、知危图安，中国特色社会主义道路才会越走越宽广。强烈的国防意识是一种重要的精神力量，是遏止战争、威慑敌人的重要因素。正如孙中山所说："所谓固国家不以山溪之险，威天下不以兵革之利，其道何在？精神为也。"先驱者昭示我们，一个国家的国防巩固与否不应只以"山溪之险，兵革之利"来衡量，还应看其国民的国防意识和精神状态如何。

国防现代化要求国防意识现代化，呼唤国民牢固确立现代国防意识。国防意识在不同的历史时期呈现出不同的时代特征。当代中国正处在夺取新时代中国特色社会主义伟大胜利征程中。与之相适应，我国国民的国防意识也应当具有新的时代特征。

由于历史和现实的种种原因，实际生活中国防意识落后状况亟须改变：有的把国防仅仅看作军队的事，认为只有军人才需要有国防意识；有的把国防简化为战备，把国防意识与战备观念等同起来；有的把国防看作有关部门的事，确立国防意识只是对社会某些部门的要求，甚或把国防建设与经济建设对立起来；还有的虽然有强烈的国防意识，却不能区分传统与现代之别，一讲爱国主义，就讲传统"家国分离"的、以牺牲个人和家庭利益来"忠于君主、报效朝廷"的封建爱国主义，而很少讲建立在近现代"家国统一"国家观基础上的爱国主义，很少讲中国共产党人创造的以"保家卫国"为核心的现代爱国主义。这种落后、片面的国防观念，显然不能适应新时代全面推进国防和军队现代化建设的要求。

（二）增强新时代国防意识的现实性

现代国防意识以现代国家观、现代爱国主义为基础，是一种"大国防"意识，这种国防意识是民众的公共道德之一。从世界范围看，发达国家大多实行全民防卫方针，从军事、科技、经济、文化、外交诸方面综合施策，通过各种途径提高国防"软实力"，应付世界各种风浪的冲击。今天，一些国家不遗余力地倡导"大国防"，就是为了用现代国防意识统一民众的意志力、爱国心和责任感，不断提高综合国力和战争潜力水平，以适应全球化时代国防建设及新军事革命的发展态势，适应国防文化在全球范围内交流、渗透和碰撞的发展态势。这是一种深刻的、自觉的现代国防意识，更加有利于捍卫和发展国家的根本利益。

环视全球，世界新军事革命风起云涌，战争形态加速向信息化演变，中国面临的威胁和风险挑战更加严峻，各种矛盾异常尖锐复杂。面对国家安全环境的深刻变化，面对强国强军的时代要求，全社会都应当自觉参与国防后备力量建设，树立适应世界新军事革命发展趋势和国家安全需求的国防意识。按照党的十九大报告的要求，加快形成全要素、多领域、高效益的军民融合深度发展格局，发挥社会主义制度能够集中力量办大事的政治优势，努力建设与国家利益发展相适应的巩固国防和强大军队，实现经济建设和国防建设综合效益最大化，促进经济建设和国防建设协调发展、平衡发展、兼容发展。

第二节　国防法规

国防法规是调整国防和武装力量建设领域各种社会关系的法律规范的总和。由特定的国家机关根据法定权限和程序制定，是国家法制的重要组成部分，也是国防和军队建设的重要内容。在中国特色社会主义建设的新形势下，在依法治国的大环境下，国防法规对于加强国防和军队信息化建设，做好新时期军事斗争准备，发挥了日益重要的作用。

一、国防法规的特性

国防法规是整个国家法律体系的一部分，除具有一般法律的共性外，还具有区别于其他法规的特性，主要包括以下几方面。

（一）调整对象的军事性

法律是调整社会关系的行为规范，不同的法律规范用于调整不同领域的社会关系。国防法规是专门调整国防和武装力量建设领域各种社会关系的法律规范。这就是国防法规调整对象的军事性。

（二）公开程度的有限性

公开性是法律固有的特性，一般法律不存在保密问题，但国防法规不同，公开程度有限。大部分国防法规，即一些基本的、主要的国防法规是公开的。但少部分国防法规，特别是关于军队的作战、训练、编制、装备和战备工作等方面的法规只限一定范围内的人员了解，都规定了保密等级。

（三）司法适用的优先性

国防法规优先适用，是指在解决与国防利益、军事利益有关的法律问题时，如果国防法规和其他法规都有相关规定，这时要以国防法规的规定作为司法依据，以国防法规作为评判是非的标准和采取行动的准则，其他法规要服从国防法规。此即所谓"军法优先"。

（四）处罚措施的严厉性

《中华人民共和国刑法》规定，一般抢劫罪通常处三年以上十年以下有期徒刑，而冒充军警人员抢劫、抢劫军用物资的，则要处十年以上有期徒刑、无期徒刑或者死刑。同一类型的犯罪，涉及军警的处罚更严厉。

二、国防法规体系

国防法规体系是指由不同层次、不同门类的国防法律规范构成的相互联系、相互制约和协调的有机整体。不同层次表现为国防法规之间的纵向联系，可以按不同的立法机关分为不同效力等级的法律法规。不同门类表现为国防法规之间的横向联系，可以按照不同的调整领域分为不同的门类。

《中华人民共和国国防教育法》

我国的国防法规按立法权限区分为四个层次：第一个层次是是由全国人民代表大会及其常务委员会制定的法律。第二个层次是由国务院和中央军事委员会制定的法规。第三个层次是由军委各职能部门、各军兵种、各大战区制定的军事规章，由国务院有关部委与中央军事委员会有关部门联合制定的军事行政规章。第四个层次是由省、自治区、直辖市人民代表大会及其常务委员会制定的贯彻执行国家国防法规的实施办法、实施细则、补充规定等地方性法规。

我国的国防法规按调整领域可以划分为十六个门类：国防基本法类、国防组织法类、兵役法类、军事管理法类、军事刑法类、军事诉讼法类、国防经济法类、国防科技工业法类、国防动员法类、国防教育法类、军人权益保护法类、军事设施保护法类、特别行政区驻军法类、紧急状态法类、战争法类、对外军事关系法类。不同门类的国防法规调整、规范国防和军事活动的领域不同。当前，我国国防法规基本可以满足国防和武装力量建设的需要。我国国防和武装力量建设已走上法制化轨道。

三、公民的国防权利和义务

公民的国防权利是指宪法和法律赋予公民在国防活动中享有的权利或利益。国家从法律和物质上保障公民和组织享有这种权利的可能性。公民的国防义务是指由宪法和法律规定的公民在国防方面应当履行的责任。国防义务是法定义务和

第一章　中国国防

法律义务。每一个公民都享有相应的国防权利，也必须履行相应的国防义务。

（一）公民的国防权利

根据《中华人民共和国国防法》(以下简称《国防法》) 的规定，公民享有以下三个方面的国防权利。

1. 对国防建设提出建议的权利

《国防法》第 57 条规定，公民和组织有对国防建设提出建议的权利。所谓建议权，就是公民有权对国防建设的指导思想、方针原则、规章制度、措施方法等提出改进意见。此项权利是公民依照宪法相应的对国家事务的建议权在国防建设方面的体现。

2. 制止、检举危害国家利益行为的权利

《国防法》第 57 条规定，公民和组织"有对危害国家利益的行为进行制止或者检举的权利"。所谓制止权，就是公民有权采取一定的方式方法使危害国防的行为停止下来，从而维护国防利益。所谓检举权，就是在危害国防的行为发生以后，公民有权进行揭发。对违法犯罪行为进行制止、检举是公民享有的一项普遍性权利，在国防领域也不例外。国家和社会保护行使此项权利的公民，使之免予因行使此项权利而受到打击报复或其他损害。

3. 国防活动中经济损失补偿的权利

《国防法》第 58 条规定，公民和组织因国防建设和军事活动在经济上受到直接损失的，可以依照国家有关规定获得补偿。但必须明确的是，有些补偿措施是在战后落实的，不能把预先得到补偿作为接受动员和接受征用的条件。

（二）公民的国防义务

我国的国防法规赋予公民的国防义务主要有以下六项。

1. 维护国家统一和安全的义务

《中华人民共和国宪法》(以下简称《宪法》) 第 52 条规定，中华人民共和国公民有维护国家统一和全国各民族团结的义务。维护国家统一主要是指维护国家领土的完整，任何公民都不得破坏、变更和以其他各种形式分裂肢解国家领土；维护国家政权的统一，不允许任何公民以各种方式分裂国家政权，破坏国家的统一，不允许任何人以任何方式把国家主权割让给外国。《宪法》第 54 条规定，中华人民共和国公民有维护祖国的安全、荣誉和利益的义务，不得有危害祖国的安全、荣誉和利益的行为。维护国家的安全主要是指维护国家的领土、主权不受侵犯，国家各项机密得以保守，社会秩序不被破坏。履行维护国家统一和安全这项义务，就是要求每一个公民都有高度的爱国主义精神和积极的爱国主义行动，以

国家利益为最高利益，自觉维护祖国统一、安全、荣誉和利益。

2. 履行兵役的义务

《国防法》第53条规定，依照法律服兵役和参加民兵组织是中华人民共和国公民的光荣义务。《中华人民共和国兵役法》（以下简称《兵役法》）第3条规定，中华人民共和国公民，不分民族、种族、职业、家庭出身、宗教信仰和教育程度，都有义务依照本法的规定服兵役。按照《兵役法》的规定，兵役分为现役和预备役。参加民兵组织、服预备役以及普通高等学校和普通高中学生参加军事训练，是我国应征公民在军队之外履行兵役义务的普遍形式。

大学生参加军训履行兵役义务

知识链接

拒服兵役的严厉惩罚

《兵役法》第66条规定：有服兵役义务的公民有下列行为之一的，由县级人民政府责令限期改正；逾期不改的，由县级人民政府强制其履行兵役义务，并可以处以罚款：（一）拒绝、逃避兵役登记和体格检查的；（二）应征公民拒绝、逃避征集的；（三）预备役人员拒绝、逃避参加军事训练、执行军事勤务和征召的。有前款第二项行为，拒不改正的，不得录用为公务员或者参照公务员法管理的工作人员，两年内不得出国（境）或者升学。国防生违反培养协议规定，不履行相应义务的，依法承担违约责任，根据情节，由所在学校作退学等处理；毕业后拒绝服现役的，依法承担违约责任，并依照本条第二款的规定处理。战时有本条第一款第二项、第三项或者第三款行为，构成犯罪的，依法追究刑事责任。

3. 接受国防教育的义务

《国防法》第55条规定，公民应当接受国防教育。《中华人民共和国国防教育法》（以下简称《国防教育法》）第5条进一步强调，中华人民共和国公民都有接受国防教育的权利和义务。国防教育是建设和巩固国防的基础，是增强民族凝聚力、提高全民素质的重要途径。普及和加强国防教育是全社会的共同责任，自觉接受国防教育是公民应尽的义务。

4. 支前参战的义务

根据《宪法》和《兵役法》的规定，在战争发生时，为了对付敌人的突然袭击，抵抗侵略，各级人民政府、各级军事机关，在平时做好战时兵员动员的准备工作。现役军人必须遵守军队的条令和条例，忠于职守，随时为保卫祖国而战斗。预备役人员必须按照规定参加军事训练、执行军事勤务，随时准备参军参战，保卫祖国。

5. 保护军事设施的义务

《国防法》第55条规定，公民和组织应当保护国防设施，不得破坏、危害国防设施。《中华人民共和国军事设施保护法》（以下简称《军事设施保护法》）第4条明确规定，中华人民共和国的所有组织和公民都有保护军事设施的义务。禁止任何组织或者个人破坏、危害军事设施。任何组织或者个人对破坏、危害军事设施的行为，都有权检举、控告。根据《军事设施保护法》和国家其他有关保护军事设施规定的要求，公民应当自觉遵守各类军事设施的保护规定。

6. 保守国防秘密的义务

《宪法》第53条规定，中华人民共和国公民必须遵守宪法和法律，保守国家秘密。《中华人民共和国保守国家秘密法》规定，国家秘密关系国家的安全和利益，一切国家机关、武装力量、政党、社会团体、企事业单位和公民都有保守国家秘密的义务。

第三节　国防建设

国防建设是指为满足国家安全利益需要和提高国防能力而进行的各方面的建设。内容涉及武装力量建设、边防、海防、空防及战场建设，国防科技与国防工业建设，国防法制建设，国防动员建设，以及与国防相关的交通、能源、通信建设等。它是国家建设的重要组成部分。目前，我国国防建设取得了举世瞩目的成就，为国家建设和发展做出了巨大贡献。

一、国防领导体制

国防领导体制是指国防领导的组织体系及相应制度。它包括国防领导机构的设置、职权划分、相互关系等。它是国家政权组织形式和机构的重要组成部分。一般设有最高统帅、最高国防决策机构、国家行政机关中管理国防事务的部门、武装力量领导指挥系统等。根据《宪法》和《国防法》，我国的国防领导职权由以下机构行使。

（一）中共中央的国防领导职权

中华人民共和国的武装力量受中国共产党的领导。党的中央军事委员会和国家的中央军事委员会的组成人员对军队的领导职能完全一致。中央军委实行主席负责制，中共中央军委主席即为全国武装力量的统帅。

（二）全国人民代表大会及其常务委员会的国防职权

全国人民代表大会依照宪法规定，决定战争和和平的问题，并行使宪法规定的国防方面的其他职权。

全国人民代表大会常务委员会依照宪法规定，决定战争状态的宣布，决定全国总动员或者局部动员，并行使宪法规定的国防方面的其他职权。

（三）国家主席的国防职权

中华人民共和国主席根据全国人民代表大会的决定和全国人民代表大会常务委员会的决定，宣布战争状态，发布动员令，并行使宪法规定的国防方面的其他职权。

（四）国务院的国防职权

国务院领导和管理国防建设事业，行使下列职权：编制国防建设的有关发展规划和计划；制定国防建设方面的有关政策和行政法规；领导和管理国防科研生产；管理国防经费和国防资产；领导和管理国民经济动员工作和人民防空、国防交通等方面的建设和组织实施工作；领导和管理拥军优属工作和退役军人保障工作；与中央军事委员会共同领导民兵的建设，征兵工作，边防、海防、空防和其他重大安全领域防卫的管理工作；法律规定的与国防建设事业有关的其他职权。

（五）中央军事委员会的国防职权

中央军事委员会实行主席负责制，领导全国武装力量，行使下列职权：统一指挥全国武装力量；决定军事战略和武装力量的作战方针；领导和管理中国人民解放军、中国人民武装警察部队的建设，制定规划、计划并组织实施；向全国人民代表大会或者全国人民代表大会常务委员会提出议案；根据宪法和法律，制定军事法规，发布决定和命令；决定中国人民解放军、中国人民武装警察部队的体制和编制，规定中央军事委员会机关部门、战区、军兵种和中国人民武装警察部队等单位的任务和职责；依照法律、军事法规的规定，任免、培训、考核和奖惩武装力量成员；决定武装力量的武器装备体制，制定武器装备发展规划、计划，协同国务院领导和管理国防科研生产；会同国务院管理国防经费和国防资产；领导和管理人民武装动员、预备役工作；组织开展国际军事交流与合作；法律规定的其他职权。

中央军委机关调整组建，按照"军委管总、战区主战、军种主建"的总原则，把总部制改为多部门制，由原来的总参谋部、总政治部、总后勤部、总装备部4个总部，改为军委办公厅、军委联合参谋部、军委政治工作部、军委后勤保障部、军委装备发展部、军委训练管理部、军委国防动员部、军委纪律检查委员会、军委政法委员会、军委科学技术委员会、军委战略规划办公室、军委改革和编制办公室、军委国际军事合作办公室、军委审计署、军委机关事务管理总局15个职能部门。原七大军区也调整为五大战区，分别为东部战区、南部战区、西部战区、北部战区、中部战区。在原有军种上，以原第二炮兵为主、其他军种分属的战略核打击力量合并组建成新的军种——火箭军；新建中国人民解放军战略支援部队和中央军委联勤保障部队。经过这轮改革调整后，中国的国防和军队的领导管理体制与联合作战指挥体制更加优化，解放军作战能力将进一步得到飞跃式提升。

相关链接：
中国军改：瞄准世界最一流

二、国防战略和国防政策

国防战略是对国防建设和运用综合国力维护国家安全，实现国防目标的总体构想，取决于国家战略和国家政策，最终体现国家利益。国防战略的优劣直接关系国防建设的发展，乃至战争胜负、国家存亡、民族兴衰。国防政策是指国家进行国防建设和使用国防力量的准则，是国防建设和国家安全的政治与制度保证。国防政策有鲜明的阶级性，不同的国家有不同的国防政策。中国的社会主义国家性质，走和平发展道路的战略抉择，独立自主的和平外交政策，"和为贵"的中华文化传统，决定了中国始终不渝奉行防御性国防政策。

（一）坚决捍卫国家主权、安全、发展利益

坚决捍卫国家主权、安全、发展利益是新时代中国国防的根本目标。慑止和抵抗侵略，保卫国家政治安全、人民安全和社会稳定，反对和遏制"台独"，打击"藏独""东突"等分裂势力，保卫国家主权、统一、领土完整和安全。维护国家海洋权益，维护国家在太空、电磁、网络空间等安全利益，维护国家海

外利益，支撑国家可持续发展。

中国坚定维护国家主权和领土完整。南海诸岛、钓鱼岛及其附属岛屿是中国固有领土。中国在南海岛礁进行基础设施建设，部署必要的防御性力量，在东海钓鱼岛海域进行巡航，是依法行使国家主权。中国致力于同直接有关的当事国在尊重历史事实和国际法的基础上，通过谈判协商解决有关争议。中国坚持同地区国家一道维护和平稳定，坚定维护各国依据国际法所享有的航行和飞越自由，维护海上通道安全。

解决台湾问题，实现国家完全统一，是中华民族的根本利益，是实现中华民族伟大复兴的必然要求。中国坚持"和平统一、一国两制"方针，推动两岸关系和平发展，推进中国和平统一进程，坚决反对一切分裂中国的图谋和行径，坚决反对任何外国势力干涉。中国必须统一，也必然统一。中国有坚定决心和强大能力维护国家主权和领土完整，决不允许任何人、任何组织、任何政党、在任何时候、以任何形式、把任何一块中国领土从中国分裂出去。我们不承诺放弃使用武力，保留采取一切必要措施的选项，针对的是外部势力干涉和极少数"台独"分裂分子及其分裂活动，绝非针对台湾同胞。如果有人要把台湾从中国分裂出去，中国军队将不惜一切代价，坚决予以挫败，捍卫国家统一。

（二）坚持永不称霸、永不扩张、永不谋求势力范围

坚持永不称霸、永不扩张、永不谋求势力范围是新时代中国国防的鲜明特征。国虽大，好战必亡。中华民族历来爱好和平。近代以来，中国人民饱受侵略和战乱之苦，深感和平之珍贵、发展之迫切，决不会把自己经受过的悲惨遭遇强加于人。新中国成立70多年来，中国没有主动挑起过任何一场战争和冲突。改革开放以来，中国致力于促进世界和平，主动裁减军队员额400余万。中国由积贫积弱发展成为世界第二大经济体，靠的不是别人的施舍，更不是军事扩张和殖民掠夺，而是人民勤劳、维护和平。中国既通过维护世界和平为自身发展创造有利条件，又通过自身发展促进世界和平，真诚希望所有国家都选择和平发展道路，共同防范冲突和战争。

中国坚持在和平共处五项原则基础上发展同各国的友好合作，尊重各国人民自主选择发展道路的权利，主张通过平等对话和谈判协商解决国际争端，反对干涉别国内政，反对恃强凌弱，反对把自己的意志强加于人。中国坚持结伴不结盟，不参加任何军事集团，反对侵略扩张，反对动辄使用武力或以武力相威胁。中国的国防建设和发展，始终着眼于满足自身安全的正当需要，始终是世界和平力量的增长。历史已经并将继续证明，中国决不走追逐霸权、"国强必

第一章 中国国防

霸"的老路。无论将来发展到哪一步，中国都不会威胁谁，都不会谋求建立势力范围。

（三）贯彻落实新时代军事战略方针

贯彻落实新时代军事战略方针是新时代中国国防的战略指导。新时代军事战略方针，坚持防御、自卫、后发制人原则，实行积极防御，坚持"人不犯我、我不犯人，人若犯我、我必犯人"，强调遏制战争与打赢战争相统一，强调战略上防御与战役战斗上进攻相统一。贯彻落实新时代军事战略方针，服从服务党和国家战略全局，落实总体国家安全观，强化忧患意识、危机意识、打仗意识，积极适应战略竞争新格局、国家安全新需求、现代战争新形态，有效履行新时代军队使命任务。根据国家面临的安全威胁，扎实做好军事斗争准备，全面提高新时代备战打仗能力，构建立足防御、多域统筹、均衡稳定的新时代军事战略布局。坚持全民国防，创新人民战争的战略战术和内容方法，充分发挥人民战争整体威力。

中国始终奉行在任何时候和任何情况下都不首先使用核武器、无条件不对无核武器国家和无核武器区域使用或威胁使用核武器的核政策，主张最终全面禁止和彻底销毁核武器，不会与任何国家进行核军备竞赛，始终把自身核力量维持在国家安全需要的最低水平。中国坚持自卫防御核战略，目的是遏制他国对中国使用或威胁使用核武器，确保国家战略安全。

（四）坚持走中国特色强军之路

坚持走中国特色强军之路是新时代中国国防的发展路径。建设同国际地位相称、同国家安全和发展利益相适应的巩固国防和强大军队，是中国社会主义现代化建设的战略任务，是坚持走和平发展道路的安全保障，是总结历史经验的必然选择。新时代中国国防和军队建设，深入贯彻习近平强军思想，深入贯彻习近平军事战略思想，坚持政治建军、改革强军、科技兴军、依法治军，聚焦能打仗、打胜仗，推动机械化信息化融合发展，加快军事智能化发展，构建中国特色现代军事力量体系，完善和发展中国特色社会主义军事制度，不断提高履行新时代使命任务的能力。

新时代中国国防和军队建设的战略目标是，同国家现代化进程相一致，全面推进军事理论现代化、军队组织形态现代化、军事人员现代化、武器装备现代化，力争到2035年基本实现国防和军队现代化，到本世纪中叶把人民军队全面建成世界一流军队。

（五）服务构建人类命运共同体

服务构建人类共同体是新时代中国国防的世界意义。中国人民的梦想与世界人民的梦想息息相通。一个和平稳定繁荣的中国，是世界的机遇和福祉。一支强大的中国军队，是维护世界和平稳定、服务构建人类命运共同体的坚定力量。中国军队坚持共同、综合、合作、可持续的安全观，秉持正确义利观，积极参与全球安全治理体系改革，深化双边和多边安全合作，促进不同安全机制间协调包容、互补合作，营造平等互信、公平正义、共建共享的安全格局。

中国军队坚持履行国际责任和义务，始终高举合作共赢的旗帜，在力所能及的范围内向国际社会提供更多公共安全产品，积极参加国际维和、海上护航、人道主义救援等行动，加强国际军控和防扩散合作，建设性参与热点问题的政治解决，共同维护国际通道安全，合力应对恐怖主义、网络安全、重大自然灾害等全球性挑战，积极为构建人类命运共同体贡献力量。

三、国防现代化建设的成就

中华人民共和国成立以来，在党中央、中央军委领导下，国防建设取得了巨大成就，逐步建立起了具有中国特色的现代化国防体系。

（一）铸造了一支革命化、现代化、正规化的诸军兵种合成的军队

军队是国防力量的主体。新中国成立70多年来，中国人民解放军的现代化建设取得巨大成就，已由过去单一军种发展成为诸军兵种合成、具有一定现代化水平并开始向信息化迈进的强大军队。

中华人民共和国成立之前，解放军以陆军为主体，海军薄弱，没有空军。陆军也基本上是步兵，炮兵和装甲兵部队极为有限，军队武器装备基本上是在抗日战争和全国解放战争中缴获的，性能落后，型号繁杂，威力弱小。中华人民共和国成立初期，中国人民解放军在此基础上迅速发展起来，建立、发展了空军、海军等军种和陆军的炮兵、装甲兵、工程兵等技术兵种部队，并均形成了作战能力，空军和陆军各技术兵种都有部队参加抗美援朝战争。1966年，解放军组建了战略导弹部队——第二炮兵。此后，随着军事科技的发展，又相继组建了电子对抗部队和陆军航空兵部队。70多年来，解放军全面履行了巩固国防、抵抗侵略、保卫祖国、保卫人民的根本职能，胜利完成了保卫国防作战任务，严密守卫边疆、海疆，维护海洋权益，依法履行香港、澳门的防务职责，震慑、打击危害国家安全和统一的各种分裂、破坏活动，为国家繁荣发展提供

第一章 中国国防

了可靠的安全保障；参加抢险救灾，保护人民生命财产安全，支援国家建设，有力支持了国家经济社会发展；参加国际维和、反恐和海上护航活动，为维护地区和世界和平发挥了重要作用。经过多次精简整编和 70 多年的现代化建设，解放军已经做到规模适度，结构明显优化，现代化水平和信息化作战能力大幅提高，能够完成多样化军事任务，成为陆军、海军、空军、火箭军、战略支援部队、联勤保障部队诸军兵种合成的强大军队。此外，还建立了中国人民武装警察部队，完善了民兵与预备役相结合的武装后备力量体制。

（二）建立了完善的国防动员体制

1. 健全了国防动员机构

中华人民共和国成立后，经过几十年的建设，国防动员体制得到进一步发展和完善。1994 年 11 月 29 日成立国家国防动员委员会，2010 年 2 月 26 日颁布《中华人民共和国国防动员法》，该法的颁布施行，对健全适应经济社会发展的国防动员体制机制，科学规范各级政府、军事机关、公民和组织在国防动员活动中的责任、权利和义务，依法加强和保障国防动员建设，都起到了积极的推动作用。2016 年 1 月 11 日，作为中央军委主管国防动员和后备力量建设的职能部门——中央军委国防动员部成立，在人民军队历史上写下了新的一页。

2. 建立了强大的后备力量

国防后备力量是指平时进行必要的准备，战时经过动员可直接参加和支援战争的人力，包括民兵、预备役部队和没有组建民兵的单位中经过登记服预备役的人员。如果说常备军是国家武装力量的主体，那么国防后备力量则是常备军的力量源泉和动员扩编的基础，是和平时期制约战争、维护和平的重要国防威慑力量，是夺取战争最后胜利的战略力量。1984 年 5 月，重新修订颁布的《兵役法》，确立了我国民兵与预备役相结合的国防后备力量体制。现在预备役部队在军政素质、动员速度、反应能力遂行作战能力等方面都达到较高水平。全国的民兵组织，已由过去的单一步兵发展成为一支包括炮兵、通信、工兵、防化、侦察以及海空军等专业技术分队的强大群众武装。1985 年以来，全国又在普通高校和高级中学普遍开展了学生军事训练，学生军训是国防后备力量建设的一项基础性工作，为国防培养了高素质的后备力量。

（三）形成了门类齐全、综合配套的国防科技工业体系

国防科技是衡量一个国家综合国力的重要标志之一，也是国防现代化建设的一个重要方面。经过几十年的建设和发展，我国的国防科技工业经历了从无到有、从小到大、从落后到先进的过程，建立起电子、船舶、兵器、航空、航天和

核能等门类齐全、综合配套的科研实验生产体系，取得了巨大成就。

在军事电子方面，逐步发展成为具有相当规模、门类齐全的新兴工业部门，特别是在指挥自动化、情报侦察、预警探测、电子对抗和通信等方面，为我军提供了各种新式装备和产品，进一步增强了部队侦察、通信、指挥和作战能力；在船舶工业方面，先后自行研制建造了核动力潜艇、常规潜艇、导弹驱逐舰、导弹护卫舰、导弹快艇、航空母舰等作战舰艇，以及各种辅助船舶和新型鱼雷、水雷、反水雷等新装备；在兵器工业方面，研制生产了一大批具有先进性能的坦克、装甲车辆、火炮、弹药、轻武器、军用光电器材和综合火控、指挥系统等新型武器装备；在航空工业方面，已能够生产歼击机、轰炸机、直升机、运输机、教练机等，基本满足了海、空军作战和飞机训练的需要；在航天科技工业方面，已拥有地地、地空、海空和空空导弹武器系统，运载火箭、各种应用卫星的研制和实验能力以及各种应用卫星的发射能力，在世界高技术领域占有一席之地；在核工业方面，我国不仅可以生产制造原子弹、氢弹，还掌握了核潜艇技术，形成了我国的核威慑力量，在和平利用核能方面，我国也取得了突破性进展。如今，我国国防科技事业已经走在世界的前列。

99A 主战坦克

四、军民融合发展

"实施军民融合发展战略是构建一体化国家战略体系和能力的必然选择，也是实现党在新时代的强军目标的必然选择，要加强战略引领，加强改革创新，加强军地协同，加强任务落实，努力开创新时代军民融合深度发展新局面，为实现中国梦强军梦提供强大动力和战略支撑。"习近平主席的这一重要论述，深刻揭示了军民融合深度发展的独特战略意蕴，充分反映了以习近平同志为核心的党中央对当今世界发展大势的深刻洞悉，对建设现代化强国、实现中华民族伟大复兴中国梦的超前谋划。

构建一体化国家战略体系和能力，是对国家安全和发展战略体系的优化重塑，旨在大幅提升经济发展、科技创新、新兴领域竞争、军事战略威慑、动员应急、国际规则主导等战略能力，进而实现国家发展与安全统筹谋划、经济建设与国防建设整体推进、经济力量和国防力量一体运用。这种一体化的国家战略体系和能力的生成，将有助于在国际战略博弈中获得更多战略主动和更大战

第一章 中国国防

略利益，有效应对和化解可能面临的国内和国际风险，为民族复兴提供有力支撑。而军民融合的深度发展，是构建一体化国家战略体系和能力的重要途径。

（一）军民融合深度发展的必要性

1. 经济建设和国防建设的统筹推进，必须借力军民融合

在传统格局下，军地各种单项力量看似很强大，但通常却因缺乏有效融合，很难提升综合对抗能力。只有推动军民深度融合，实现军民两大体系需求统合、资源聚合、能力融合，才能将各种相互关联的军民力量和资源集成为军民一体、活力倍增的国家总体对抗博弈能力。在此背景下，统筹推进现代化经济体系和国防体系建设，成为构建一体化国家战略体系和能力的内在要求。推动军民深度融合，将助力两大建设规划统筹、发展同步、资源配置均衡、要素有效互动、政策制度兼容、组织实施统一。

2. 军民科技的协同创新，必须借重军民融合

创新是引领发展的第一动力，是建设现代化经济体系和国防体系的战略支撑。纵观世界创新型国家发展，从国家战略层面建立军民一体的国家创新体系和能力是普遍做法。目前，我国科技创新处于从量的积累向质的转变、点的突破向系统能力提升的关键阶段。大幅提升国家创新力，必须打破军民分割，实现军民深度融合，

"军民融合"展

充分挖掘和激活军民协同创新的巨大潜力。从这个意义上讲，构建一体化的国家战略体系和能力，是一场国家科技创新能力再生的革命。要赢得这场革命，必须深入实施军民融合发展战略。

3. 国家发展实力向国家博弈对抗能力的转化，必须借助军民融合

信息化时代战争的对抗形态，不只是军事体系之间的对抗，而集中表现为以国家整体实力为基础的体系对抗。从军事体系对抗到以国家整体实力为基础的体系对抗，深刻反映了由机械化战争到信息化战争对抗形态的变化，也对国防体系建设发展方式提出了全新要求。实施军民融合发展战略，既是适应这种对抗形态变化的必然选择，又是实现国家发展实力向国家博弈对抗能力转化的必由之路。

（二）开创新时代军民融合深度发展新局面

构建一体化国家战略体系，其核心要义是军民一体化，成败关键在于军民能否深度融合。开创新时代军民融合深度发展新局面，为实现中国梦强军梦提供强大动力和战略支撑，要在以下几个方面着力。

1. 加强战略引领

构建一体化国家战略体系，必须增强战略意识，军地双方各部门、各行业必须超越自身利益束缚，勠力同心，加快推动国防和军队发展战略与经济社会发展战略的有机对接。在经济社会发展规划和国防军队建设规划制定中，要军民合力制定出务实管用的一体化国家发展战略规划，并在这一规划引领下，把军民融合深度发展落到实处，确保民族复兴伟大梦想行稳致远。

2. 加强改革创新

构建一体化国家战略体系，关键在体制机制改革创新。加强改革创新，就是要求加快推进保障一体化国家战略体系和能力形成的体制机制重构重塑。体制机制的改革创新，要有壮士断腕的决心和意志，更要有敢闯敢试敢担当的决心和勇气，要通过广泛的调研和改革试点，广泛征求军地各方的意见建议，力争达成推进改革的共识，形成推进改革的合力，使改革蹄疾步稳向前迈进。同时要加强一体化国家战略体系和能力重构重塑模式创新。广泛借鉴国际有益经验，针对我国实际，结合不同行业人才、资金、技术、产品等方面的特点，在探索试验中力争找到最佳方式和途径。

3. 加强军地协同

构建一体化国家战略体系，归根结底要靠军地双方协同推进。必须以军民深度融合为导向，建立健全助推一体化国家战略体系和能力形成的军地协同机制。比如，从军民融合年度规划、五年规划的制定，到军民融合相关重大项目的落地生根，再到军民融合政策法规的制定与实施、军民融合信息平台的搭建等，都要建立健全军地双方协同合作推进机制。当前，建立军地协同机制，重点是以中央军民融合发展委员会的成立为契机，尽快把军地各级与中央军民融合发展委员会相对接的机构建立起来。军地各级主要领导要负总责，各机构要有专人负责相关事项的对接，一级接一级，压茬推进，确保政令畅通。

4. 加强任务落实

构建国家一体化战略体系，最终要靠一件件任务落实。要依据构建一体化国家战略体系不同环节的特点，制定相应的任务落实规划，明确相应的任务落实责任主体和效果跟踪评估主体，建立健全任务落实的奖惩激励机制。每一年度结束时，或每个大项任务结束时，都要进行总结表彰，激励军地各级人人愿做军民融合深度发展的推动者、构建国家一体化战略体系的积极参与者。

相关链接：
中央军民融合发展委员会应运而生

第四节　武装力量

武装力量是指国家或政治集团所拥有的各种武装组织的统称。一般来说，是以军队为主体，由军队和其他正规的、非正规的武装组织结合构成。武装力量在国防活动中具有举足轻重的地位和作用，因此，任何一个国家的国防法律，都要对武装力量做出全面规范。

一、人民军队的性质、宗旨和任务

《宪法》第29条规定："中华人民共和国的武装力量属于人民，它的任务是巩固国防，抵抗侵略，保卫祖国，保卫人民的和平劳动，参加国家建设事业，努力为人民服务。"这一规定准确地表述了我国武装力量的性质和任务。我国武装力量的国家性、人民性，决定了其必然履行保卫国家，建设国家，保卫人民，服务于人民的神圣职责。

中国人民解放军是中国共产党缔造和领导的，是用马克思列宁主义、毛泽东思想、邓小平理论、"三个代表"重要思想、科学发展观、习近平新时代中国特色社会主义思想武装的人民军队，是中华人民共和国的武装力量，是人民民主专政的坚强柱石。紧紧地和人民站在一起，全心全意为人民服务是这支军队的唯一宗旨。中国人民解放军必须始终不渝地保持人民军队的性质，忠于党，忠于社会主义，忠于祖国，忠于人民。中国人民解放军的任务是巩固国防，抵抗侵略，保卫祖国，保卫人民的和平劳动，参加国家建设事业。进入新时代，中国军队依据国家安全和发展战略要求，坚决履行党和人民赋予的使命任务，为巩固中国共产党领导和社会主义制度提供战略支撑，为捍卫国家主权、统一、领土完整提供战略支撑，为维护国家海外利益提供战略支撑，为促进世界和平与发展提供战略支撑。

二、我国武装力量构成

武装力量是国家或政治集团各种武装组织的总称，是国家机器的重要组成部分，一般以军队为主体，由军队和其他正规的与非正规的武装组织构成。武装力量建设是指为建立和加强国家武装力量所采取的一系列举措。它以军队建设为主体，是国防建设的重要组成部分。武装力量建设的目的是提高武装力量的作战能力、为国家的根本利益服务。

《国防法》第22条规定："中华人民共和国的武装力量，由中国人民解放军、中国人民武装警察部队、民兵组成。"肩负着维护国家主权、安全、发展利益的光荣使命和神圣职责。

（一）中国人民解放军

中国人民解放军建立于1927年8月1日，是中国共产党缔造和领导的全心全意为人民服务的军队，是中华人民共和国武装力量中最基本、最核心的力量，是抵抗侵略、保卫祖国、维护国家主权和安全的主要力量。中国人民解放军由现役部队和预备役部队组成，由中央军委统一指挥。

1. 现役部队

中国人民解放军现役部队由陆军、海军、空军、火箭军、战略支援部队和联勤保障部队组成。

（1）中国人民解放军陆军

中国人民解放军陆军建立于1927年8月1日。经过90多年建设，陆军已由单一兵种发展成为诸兵种合成的现代陆军，成为既能独立执行作战任务又能与海军、空军、火箭军、战略支援部队和联勤保障部队实施联合作战的强大军种。2015年12月31日，中国人民解放军陆军领导机构正式成立。陆军对维护国家主权、安全、发展利益具有不可替代的作用。包括机动作战部队、边海防部队、警卫警备部队等，下辖5个战区陆军、新疆军区、西藏军区等。东部战区陆军下辖第71、72、73集团军，南部战区陆军下辖第74、75集团军，西部战区陆军下辖第76、77集团军，北部战区陆军下辖第78、79、80集团军，中部战区陆军下辖第81、82、83集团军。按照机动作战、立体攻防的战略要求，加快实现区域防卫型向全域作战型转变，提高精确作战、立体作战、全域作战、多能作战、持续作战能力，努力建设一支强大的现代化新型陆军。

近年来，陆军积极推进由区域防卫型向全域机动型转变，加快发

陆军

展陆军航空兵、轻型机械化部队和特种作战部队,加强数字化部队建设,逐步实现部队编成的小型化、模块化、多能化,不断提高空地一体、远程机动、快速突击和特种作战能力。

（2）中国人民解放军海军

中国人民解放军海军成立于1949年4月23日。经过70多年建设,海军已初步发展成为一支多兵种合成、具有核常双重作战手段的现代海上作战力量。海军在国家安全和发展全局中具有十分重要的地位。包括潜艇部队、水面舰艇部队、航空兵、陆战队、岸防部队等,下辖东部战区海军（东海舰队）、南部战区海军（南海舰队）、北部战区海军（北海舰队）、海军陆战队等。战区海军下辖基地、潜艇支队、水面舰艇支队、航空兵旅等部队。海军潜艇部队装备战略导弹核潜艇、攻击核潜艇和常规动力潜艇,编有潜艇基地、潜艇支队。水面舰艇部队主要装备有驱逐舰、护卫舰、导弹艇、扫雷舰、登陆舰和勤务舰船等,编有驱逐舰、快艇、登陆舰、作战支援舰支队和水警区。航空兵部队主要装备有歼击机、歼轰机、轰炸机、侦察机、巡逻机和直升机等,编有航空兵师。陆战队主要由陆战兵、两栖装甲兵、炮兵、工程兵和两栖侦察兵等构成,编有陆战旅。岸防部队主要由岸舰导弹、高射炮兵、海岸炮兵等组成,编有岸导团、高炮团等。按照近海防御、远海防卫的战略要求,加快推进近海防御型向远海防卫型转变,提高战略威慑与反击、海上机动作战、海上联合作战、综合防御作战和综合保障能力,努力建设一支强大的现代化海军。

海军

改革开放40多年来,首艘航空母舰"辽宁"舰入列,首艘国产航空母舰"山东"舰入列、055型驱逐舰首舰"南昌"舰入列……中国海军的面貌发生了日新月异的变化。在新时代的征程上,在实现中华民族伟大复兴的奋斗中,建设强大的人民海军的任务从来没有像今天这样紧迫。要深入贯彻新时代党的强军思想,坚持政治建军、改革强军、科技兴军、依法治军,坚定不移加快海军现代化进程,善于创新,勇于超越,努力把人民海军全面建成世界一流海军。

相关链接：
努力把人民海军全面建成世界一流海军

（3）中国人民解放军空军

中国人民解放军空军成立于1949年11月11日。经过近70多年建设，空军已初步发展成为一支多兵种组成的战略军种，具备了较强的防空和空中进攻作战能力，以及一定的远程精确打击和战略投送能力。空军在国家安全和军事战略全局中具有举足轻重的地位和作用。包括航空兵、空降兵、地面防空兵、雷达兵、电子对抗部队、信息通信部队等，下辖5个战区空军、1个空降兵军等。战区空军下辖基地、航空兵旅（师）、地空导弹兵旅（师）、雷达兵旅等部队。按照空天一体、攻防兼备的战略要求，加快实现国土防空型向攻防兼备型转变，提高战略预警、空中打击、防空反导、信息对抗、空降作战、战略投送和综合保障能力，努力建设一支强大的现代化空军。

人民空军走过了70多年的光辉历程，作为有效塑造态势、管控危机、遏制战争、打赢战争的重要力量，正在向全疆域作战的现代化战略性军种迈进。隐形战斗机歼-20、大型运输机运-20、战术通用直升机直-20列装部队，国产新型地空导弹直指苍穹，战略预警、空中打击、防空反导、信息对抗、空降作战、战略投送和综合保障等能力得到提升，钓鱼岛空中维权、东海防空识别区管控、南海常态化战巡、成体系远海远洋训练、多型战机绕岛巡航等重大行动任务圆满完成，有效履行新时代使命任务。

相关链接：
大国之翼，振翅空天

（4）中国人民解放军火箭军

中国人民解放军火箭军成立于2015年12月31日，成立火箭军是党中央和中央军委着眼实现中国梦、强军梦作出的重大决策，是构建中国特色现代军事力量体系的战略举措。火箭军在维护国家主权、安全中具有至关重要的地位和作用。包括核导弹部队、常规导弹部队、保障部队等，下辖导弹基地等。

中国人民解放军火箭军前身为第二炮兵，成立于1966年7月1日，由毛泽东批准，周恩来亲自命名，始终由中央军委直接掌握，是中国实施战略威慑的核心力量，主要担负遏制他国对中国使用核武器、遂行核反击和常规导弹精确打击任务。火箭军作为原第二炮兵的继承者，不但拥有原来的战略导弹部队，还有众多先进的战术常规导弹部队。后者不仅担负国家战略核威慑的功能，还装备有我军高技术局部战争的高精度"撒手锏"武器，因此还担负着首波打击的突击作用。火箭军作为中国大国地位

火箭军

的战略支撑，是维护国家安全的重要基石，肩负着重要的历史责任。

（5）中国人民解放军战略支援部队

2015年12月31日，中国人民解放军战略支援部队正式成立。战略支援部队是继陆军、海军、空军、火箭军之后的又一新军种。战略支援部队是维护国家安全的新型作战力量，是新质作战能力的重要增长点。包括战场环境保障、信息通信保障、信息安全防护、新技术试验等保障力量。按照体系融合、军民融合的战略要求，推进关键领域跨越发展，推进新型作战力量加速发展、一体发展，努力建设一支强大的现代化战略支援部队。

战略支援部队的主要使命任务是支援战场作战，使我军在航天、太空、网络和电磁空间战场能取得局部优势，保证作战的顺利进行。它是联合作战的重要力量，贯穿整个战争始终，是决定未来战争胜负的新领域。

（6）中央军委联勤保障部队

中央军委联勤保障部队是实施联勤保障和战略战役支援保障的主体力量，是中国特色现代军事力量体系的重要组成部分。包括仓储、卫勤、运输投送、输油管线、工程建设管理、储备资产管理、采购等力量，下辖无锡、桂林、西宁、沈阳、郑州5个联勤保障中心，以及解放军总医院、解放军疾病预防控制中心等。按照联合作战、联合训练、联合保障的要求，加快融入联合作战体系，提高一体化联合保障能力，努力建设一支强大的现代化联勤保障部队。

2. 预备役部队

预备役部队是以现役军人为骨干、预备役官兵为基础，按照军队统一的体制编制组成，是战时首批动员的后备力量。解放军预备役部队组建于1983年，实行军队与地方党委、政府双重领导制度。2020年6月，中共中央印发了《关于调整预备役部队领导体制的决定》，明确自2020年7月1日零时起，预备役部队全面纳入军队领导指挥体系，由现行军地双重领导调整为党中央、中央军委集中统一领导。经过多年建设与发展，预备役部队已成为建设祖国、保卫祖国的重要后备力量。预备役部队平时按照规定进行训练，必要时可以依据法律

规定协助维持社会秩序，战时根据国家发布的动员令转为现役部队。

（二）中国人民武装警察部队

中国人民武装警察部队是国家的内卫武装力量。是党领导的人民武装力量的重要组成部分，主要承担执勤、处突、反恐怖、抢险救援、防卫作战等任务，在维护国家安全和社会稳定、保卫人民美好生活中肩负着重大职责，在维护政治安全特别是政权安全、制度安全中具有重要作用。2018年1月1日，党中央决定，调整武警部队领导指挥体制，党中央和中央军委对武警部队实行集中统一领导，实行"中央军委—武警部队—部队"领导指挥体制。武警部队归中央军委建制，不再列国务院序列。这是党中央从全面落实党对全国武装力量的绝对领导、坚持和发展中国特色社会主义军事制度出发作出的重大政治决定，对实现党在新时代的强军目标、推进国家治理体系和治理能力现代化、实现党和国家长治久安具有重大而深远的意义。

（三）中国民兵

民兵执行抢险任务

中国民兵是国家的后备武装力量，是不脱产的群众武装组织，是人民解放军的助手和后备力量。根据我国国防法律规定，民兵在军事机关的指挥下完成战备执勤、防卫作战和维护社会治安的任务。近年来，民兵建设坚持改革创新，调整规模结构，改善武器装备，突出质量建设。优化组织结构，加强支援保障部队作战力量和应急处突力量建设。调整民兵组织布局，工作重心逐步由农村向城镇、交通沿线和重点地区转移。提高科技含量，注重在新兴企业和高科技行业建立民兵组织。加大武器装备建设投入，按照成系统配套、成建制配备的原则，为主要方向和重点地区配发新型高炮和便携式防空导弹等一批新式民兵防空装备，加强应急维稳装备建设，对部分武器进行技术升级改造。

第五节 国防动员

国防动员，也称战争动员，是指国家为准备战争和实施战争，由平时状态转入战时状态，所采取的统一调动人力、物力、财力的紧急措施。国防动员通常包括人民武装动员、国民经济动员、交通战备动员、人民防空动员和国防教育等。按照动员的规模，一般分为总动员和局部动员；按方式可分为公开动员和秘密动员；按时机可分为战争初期动员。和持续动员国防动员是国防建设的重要内容，涉及国家的军事、政治、经济、文化教育、科技、外交等诸多领域，直接影响到战争的进程和结局，是关系国家安危的大事。国防动员能力是国防实力的重要组成部分，增强国防动员能力，是各国普遍重视的战略问题。

一、国防动员的内容

（一）人民武装动员

人民武装动员，即国家将军队和其他武装组织由平时体制转为战时体制所采取的措施。武装力量是执行战争任务的主体，人民武装动员是国防动员的核心，对战争的进程和结局，特别是对战争初期军队的迅速扩编和战略展开，掩护国家转入战时体制，争取战略主动，具有重要意义。人民武装动员通常包括现役部队动员、预备役部队动员、后备兵员动员、民兵动员以及装备动员等。

现役部队动员，指将解放军各军兵种部队和武装警察部队从平时体制转为战时体制，按动员计划扩编，使部队达到齐装满员。主要活动包括：

（1）进入临战状态。部队召回外出人员，停止现役军人的转业，退伍部队做好战斗准备。

（2）扩建现役部队。扩建部队以现役部队为基础，通过补充实力达到部队建制的扩大和数量的增多。

（3）组建新的部队。按照动员计划和部队编制方案，从现役部队或军事院校抽调部分官兵为基础，通过补充兵员，组建新的作战部队。

预备役部队动员，指征召预备役部队成建制地转服现役。一般是在健全的预备役制度保障下，在平时搞好训练储备的基础上，将预备役部队直接编入现役部队。这是战时快速动员的一种重要方式。

后备兵员动员，指征召适龄公民到军队服现役的活动。重点在征召预备役军官和专业技术兵补充或扩编现役部队。后备兵员动员是直接为现役部队动员服务的，活动与现役部队动员同步。

民兵动员，指发动和组织广大民兵参军参战。除按计划部分补充野战部队和配属野战部队作战外，大部分配合地方部队担负支援保障任务，充分发挥人民战争的威力。

装备动员，指战时征调民用专用车辆、运输工具、设备、器材等供军队使用。

（二）国民经济动员

国民经济动员，是国家将国民经济部门、经济活动和相应的体制，有组织有计划地由平时状态转入战时状态所采取的措施。国民经济动员是国防动员的基础，目的在于充分调动国家的经济能力，提高生产水平，保障战争的需要。经济力量是战争赖以进行的物质基础，国家的经济潜力及其动员能力，对战争的影响极大。国民经济动员通常包括工业农业、交通运输、财政金融、邮电通信、科学技术、医疗卫生等方面动员。主要做法有以下几方面：

（1）改组国民经济各部门，实行集中管理和使用战争潜力。

（2）根据战争需要，调整军工生产在国民经济中所占的比例，重新分配人力、物力、财力，统筹安排军需和民用。

（3）动员生产线启封并投入军品生产，充分发挥军工厂的生产能力；改组民用工业结构和产品结构，扩大军工生产。

（4）搬迁、疏散可能遭到战争破坏的重要工厂和战略物资，加强重要经济目标的保护。

（5）调整科学技术研究机构及任务，加速研制新式武器装备。

（6）加强交通运输管理，保障军队作战和军事运输的需要

（7）调动邮电通信、医疗卫生以及外贸、文教等各行各业的力量为战争服务。

（8）改组农业，提高农业产量，加强粮食生产和储备，保障军民粮食的供给。

（9）加强经济资源的开发利用和管理，扩大生产，厉行节约，保障战争的需要。

（三）交通战备动员

交通战备动员，包括交通运输动员和通信动员，是国家统一管制各种交通线路、设施、工具和通信系统，组织和调动交通、通信专业力量为战争服务

的活动。交通和通信是人员、物资和信息流动的物质载体，交通战备动员对于保障军队的机动和其他人员、物资的前送后运，保障作战指挥和通信联络的畅通，具有重要作用。

1. 交通运输动员

交通运输动员是指国家在战时统制各种交通运输线、设施和运输工具，保障人员、物资、装备运输的措施，是国民经济动员的重要组成部分。其任务是：保障军队机动、兵员和武器装备的补充、军工生产、军品供应、居民疏散、工厂搬迁的运输问题，以及其他人员和物资的前送后运等。对于保障战争需要，夺取战争胜利具有重要影响。交通运输动员主要包括：建立和完善交通运输动员法规；加强交通运输动员指挥体系建设，在交通部门设立军事办事机构，逐步建立军、政、民统一指挥，陆、水、空综合运用，运、修、防紧密结合的国防交通体系；大力发展交通运输网建设，重视发展大型、高速的运输工具，提高综合运输能力；加强交通运输工程保障力量、防卫力量和技术力量建设等。战时的交通运输动员主要包括：根据战争规模和作战需要，有计划地将平时国防交通领导机构迅速按方案扩编为战时交通运输指挥机构；根据作战保障需要，动员、征用社会运输力量，对交通运输系统实行不同范围、不同形式的军事化管理；动员、组织各类交通保障队伍和交通保障物资器材，并进行必要的改造，遂行运输、抢修、防护任务；根据战时国家最高权力机关的规定，做好拟放弃防守地区的交通遮断准备，保障及时遮断等。

2. 通信动员

通信动员是指国家为了适应战争需要，统一组织调动通信资源和力量，综合运用多种通信手段，保证通信联络安全、稳定、畅通。随着新军事变革的深入发展，信息化军队、信息化战争逐步显现，通信动员的地位、作用显得更加重要。通信是军队的"神经"，尤其是随着高新技术不断应用于军事领域，战争逐步呈现信息化的特点，通信更成为制胜的关键因素。通信是实施作战指挥的基础条件，在军队指挥自动化系统中，通信必不可少，可以说通信是连接作战指挥系统各要素的桥梁、纽带，是整个系统的命脉。通信是发挥高技术武器装备效能的基本前提，高技术武器装备无论是单件武器还是武器系统，都嵌入了数字通信技术，使反应速度和打击精度成倍提高。离开了通信及通信技术，任何武器和武器系统都无法发挥效能和作用。通信是夺取战场信息优势的重要手段，在争夺"制信息权"这一战争"制高点"的斗争中，通信对抗占据重要地位，通信不再局限于为作战、指挥提供保障，它已经作为一支重要力量直接参与信息作战。正是由于通信的重要作用，使得各国在开展军事行动时，首先必须实施通信动员，调动各种力量和资源以提供强大的通信支持。

（四）人民防空动员

人民防空动员，简称人防动员，是指国家为了适应战争的需要，发动和组织人民群众防备敌人空袭，减少空袭损失，消除空袭后果所进行的活动。国外把组织民间防备敌人空袭，消除空袭后果，防护自然灾害统称为民防动员。随着现代科学技术的飞速发展，各种新式空袭兵器不断出现，空袭与反空袭已成为现代战争的主要作战模式之一，在现代战争中占有极为重要的地位。搞好人民防空动员，对于增强国家的总体防御能力具有重要的战略意义。人民防空动员的内容，主要包括群众防护动员、人防专业队伍动员等。

中国人民防空标志

1. 群众防护动员

群众防护动员就是组织和发动居民防备敌人空袭，与敌人的空袭作斗争，尽量避免和减少空袭所造成的人员生命和财产损失。其内容包括：在平时对居民进行人防知识的宣传教育和防空训练，构筑防护工事及掩体，对人员、重要经济目标、牲畜、粮食和水源进行必要的防护准备；战时根据防空袭警报，适时进行人员疏散隐蔽，在有放射性物质、毒剂沾染的情况下，对受染地面、建筑物、水源、粮食和衣物进行消毒和消除，实行灯火管制等。

2. 人防专业队伍动员

人防专业队伍动员就是根据城市防空袭斗争的需要，组织各种防护专业技术分队，如抢险分队、抢救分队、抢修分队、消防分队和"三防"分队，有针对性地消除空袭后果的行动。战时，组织动员人防专业队伍实施抢险、抢救、抢修和消防，消除空袭后果，对支援城市防卫作战，最大限度地减少损失，尽快恢复生产和生活秩序有着重要的作用。中华人民共和国成立以来，卓有成效地开展了人民防空工作，建立了各级人防机构，进行了广泛的人防教育，构筑了大量的人防工事。我国人防工作的基本任务是：保护人民群众免受或少受威力巨大的现代武器的杀伤，对人民群众进行防卫训练和教育，预先构筑防护工事，组织和实施城市居民的疏散、隐蔽和配备个人防护器材，保障粮食和水源不受放射性尘埃和化学武器的污染；保证国民经济各部门在敌空袭威胁下能稳定地持续生产，采取各种组织措施和工程技术措施，合理安排工业布局和城市规划，加强经济设施的稳固性、安全性，储存部分原料、燃料、动力、成套配件和供气、供水设施，组织对国民经济设施部门不间断的指挥；在遭敌空袭地区进行抢救、抢修，将敌袭击后果减少到最小限度，预先组织群众防卫力量在有敌袭击威胁时进入准备状态，组织和实施在杀伤破坏区（或受灾区）的抢救、抢修工作，对难民进行救护，并保障对群众防卫力量进行不间断的指挥；配合军队歼敌空降兵、维持社会治安、肃清敌特及进行城市防卫作战，给群众防卫队伍配备以必要的武器，以抗击和袭扰敌空袭兵器、围歼敌空降兵、消灭敌特、维护社会治安和交通运输畅通。

此外，当国家遭受严重自然灾害和发生重生产事故时，遂行抢险救灾、救护灾民、消除受灾后果任务，也正在逐步列入人防工作的重要内容。

（五）国防教育

国防教育是指国家为增强公民的国防观念和提高公民的国家安全意识，在全体公民中进行的以爱国主义为核心的与国防和军队有关的思想、知识、技能的普及性教育。国防教育是政治动员在平时的主要表现形式，是国之大事，旨在强化全民的国家意识、国防意识和国土意识。我们的国防是全民的国防，建设巩固国防是每个公民义不容辞的责任和义务。

目前我国的国防教育对象，涵盖了全国党、政、军、民、学各个领域的人员。其中，武装力量是国防教育的主体对象，各级干部是国防教育的关键对象，学生是国防教育的基础对象。由于国防教育对象的广泛性和内容的丰富性，要求国防教育的组织与实施方法必须灵活多样。目前我国各级各类学校按照《国防教育法》的要求，主要以组织学生军训和进行军事理论课程教育的方式进行国防教育，而社会国防教育主要采取以下方法实施。

1. 利用大众媒体开展国防教育

利用大众媒体开展，如报纸、杂志、广播、电视、网络等开展国防教育。目前，全国许多报刊、电视台、广播电台开办了国防教育专栏或专题节目，有些地区还开办了国防教育网站，建起了集报纸、刊物、广播、电视、网站"五体一位"的宣传网络，扩大了国防教育的覆盖面。

2. 利用国防教育场所开展国防教育

利用国防教育场所，如纪念馆、纪念地、领袖故居、烈士陵园、革命和历史遗址等缅怀纪念场所，博物馆、科技馆、文化馆、青少年宫、国防园、兵器馆以及军队的军史馆、荣誉室等观摩学习场所，民兵训练基地、学生训练基地、少年军校等军事训练场所，形象直观地开展国防教育。

3. 利用节日和纪念日开展国防教育

利用重大的节日和传统节日，如国庆节、建军节、春节等；重大历史事件纪念日，如"九一八"事变纪念日、抗日战争胜利纪念日、南京大屠杀死难者国家公祭日等。每年9月第三个星期六为法定的全民国防教育日，各地通常都会开展声势浩大的国防教育活动。这些活动的开展，对提高全民国防意识，增强全民国防观念，形成全民关心国防、支持国防建设的浓厚氛围都起到了积极的作用。

知识链接

历届全民国防教育日主题

2001年："关注国防，就是关心自己的家园"；2002年："国家安全是全社会的共同责任"；2003年："国防连着你我他，安宁维系千万家"；2004年："勿忘国耻、强我国防"；2005年："牢记历史、珍爱和平、心系国防"；2006年："弘扬长征精神，共建钢铁长城"；2007年："热爱军队、情系国防"；2008年："维护国家安全、共筑和谐家园"；2009年："赞颂辉煌成就，建设强大国防"；2010年："富国强军，共筑长城"；2011年："依法开展国防教育，增强公民国防观念"；2012年："热爱人民军队，共筑钢铁长城"；2013年："国防义务与国家安全"；2014年："关心国家安全，维护海洋权益"；2015年："弘扬伟大抗战精神，同心共筑强大国防"；2016年："传承红色基因，共建巩固国防"；2017年："赞颂辉煌成就、赓续红色基因、支持改革强军"；2018年："传承红色基因、汇聚强军力量"；2019年："赞颂辉煌成就、军民同心筑梦"；2020年："奋进新时代，聚力强军梦"。

4.利用各种活动开展国防教育

利用各种活动开展教育，主要是结合双拥共建、征兵宣传、文化体育等，组织开展读书演讲、知识竞赛、文艺演出、专题展览等丰富多彩、群众喜闻乐见的国防教育活动，吸引公民自觉接受和参与国防教育，从而进一步增强公民关心国防、热爱国防、建设国防、保卫国防的责任感和自觉性。

二、国防动员的意义

习近平总书记在党的十九大报告中强调指出，"完善国防动员体系，建设强大稳定的现代化边海空防"。高效的国防动员实力就是战斗力，必须真正把国防动员的潜力转化为保障打赢的战争实力。

第一章　中国国防

（一）国防动员具有应对战争或军事威胁的战略保障作用

国防动员是一个军事上的战略问题，直接影响到战争的发生、进程和结局，关系到国家的安危存亡。无论是古代战争还是现代战争，无论是全面战争还是局部战争，无论是常规战争还是非常规战争，都离不开国防动员。一是国防动员是确定战争战略目标的主要依据。国防动员能力制约着战争战略目标的实现。战争指导者必须充分认识和把握国防动员的制约作用，才能根据应对战争的国防动员能力大小，制定切合实际的战争战略目标，因势利导的驾驭战争全局。二是国防动员是战争潜力转化为实力的基本保障。战争潜力是战争力量的重要组成部分，它不会自然转化为战争实力，能否转化取决于国防动员能力大小。在实现转化的过程中，国防动员是最基本的保障。三是国防动员是影响战争进程和结局的关键环节。国防动员与战争密不可分，互为条件。战争尚未开始，与之相伴的国防动员实施便已启动，并自始至终受到国防动员的制约和影响。四是国防动员既是保证战争顺利进行的战略保障力量，又是慑止和遏制战争的战略威慑力量。在国家遭受战争或军事威胁的情况下，根据战略判断，有可能通过威慑性动员消除威胁。

（二）国防动员是应对紧急状态或突发事件的重要保证

国防动员应急运用，是指国家运用国防动员机制、力量和资源，应对紧急状态或突发事件等其他安全威胁的活动。国防动员作为国家应对紧急状态或突发事件的重要力量和手段，对和平时期国家应急管理具有重要现实意义。一是国防动员应急运用是增强国家应急管理能力的重要内容；二是国防动员应急能力是国家应急管理的重要支援力量；三是国防动员应急资源是国家应急管理的重要保障；四是国防动员经济调节作用是维护经济社会稳定的主要手段。

（三）国防动员是实现国防建设和经济建设协调发展的基本途径

国防动员是连接国防建设与经济建设的桥梁与纽带，是促进国家建设科学发展的重要途径。加强国防动员建设，有助于促进形成国防建设与经济建设协调发展的长效机制。一是国防动员是国家体制和经济建设实现平战转换的战略手段；二是国防动员是协调国防建设与经济建设的有效平衡机制；三是国防动员是实现国家建设军民融合发展的主要形式。必须站在国家安全和发展战略全局的高度，统筹国防建设和经济建设，实施军民融合发展战略，实现富国与强兵的统一。

思考题

1. 国防的内涵是什么?它有哪些类型?
2. 从我国的国防历史中可以得到哪些启迪?
3. 什么是国防法规?国防法规的主要任务是什么?
4. 什么是国防建设?国防建设的主要内容是什么?
5. 简述军民融合发展。
6. 什么是国防动员?国防动员的内容有哪些?

第二章　国家安全

教学目标

正确把握和认识国家安全的内涵，理解我国总体国家安全观，了解世界主要国家军事力量及战略动向，使学生对国家安全形势有准确把握，增强忧患意识。

第一节　国家安全概述

国家安全是人民幸福安康的基本要求，是安邦定国的重要基石。维护国家安全是全国各族人民的根本利益所在。习近平总书记强调："我们党要巩固执政地位，要团结带领人民坚持和发展中国特色社会主义，保证国家安全是头等大事。"

一、国家安全的内涵

"国家安全"一词自用于法律文件以来，其内涵和外延并未达成共识。从一些国家的安全战略和安全立法中，也能看出其中存在很大差异。如何界定"国家安全"的内涵和外延，通常受到客观因素和主观因素的影响。从客观因素来说，包括国家所处的国际战略环境、国家的发展战略、国家核心利益的内外威胁、国家能力的大小等。从主观因素来说，包括对威胁的主观感知、认知主体的意识形态和价值观、国民的历史记忆、社会大众的政治情绪等。

《中华人民共和国国家安全法》

总体国家安全观语境下的国家安全，是个"大安全"概念，既指国家处于安全状态，又指国家维持这种安全状态的能力。维护国家安全的根本着眼点是，维护国家核心利益和国家其他重大利益，有的国家称之为"生死攸关的利益""极端重要利益"。由于国家核心利益和国家其他重大利益涉及国家的生存、独立和发展，任何政府都会把它们列为维护国家安全的首要核心目标，在维护上述利益时，都会态度坚决、不容争议、不容妥协、不容干涉。在新形势下维护国家安全，必须坚持以总体国家安全观为指导，坚决维护国家核心和重大利益。

《中国的和平发展》白皮书首次系统地阐述了"国家核心利益"的内涵。我国的核心利益包括：国家主权；国家安全；领土完整；国家统一；宪法确立的国家政治制度和社会大局稳定；经济社会可持续发展的基本保障。《中华人民共和国国家安全法》（以下简称《国家安全法》）第2条明确规定："国家安全是指国家政权、主权、统一和领土完整、人民福祉、经济社会可持续发展和国家其他重大利益相对处于没有危险和不受内外威胁的状态，以及保障持续安全状态的能力。"这里的"国家政权、主权、统一和领土完整、人民福祉、经济社会可持续发展"，就是我国的核心利益。

相关链接：
国家安全，人人有责

二、正确理解和把握总体国家安全观

习近平总书记指出，坚持总体国家安全观，必须坚持国家利益至上，以人民安全为宗旨，以政治安全为根本，统筹外部安全和内部安全、国土安全和国民安全、传统安全和非传统安全、自身安全和共同安全，完善国家安全制度体系，加强国家安全能力建设，坚决维护国家主权、安全、发展利益。这一重大论断，准确把握了新时代国家安全形势变化的新特点新趋势，深刻揭示了总体国家安全观的原则要求和丰富内涵。

（一）坚持统筹发展和安全两件大事

这是治国理政的一个重大原则，也是推进国家安全工作的必然要求。安全和发展是一体之两翼、驱动之双轮。发展是安全的基础。建立在发展基础上的安全才更可靠、更可持续。要从国情出发，坚持发展是解决中国一切问题的关键，坚持在改革发展中促进国家安全，增强发展的全面性、协调性、可持续性，从源头上预防和减少安全问题的产生。安全是发展的保障。一个国家选择什么样的国家安全战略，决定了这个国家生存、发展与兴盛之路。实施发展和安全并重的国家安全战略，既要善于运用发展成果夯实国家安全的实力基础，又要善于塑造有利于经济社会发展的安全环境，做到坚持发展不停步、维护安全不懈怠。

（二）坚持人民安全、政治安全、国家利益至上有机统一

人民安全是国家安全的宗旨，政治安全是国家安全的根本，国家利益至上是国家安全的准则。以人民安全为宗旨，就是要坚持以人民为中心，维护人民根本利益，保障人民当家作主各项权利，保障人民生命财产安全和其他合法权益，为人民创造良好生存发展条件和安定生产生活环境。以政治安全为根本，就是要坚持党的领导和中国特色社会主义制度不动摇，把制度安全、政权安全放在首要位置，为国家安全提供根本政治保证。以国家利益至上为准则，就是要把国家利益作为制定国家安全战略的出发点，牢固树立捍卫国家利益的机遇意识，强化捍卫国家利益的底线思维，创新捍卫国家利益的方式方法，更坚决更有效地维护好捍卫好国家利益尤其是核心利益。习近平总书记强调，要坚持人民安全、政治安全、国家利益至上的有机统一，实现人民安居乐业、党的长期执政、国家长治久安。

（三）坚持维护和塑造国家安全

这是新时代国家安全的基本定位。塑造是更高层次更具前瞻性的维护。当前我国正处于中华民族伟大复兴的关键阶段，也处于从发展中大国迈向社会主义现代化强国的关键时期。新时代国家安全，既要解决好大国发展进程中面临的安全共性问题，更要处理好中华民族伟大复兴关键阶段面临的特殊安全问题。要立足国际秩序大变局来把握规律，立足防范风险大前提来谋划思路，立足我国发展历史机遇期大背景来统筹工作，做到国家利益延伸到哪里、安全保障就跟进到哪里，为国家发展创造良好外部安全环境。

（四）坚持科学统筹的根本方法

坚持总体国家安全观，要求始终把国家安全置于中国特色社会主义事业全局中来把握，充分调动各方面积极性，形成国家安全合力。要统筹外部安全和内部安全，对内求发展、求变革、求稳定，建设平安中国；对外求和平、求合作、求共赢，维护世界和平与发展。统筹国土安全和国民安全，坚持以民为本、以人为本，坚持国家安全一切为了人民、一切依靠人民，真正夯实国家安全的群众基础。统筹传统安全和非传统安全，构建集政治安全、国土安全、军

事安全、经济安全、文化安全、社会安全、科技安全、网络安全、生态安全、资源安全、核安全、海外利益安全、生物安全等于一体的国家安全体系。统筹自身安全和共同安全，构建人类命运共同体，推动各方朝着互利互惠、共同安全的目标相向而行。

三、国家安全是安邦定国的重要基石

"安而不忘危，存而不忘亡，治而不忘乱。"进入新时代，我国面临复杂多变的安全和发展环境，各种可以预见和难以预见的风险因素明显增多，各方面风险可能不断积累甚至集中显露，维护国家安全的任务更加繁重艰巨。必须审时度势、与时俱进，创新国家安全理念，统揽国家安全全局，坚持总体国家安全观，走出一条中国特色国家安全道路。

（一）坚持总体国家安全观，适应了进行具有许多新的历史特点的伟大斗争的新要求

当前，我国比历史上任何时期都更接近实现中华民族伟大复兴的目标，迎来了大有可为的历史机遇期，前景十分光明，但风险挑战也十分严峻。在新的历史起点上，必须时刻准备应对各种风险考验，必须进行伟大斗争、建设伟大工程、推进伟大事业、实现伟大梦想。这既对国家安全工作提出了新挑战，也为做好国家安全工作提供了新机遇。坚持总体国家安全观，归根结底是为了更好维护我国发展的历史机遇期，确保中华民族伟大复兴进程不被阻碍或打断。

（二）坚持总体国家安全观，回应了人民对国家安全的新期待

在新时代，人民希望国家更加强大，更有力地维护国家统一和民族团结；希望党和政府更加主动作为，更有效地保护生命财产安全；希望着力解决空气、水、土壤污染以及农产品、食品药品安全等突出问题。党的十九大作出新时代我国社会主要矛盾发生变化的新论断，明确将安全作为人民美好生活需要的重要内容。这是对历史、现实、未来的深刻洞察。有了安全感，获得感才有保障，幸福感才会持久。国家安全工作，归根结底是保障人民利益，为群众安居乐业提供坚强保障。

（三）坚持总体国家安全观，顺应了世界发展变化的新趋势

当今世界正处在大发展大变革大调整时期，充满希望，也充满挑战。和平与发展仍然是时代主题。世界多极化、经济全球化、社会信息化、文化多样化深入发展，全球治理体系和国际秩序变革加速推进，各国相互联系和依存日益

加深，国际力量对比更趋平衡，和平发展大势不可逆转。同时，世界面临的不稳定性不确定性突出，世界经济增长动能不足，贫富分化日益严重，地区热点问题此起彼伏，恐怖主义、网络安全、重大传染性疾病、气候变化等非传统安全威胁持续蔓延，人类面临许多共同挑战，没有哪个国家能够置身事外、独善其身，妄自尊大或独善其身，只能四处碰壁。"单丝不线，孤掌难鸣。"只有坚持共同、综合、合作、可持续的新安全观，同心协力应对各种问题，才能实现共享正义尊严、共享发展成果、共享安全保障。

相关链接：
《总体国家安全观》宣传片

第二节 国家安全形势

国家安全是我们生存和发展之本，在当今风云变幻的国际形势下如何认清国家安全形势和规律意义重大，且与每个人息息相关。认清国家安全形势，维护国家安全，要立足国际秩序大变局来把握规律，立足防范风险的大前提来统筹，立足我国发展重要战略机遇期大背景来谋划。

一、我国地缘环境基本概况

（一）我国周边地区范围和地缘环境

周边地区指我国的陆海边境地带及其外侧的陆海邻国和公海所构成的区域。我国的地缘环境异常复杂。在世界200多个国家中，除俄罗斯外，我国是世界上邻国最多的国家。我国陆上与朝鲜、俄罗斯、蒙古、哈萨克斯坦、吉尔吉斯斯坦、塔吉克斯坦、阿富汗、巴基斯坦、印度、尼泊尔、不丹、缅甸、老挝和越南14个国家接壤。海上与朝鲜、韩国、日本、越南、菲律宾、马来西亚、印度尼西亚和文莱8个国家的大陆架或专属经济区相连接。此外，柬埔寨、泰国、孟加拉国、乌兹别克斯坦和土库曼斯坦5个国家与我国位置靠近。我国周边是世界人口最

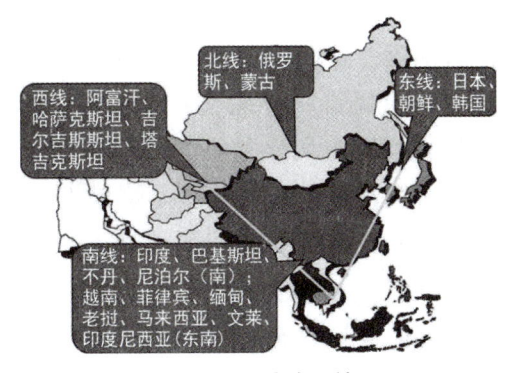

密集、大国最集中的地区，世界公认的五大力量中心，除欧洲外，其他四大力量——美、俄、日、中均交汇于此。

（二）我国邻国众多，安全环境易受外部影响

我国安全环境的外部影响主要来自陆、海两个方面。历史上，美、苏曾分别从海上和陆上对我国施加过影响。苏联解体后，俄罗斯仍是世界上最大的陆地国家。美国位于北美大陆南部，陆地面积937万平方千米，北邻加拿大，东接大西洋，南邻墨西哥和墨西哥湾。进入20世纪，美国的综合国力日益增强，积极向海外发展，美国和俄罗斯对欧亚大陆具有全局性影响。

日本、印度是我国周边地区的两个重要国家，是构成我国地理环境的重要因素。日本是岛国，资源缺乏，对海外资源和海外市场的严重依赖性是它的显著特点。中日甲午战争至第二次世界大战期间，日本军国主义积极推行侵略扩张政策，迅速向亚洲大陆扩张。第二次世界大战结束后，美国控制世界海洋，日本转而依附美国，充当美国在太平洋的前沿堡垒。冷战结束后，日本追随美国，变化了的国际形势为日本提高国际地位提供了难得的机会，日本注重将经济、科技、金融优势转化为政治和军事影响力，积极开拓战略空间。印度人口众多，是一个依陆面海的大国，从地理条件看，印度北面被崇山高原带阻隔，其半岛却深入印度洋，陆地上的隔绝与海路上的通达形成鲜明对照。所以，"由陆向海"是印度关注的战略发展问题。印度地理条件优越，周边邻国主要是中小国家。我国是直接与印度毗邻的唯一大国，两国虽然存有边界争议，但是中印分别面向太平洋和印度洋两个不同的方向，同时受到青藏高原阻隔，地理上的矛盾是有限的。

东南亚、中亚是我国周边的两个重要地区，也是我国陆、海两面的两个枢纽地区。这两个地区的形势稳定与否，对我国的安全和经济发展具有重要影响，在通道、资源、安全等方面都有重要战略意义。在通道方面，东南亚连接亚洲与大洋洲，沟通印度洋和太平洋，控制着太平洋和印度洋的主要水上航线，境内的马六甲海峡承担了全球近八成的航运量。中亚地区处于东亚、西亚、南亚和北亚的地理连接点上，是连接欧亚大陆及我国、俄罗斯、欧洲、中东、南亚各地陆路的枢纽。在资源方面，东南亚有丰富的战略资源，锡储量占世界的60%，橡胶年产量占世界的80%以上，矿产资源丰富，石油和稻米出口量大。在安全方面，东南亚邻接我国的东南沿海与西南地区，是影响我国南部安全的重要方向。贯穿东南亚的海上战略对于日本具有重要意义，对美欧各国的航运也有重要影响。中亚地区与我国新疆、西藏等地接壤，该地区的形势与我国西北边疆安危有关。随着上海合作组织的成立，我国与

中亚各国建立了平等合作的友好关系，对这一地区的安全环境也产生了有利影响。

二、我国周边安全环境

冷战结束后，世界格局和安全形势发生了深刻变化，和平与发展依然是时代的主题。我国周边安全环境得到进一步改善。我国周边发生大规模战争的可能性虽然较小，但是影响我国周边安全环境的威胁与挑战依然存在。

（一）我国周边安全环境依旧复杂

进入20世纪90年代，和平与发展的时代主题进一步强固，多极化趋势继续发展，综合国力竞争成为国家间关系的中心，世界总体和平的格局得以巩固和加强。我国周边安全形势依旧很复杂。美、俄等大国持续关注亚太地区并加大对该地区的战略投入，战略竞争有增无减。

我国继续保持政治安定、民族团结、社会稳定的良好局面，综合国力、国际影响力、抵御风险能力明显增强，仍处于发展的重要战略机遇期，同时也面临多元复杂的安全威胁和挑战。

1. 大国关系统筹推进，维护战略稳定总框架

中美关系牵动世界目光。历史和事实充分说明，中美合作是人心所向、大势所趋。过去几年，由于特朗普政府实行极端错误的反华政策，中美关系遭遇了两国建交以来前所未有的严重困难。在中美关系遭遇严重困难的时刻，支持中美交流合作的力量从未缺席。包括美中关系全国委员会在内的诸多美国机构团体以及各界人士通过发表联名信、撰写文章、举办视频交流研讨等多种方式，持续发出反对中美对抗、支持中美合作的理性声音，与来自极端反华派的杂音与干扰形成鲜明对比，为维护中美关系稳定大局发挥了难能可贵的积极作用。中国政府对美政策始终保持高度稳定性和连续性。中方愿同美方共同努力，推动中美关系沿着不冲突不对抗、相互尊重、合作共赢的轨道向前发展，造福两国和两国人民；同时我们将继续坚定捍卫国家主权、安全、发展利益。希望美国新一届政府顺应两国民意和历史潮流，聚焦合作，管控分歧，推动中美关系回到健康稳定发展的正确轨道。

中俄新时代全面战略协作伙伴关系保持高水平运行和高度互信。全面深化中俄合作符合两国人民的根本利益，对促进地区及世界的和平、稳定、发展发挥着重要作用。2020年，习近平总书记同普京总统5次通话，引领中俄新时代全面战略协作伙伴关系持续提升。两国抗疫和务实合作扎实推进，共同维护第二次世界大战胜利成果与国际公平正义，成为动荡世界中的重要稳定力量。

2020年是中欧建交45周年，双方以建交45周年为契机，强化协调合作，增进彼此互信，坚定维护多边主义，共同应对全球挑战。双方签署中欧地理标志协定，决定打造中欧绿色合作、数字合作伙伴关系，如期完成中欧投资协定谈判，中欧全面战略伙伴关系增添时代内涵。

2. 伙伴关系走深走实，打造全球合作升级版

周边命运共同体建设迈出新步伐。中日关系平稳过渡，稳妥把握中印关系方向，与韩国有效推进复工复产等互利合作。习近平主席访问缅甸，推动中缅关系进入新时代。亚太区域合作达成建设共同体重要共识。区域全面经济伙伴关系协定正式签署，积极考虑加入全面与进步跨太平洋伙伴关系协定，提振了各方共建亚太自贸区的信心。李克强总理出席东亚合作领导人系列会议，中国与东盟实现互为第一大贸易伙伴的历史性突破。"中国＋中亚五国"外长会晤成功启动。同发展中国家团结合作展现新气象。举办中非团结抗疫特别峰会，实现中拉、中阿等重要集体对话平台全覆盖。向有需要的发展中国家提供抗疫医疗和物资援助，致力于实现疫苗在发展中国家的可及性和可负担性，积极参与制定和落实二十国集团缓债倡议，与联合国共同举办减贫与南南合作高级别会议。中国同广大周边和发展中国家在抗击疫情和复苏经济方面同呼吸、共命运，深化了双方守望相助的友好情谊。

3. 外交斗争坚定有力，勇立维护权益第一线

2020年，我们旗帜鲜明反对美方将疫情政治化、病毒标签化的错误行径，不让任何"政治病毒"横行于世界。坚定回击任何对中国制度和道路的造谣抹黑，坚决捍卫党和国家的政权安全和制度安全。有力挫败利用台湾、涉港、涉疆、涉藏等问题干涉中国内政的图谋，维护主权独立和国际关系基本准则。坚定妥善处理领土边界和海洋权益争端，有力捍卫国家主权和领土完整。义正词严驳斥各种虚假信息，戳穿各种"甩锅"推责，展示和留下客观真实的历史叙事。坚决反制滥用国家安全借机大搞所谓单边制裁和长臂管辖，维护国家和民族尊严以及企业和公民正当权益。

（二）我国周边安全环境仍存在威胁和挑战

我国地处亚太地区，尽管当前形势相对稳定，短期内不至于发生牵涉我国的战乱，外敌入侵我国的可能性基本可以排除，但是，周边地区一些固有的矛盾并没有完全解决，影响和平安全的因素依然存在，我国周边安全与稳定仍面临不同对象和不同程度的现实的潜在威胁。在和平环境下更需要居安思危，增强忧患意识，这样才能使国防更加巩固，国家更加安全。

第二章　国家安全

1. 西方军事强国对中国的安全环境具有威胁

美国与我国虽远隔重洋，但对我国安全的影响却无处不在。在各大国与我国关系向前发展的同时，在以美国为首的西方世界仍然有一股企图遏制中国的逆流，顽固地坚持冷战思维，不愿意正视我国政治、经济的发展以及在国际社会中的积极作用。散布所谓的"中国威胁论"，以"人权"为幌子，干预中国的内政，继续坚持对台军售，阻挠中国统一大业。美国对华政策的两面性，是我国安全环境不稳定的主要因素之一。

2. 周边"热点"地区威胁因素增加

朝鲜半岛核心问题依旧无解，局势很不稳定，存在发生重大逆转的可能。

朝鲜半岛问题，其根源在于南、北方的分裂局面，表现为朝鲜和韩国的对立及朝鲜与美国的对立。朝鲜与美国签署了关于核问题的框架协议后，朝鲜和韩国由对峙走向对话，随着"六方会谈"断断续续，朝鲜半岛的局势有趋向缓和的可能，也存在爆发战争的隐患。特别是近年来关于朝鲜的核武器实验及导弹试射的传闻不断，更给半岛局势蒙上了阴影。

半岛局势数度紧张，引发安全担忧。2016年，韩美宣布在韩部署"萨德"反导系统，加剧了朝鲜半岛的紧张局势。2017年，朝鲜继续进行核试验和导弹试射，受到更严厉制裁。2018年，朝鲜半岛局势发生了巨大变化。金正恩成为踏上韩国土地的首位朝鲜最高领导人，并与韩国总统文在寅三次举行会晤，先后发表《板门店宣言》和《9月平壤共同宣言》。南北离散家属会面、设立南北共同联络事务所、撤除非军事区哨所、着手连接韩朝铁路公路……尽管受联合国制裁决议等限制，但朝韩和解合作与交流的大门已经再次打开。进入2020年，风云突变。韩国"脱北者"团体向朝鲜境内散布反朝宣传单，被朝鲜视为"触及最高尊严"。2020年6月16日，朝方有关部门为了让"脱北者"及其"纵容者"付出"犯罪代价"，实施了彻底炸毁根据《板门店宣言》而设立的朝韩联络办公室，朝方炸毁这一具有象征意义的建筑无疑加剧了半岛紧张局势。随后，韩国国防部发表声明，将对朝军实施24小时密切监视并维持最高警备状态。

同样是2018年，朝美关系和半岛局势随着两国首脑举行的历史性会谈一度迎来重大转机。此后，朝方通过采取废弃北部核试验场等一系列举措，试图让美方在回应朝方有关体制安全保障和解除制裁等关切方面采取实质性举措。但美方始终"口惠而实不至"。2019年4月，金正恩在施政演说中要求美方在年底前拿出符合双方利益的方案。外界将其视作朝鲜给朝美谈判设定时间表。但美方迟迟未能采取实质性举措，导致双方关系逐渐陷入停滞，半岛局势前景仍不明朗。

朝鲜半岛问题的本质是安全问题，实现半岛和平的关键在于妥善、平衡解决好各方的合理安全关切。有关各方应相向而行，共同努力，实现半岛无核化，构建半岛永久和平机制。

3. 边界和海洋权益争端尚存

我国与一些邻国的边界争议及海洋权益的争议情况复杂，解决起来难度很大，这些争议始终是威胁我国边境和领海安全的不稳定因素。

（1）中印边界争端问题

由于历史的原因，中印边界从未正式划定过，边界全线都存在争议。冷战结束后，随着中印关系不断改善，1993年9月，中印正式签署了《关于在中印边境实际控制线地区保持和平与安宁的协定》。1996年11月，两国签署了《关于在中印边境实际控制线地区军事领域建立信任措施的协定》。但是1998年3月，人民党执政的印度政府上台伊始就大肆渲染"中国威胁论"，无端指责我国侵占印度的领土，对印度安全构成严重威胁，为其发展核武器寻找借口。

2017年6月18日，印度边防人员在中印边界锡金段越过边界线进入中方境内，阻挠我国边防部队在洞朗地区的正常活动。2020年6月15日晚，在中印边境加勒万河谷地区，印军违背承诺，越过实控线非法活动，蓄意发动挑衅攻击，引发双方激烈肢体冲突，造成人员伤亡。8月31日，印军破坏前期双方多层级会谈会晤达成的共识，在班公湖南岸、热钦山口附近再次非法越线占控，公然挑衅，造成边境局势紧张。

应当看到，由于双方确信边界问题的早日解决符合两国的基本利益，因此将其视为共同战略目标，这为两国边界问题的解决奠定了基础。但是两国领土争端面积较大，对两国利益有重要影响，确定边界的工作复杂，问题的最终解决还需要两国一定时间的努力。

（2）中日钓鱼岛争端问题

中日钓鱼岛争端是日本侵犯中国领土所引发的争端。钓鱼岛及其附属岛屿自古以来就是我国的固有领土，我国对此拥有充分的历史和法理依据。但是，日本方面无视大量历史事实，竟声称钓鱼岛为日本的"固有领土"。随着钓鱼岛战略地位被重视和资源被发现，日方通过"购岛"等闹剧，妄图窃取钓鱼岛主权。随着美国"重返亚太"战略的实施，美国在钓鱼岛问题上横加干涉，致使问题越加复杂。

2020年6月22日，日本冲绳县石垣市议会通过有关议案，将所谓的"尖阁诸岛"（即我国钓鱼岛及其附属岛屿）的行政名称由原先的"登野城"改为"登野城尖阁"，引发中日关系大震动。中国外交部表示日方通过所谓"更名"

议案，是对中国领土主权的严重挑衅，是非法的、无效的，中方对日方有关行径坚决反对，同时中国海警局立即派遣海警舰艇编队进入我国钓鱼岛领海进行巡航。钓鱼岛及其附属岛屿是中国固有领土，中国对钓鱼岛的主权拥有充分的历史和法理依据。日方有关做法丝毫改变不了钓鱼岛属于中国的客观事实，也丝毫动摇不了中方维护钓鱼岛领土主权的坚定决心。中方敦促日方停止在钓鱼岛问题上制造事端，按照双方2014年达成的四点原则共识精神，与中方相向而行，以实际行动为两国关系改善发展作出努力。钓鱼岛问题是目前中日关系中的核心问题之一，关系着中日关系的健康发展。

（3）南海局势暗流涌动

众所周知，南海海权之争近年来十分敏感。有的域外大国以维护海上航行自由为名，频频插手南海争端，激发矛盾，挑拨离间。2016年所谓"南海仲裁案"一度甚嚣尘上，但是得益于我国和菲律宾等相关方作出的大量努力，南海紧张局势逐渐呈现缓和态势，使得这一问题被炒作的空间逐渐缩小。在我国的积极努力下，目前南海局势较为稳定，但存在严重隐患。

中国对南沙群岛及其附近海域拥有无可争辩的主权。中国始终坚持通过谈判协商和平解决争议，坚持通过制定规则和建立机制管控争议，坚持通过互利合作实现共赢，坚持维护南海和平稳定及南海航行和飞越自由。中国与东盟国家就南海问题保持密切沟通对话，在全面有效落实《南海各方行为宣言》框架下深化海上务实合作，稳步推进"南海行为准则"磋商，不断取得积极进展。中国坚决反对个别国家为一己私利在本地区挑动是非。对于侵犯中国领土主权和海洋权益、蓄意挑起事端破坏南海和平稳定的挑衅行动，中国将不得不作出必要反应。任何将南海问题国际化、司法化的做法都无助于争议的解决，相反只会增加解决问题的难度，危害地区和平与稳定。

（4）台海局势稳中有忧，不容乐观

蔡英文当局拒不承认体现一个中国原则的"九二共识"，导致两岸制度化协商停摆，两岸关系处于冰冻状态。蔡英文孤注一掷，加快靠拢"台独"势力。适逢美国出于自身利益，近来频打"台湾牌"，妄图"以台制华"。蔡英文当局从中美贸易摩擦发生后迅速跳出来禁止岛内企业采购大陆相关产品，并主动将"北美事务协调委员会"更名为"台湾美国事务委员会"，执政以来多次耗费巨资向美国买武器、交"保护费"对美国炮制"友台"法案喜形于色、感激涕零，这种"倚美谋独"的行为必将自食恶果。

台海和平稳定事关两岸同胞安危福祉，事关中国核心利益，事关包括台湾同胞在内全体中国人民的民族感情。任何势力都不要低估中国捍卫国家领土和主权完整的决心和能力。蔡英文当局意图在国际上制造"两个中国""一中一

台"、"台湾独立"的谋算绝不会得逞，任何挟洋自重、破坏两岸关系的行径都将自食恶果。美方也不要在涉台问题上玩火，不要向"台独"势力发出任何错误信号，而应当信守承诺，恪守一个中国原则和中美三个联合公报规定，以实际行动维护中美关系大局和台海和平稳定，否则只会搬起石头砸自己的脚。

4. 恐怖主义和民族分裂势力活动威胁存在

我国是一个多民族的国家，国家统一、民族团结、社会稳定始终是国家安全和发展的重要前提。但恐怖主义和民族分裂势力对中国安全统一的危害不容低估。当前，出现了民族分裂主义、国际恐怖主义和宗教极端主义合流的趋势，这"三股势力"内外勾结、相互借重，对世界和平与发展构成了更加严重的威胁。中东、中亚、南亚和东南亚成为恐怖活动的高发区。我国也处于恐怖主义和民族分裂势力活动的威胁之中，境外"东突"恐怖组织和"藏独"分子正加紧向我国境内渗透。恐怖主义和民族分裂势力活动已对我国改革、发展、稳定构成最直接和最现实的威胁。

拉萨"3·14"打砸抢烧事件

三、新形势下的国家安全

党的十九大明确指出，中国特色社会主义进入了新时代。这意味着国家安全工作进入了新的发展阶段。防范化解实现"两个一百年"奋斗目标的历史交汇期和国际秩序转型期相互叠加带来的各种风险挑战，成为国家安全工作必须担负起的重要职责。面对新形势新任务，坚持继承和发展创新的辩证统一，习近平总书记鲜明提出一系列关于国家安全的新理念新思想新战略，着力维护和塑造有利于国家发展和民族复兴的安全环境。

（一）坚持党对国家安全工作的绝对领导，实施更为有力的统领和协调，明确了新时代国家安全工作的根本政治原则

坚持党对国家安全工作的绝对领导，是我们党的一个重要制度和传统。习近平总书记指出，党的十八届三中全会决定成立国家安全委员会（以下简称"国安委"），目的就是更好适应我国国家安全面临的新形势新任务，建立集中统一、高效权威的国家安全体制，加强对国家安全工作的领导。面对国家安全形势的深刻变化，习近平总书记进一步指出，坚持党对国家安全工作的绝对

第二章 国家安全

领导，实施更为有力的统领和协调。中央国安委要发挥好统筹国家安全事务的作用，抓好国家安全方针政策贯彻落实，完善国家安全工作机制，着力在提高把握全局、谋划发展的战略能力上下功夫，不断增强驾驭风险、迎接挑战的本领。习近平总书记强调，落实好国家安全工作责任制，是加强党对国家安全工作领导的重要机制保障。各级党委（党组）是维护国家安全的责任主体，要按照中央国安委决策部署，管理好本地区本部门涉国家安全事务。习近平总书记的重大论断，明确了新形势下坚持党对国家安全工作绝对领导的根本路径，提出了加强和改进中央国安委工作的要求，对完善中央国安委领导体制机制，提高国家安全工作能力和水平，具有重要意义。

（二）坚持我国发展仍处于并将长期处于重要战略机遇期的基本判断，把防范化解重大风险摆在更加突出的位置，明确了新时代国家安全工作的中心任务

当今世界正面临百年未有之大变局，特别是中美关系当前正在经历新的考验，我国发展的重要战略机遇期是否还存在，这是国内外普遍关心的重大问题。习近平总书记明确指出，我国发展仍处于并将长期处于重要战略机遇期，形势总体上是好的；同时，变局中危和机同生并存，要深刻认识和准确把握外部环境的深刻变化和我国改革发展稳定面临的新情况新问题新挑战，着力防范化解重大风险。习近平总书记强调，前进道路不可能一帆风顺，越是取得成绩的时候，越是要有如履薄冰的谨慎，越是要有居安思危的忧患，绝不能犯战略性、颠覆性错误。习近平总书记要求，坚持立足于防，又有效处置风险，既要高度警惕"黑天鹅"事件，也要防范"灰犀牛"事件；既要有防范风险的先手，也要有应对和化解风险挑战的高招；既要打好防范和抵御风险的有准备之战，也要打好化险为夷、转危为机的战略主动战。习近平总书记的重大论断，振聋发聩、催人警醒，对坚决打好防范化解重大风险攻坚战，为夺取新时代中国特色社会主义伟大胜利提供坚强安全保障，具有重大而深远的指导意义。

（三）强调发扬斗争精神，既敢于斗争又善于斗争，明确了新时代国家安全工作的基本策略

维护国家安全，既是实力较量，又有策略运用。面对重大安全风险，是主动迎战，狭路相逢勇者胜，还是回避矛盾、掩盖问题，这是我们必须作出的重大抉择。习近平总书记明确指出，防范化解重大风险，需要有充沛顽强的斗争精神。要在正确区分两类不同性质矛盾的基础上，既敢于斗争又善于斗争。习近平总书记强调，各级领导班子和领导干部要加强斗争历练，增强斗争本领，

永葆斗争精神，以"踏平坎坷成大道，斗罢艰险又出发"的顽强意志，应对好每一场重大风险挑战。习近平总书记的重大论断，是在新的时代条件下对党的优良传统的创造性运用，对我们增强政治敏锐性和政治洞察力，牢牢把握国家安全工作主动权，具有重要意义。

（四）要求以改革的勇气和担当加快推进国家安全体系和安全能力现代化，明确了新时代国家安全工作的根本动力

习近平总书记指出："无论促进经济社会发展还是维护国家安全，都要以改革为根本动力。长治久安最终要建立在生产力与生产关系、经济基础和上层建筑相适应的基础之上。"中央国安委是改革的成果，党的十八大以来国家安全事业的历史性变革也是改革的成果。习近平总书记强调，要以改革的勇气和担当，加快解决国家安全的源头性问题和深层次矛盾，加快推进国家安全体系和安全能力现代化。习近平总书记的重大论断，深刻阐明了我国社会主要矛盾的变化对国家安全工作提出的新要求，指明了国家安全领域全面深化改革的目标任务。

（五）创造性提出塑造国家安全，推动构建人类命运共同体，明确了新时代国家安全工作的发展方向

新中国成立初期，国家安全的主要特点是维护主权安全。改革开放新时期，国家安全的主要特点是维护发展安全。中国特色社会主义进入新时代，习近平总书记不仅坚持维护主权安全、发展安全，而且从全球视野和时代高度创造性提出塑造安全。习近平总书记指出，坚持维护和塑造国家安全，塑造是更高层次更具前瞻性的维护。习近平总书记强调，要积极塑造外部安全环境，加强安全领域合作，引导国际社会共同维护国际安全。要发挥负责任大国作用，同世界各国一道，推动构建人类命运共同体。习近平总书记的重大论断，把中国自身安全同国际共同安全更好结合起来，为实现中华民族伟大复兴的中国梦、推动构建人类命运共同体创造良好安全条件提供了方法路径。

（六）发动全民参与，汇聚维护国家安全的磅礴力量，明确了新时代国家安全工作的力量源泉

"民惟邦本，本固邦宁。"习近平总书记多次指出，国家安全工作归根结底是保障人民利益，要坚持国家安全一切为了人民、一切依靠人民，为群众安居乐业提供坚强保障。党的十九大报告明确将安全作为人民美好生活需要的重要内容，强调把党的群众路线贯彻到治国理政全部活动之中，对国家安全工作提出了新要求。习近平总书记进一步指出，民心是最大的政治，民心向背直接关

乎政治安全，要着力解决人民反映强烈的安全问题，坚决维护海外中国公民和机构合法权益，夯实国家安全的群众基础。国家安全风险来自各个方面，化解风险要充分调动各方面积极性，单靠几个职能部门是不够的，要贯彻好党的群众路线，加强分工协作，打造人人有责、人人尽责的国家安全共同体。习近平总书记的重大论断，深刻阐明了人民对美好生活的向往对国家安全工作提出的新要求，对在国家安全领域全面贯彻党的群众路线具有重要意义。

四、新兴领域的国家安全

新兴领域是国家安全和发展利益的拓展区，是世界大国争夺战略主动权的博弈区，谁能占领先机、最先在此领域取得突破，谁就能占据战略主动权。未来战争胜负不再取决于陆、海、空等传统领域作战实力的大小，而是取决于对深海、太空、网络等全球公域深、远、新边疆的控制能力。海洋、太空、网络空间等领域成为未来战争胜负新的较量场，也是新质战斗力生成的新空间。当前世界各大国围绕新兴安全领域战略主导权展开激烈竞争。

（一）捍卫国家海洋安全

海洋是国家安全的重要屏障，关系国家长治久安和可持续发展。维护海洋安全必须突破重陆轻海的传统思维，高度重视经略海洋、维护海权。建设与国家安全和发展利益相适应的现代海上军事力量体系，维护国家主权和海洋权益，维护战略通道和海外利益安全，参与海洋国际合作，为建设海洋强国提供战略支撑。

相关链接：
实现中华民族海洋强国梦

进入新时代，世界安全形势风云变幻，我国的海洋安全问题也呈现出一系列新的特征和变化。习近平总书记审时度势，着眼实现中华民族伟大复兴的中国梦，在深刻分析海洋安全重要地位和作用的基础上，强调要顺应国家发展需要、顺应党心民意，强调要坚决维护海洋权益的既定战略和政策不动摇。着眼从维护国家安全全局高度，从加强海上力量建设维度，从制定海洋总体战略角度来布局海洋安全。

（二）维护国家太空安全

太空是国际战略竞争制高点，太空安全是国家建设和社会发展的战略保障。着眼和平利用太空，中国积极参与国际太空合作，加快发展相应的技术和力量，统筹管理天基信息资源，跟踪掌握太空态势，保卫太空资产安全，提高安全进出、开放利用太空能力。

直面新形势、新挑战，我们必须以总体国家安全观为指导，着眼国家安全全局与长远发展，从战略高度对国家太空安全进行科学筹划。当前，应重点从以下几方面加快推进国家太空安全体系建设：全面实施"太空优先"国家战略；加快健全太空军事力量体系；全方位培养造就太空安全人才；高度重视太空安全软实力建设

（三）保障网络空间安全

网络空间是国家安全和经济社会发展的关键领域。网络安全是全球性挑战，也是中国面临的严峻安全威胁。中国军队加快网络空间力量建设，大力发展网络安全防御手段，建设与中国国际地位相称、与网络强国相适应的网络空间防护力量，筑牢国家网络边防，及时发现和抵御网络入侵，保障信息网络安全，坚决捍卫国家网络主权、信息安全和社会稳定。

保障网络空间安全主要包括以下几个方面内容：坚定捍卫网络空间主权；坚决维护国家安全；保护关键信息基础设施；完善网络治理体系；夯实网络安全基础；提升网络空间防护能力；强化网络空间国际合作。

第三节 国际战略形势

当今世界是一个变革的世界，是一个新机遇新挑战层出不穷的世界。国际形势正处在新的转折点上，各种战略力量加快分化组合，国际体系进入加速演变和深刻调整时期。世界经济在深度调整中曲折复苏，新一轮科技革命和产业变革蓄势待发，全球治理体系深刻变革，对国家面临的安全挑战和维护安全的方式产生了深远影响。

一、国际战略形势现状

当今世界正经历百年未有之大变局，世界多极化、经济全球化、社会信息化、文化多样化深入发展，和平、发展、合作、共赢的时代潮流不可逆转，但

国际安全面临的不稳定性不确定性更加突出，世界并不太平。

国际力量加快分化组合，新兴市场国家和发展中国家力量持续上升，战略力量对比此消彼长、更趋均衡，促和平、求稳定、谋发展已成为国际社会的普遍诉求，和平力量的上升远远超过战争因素的增长。但是，霸权主义、强权政治、单边主义时有抬头，地区冲突和局部战争持续不断，国际安全体系和秩序受到冲击。

国际战略竞争呈上升之势。美国调整国家安全战略和国防战略，奉行单边主义政策，挑起和加剧大国竞争，大幅增加军费投入，加快提升核、太空、网络、导弹防御等领域能力，损害全球战略稳定。北约持续扩员，加强在中东欧地区军事部署，频繁举行军事演习。俄罗斯强化核、非核战略遏制能力，努力维护战略安全空间和自身利益。欧盟独立维护自身安全的倾向增强，加快推进安全和防务一体化建设。

全球和地区性安全问题持续增多。国际军控和裁军遭遇挫折，军备竞赛趋势显现。防止大规模杀伤性武器扩散形势错综复杂，国际防扩散机制受到实用主义和双重标准危害，面临新的挑战。极端主义、恐怖主义不断蔓延，网络安全、生物安全、海盗活动等非传统安全威胁日益凸显。伊朗核问题解决出现波折，叙利亚问题政治解决仍面临困难。各国安全的交融性、关联性、互动性不断增强，没有哪一个国家能够独立应对或独善其身。

在前所未有的世界大变局中，世界新军事革命也在深入发展。这场新军事革命，以信息化为核心，以军事战略、军事技术、作战思想、作战力量、组织体制和军事管理创新为基本内容，以重塑军事体系为主要目标，几乎覆盖战争和军队建设全部领域。这场新军事革命，速度之快、范围之广、程度之深、影响之大，为第二次世界大战结束以来所罕见，直接影响各国的军事实力和综合国力对比，关乎战略主动权。

分析世界发展态势和国际格局变化，要树立世界眼光把握时代脉搏，要善于从当今世界的风云变幻中发现本质认清长远趋势。在充分估计国际格局发展演变的复杂性、世界经济调整的曲折性的同时，更要看到政治多极化、经济全球化深入发展的趋势不可逆转。在充分估计国际矛盾和斗争的尖锐性、国际秩序之争的长期性的同时，更要看到和平与发展的时代主题、国际体系变革方向不会改变。

二、国际战略形势发展趋势

进入21世纪以来，世界发生了深刻而复杂的变化，和平与发展仍然是时代主题，国际社会日益成为"你中有我、我中有你"的命运共同体，和平、发展、合作、共赢成为不可阻挡的时代潮流。

（一）多极化向全新的广度和深度拓展

世界多极化就是世界范围内的力量中心从一个中心向多个中心扩散，以及各中心之间的力量对比差距缩小的过程。从近年来世界形势的发展看，多极化不仅越来越不可逆转，而且正在向不同层面和不同领域持续深化。虽然美国不顾世界多样性的实际情况，凭借自己的强大实力，把其意识形态、价值观念、发展模式和社会制度强加于国情不同的世界各国，企图建立美国一家独霸的单极世界。但从长远看，世界上从来就没有永远的"霸权"，大英帝国的衰落就是历史见证。国际体系产生后，国际格局出现过多次变化，到第二次世界大战后，形成了以美苏两极格局为基础的雅尔塔体系。苏联解体后，世界一度形成了以美国为唯一超级大国和多个强国并存的态势，战略力量对比严重失衡。经过多年演变，大国实力对比和大国战略关系这两个决定国际格局的要素出现了重大变化，国际格局出现新的重大调整。美国经历了"9·11"事件、阿富汗战争、伊拉克战争、金融危机和利比亚战争等，国力大不如前。美国政府企图力挽颓势，但面临重重困难。受金融危机的冲击，美、欧、日之间的矛盾和摩擦呈现新特点，在全球事务上的影响力进一步减弱，但西方实力上的总体优势依然存在。

"9·11"事件对国际战略格局产生重大影响

美、欧、日的相对衰落和发展中大国的群体性崛起，使一度严重失衡的全球战略力量对比得到一定改变，推动全球战略格局向着有利于多极化的方向演变。这一变化大势如果不断延伸和扩大，会从根本上改变1500年来由西方殖民侵略造成的国际体系中的"北强南弱"的战略态势，为构建公正合理的国际新秩序提供了更好的力量基础。

（二）世界各主要战略力量重新厘清内外战略

面对日显动荡多变的世界，尤其是不断深化的多极化趋势，世界各主要战略力量越发紧迫地调整内外战略，努力明确定位和优势劣势，力图在未来可能出现的多极格局中谋求比较有利的国际地位。

近年来，美国的对外政策进行大幅调整。特别是"9·11"事件后，美国出于"反恐"的需要，也在局部调整其外交政策和安全战略，并将战略重心转移至亚太地区。特朗普上台后，高举"使美国再次强大"和"美国第一"的旗号。在亚洲，美国提出"印太战略"，着力构建美日澳印新型同盟关系，将中国视为"修正主义国家"，视中国为最大的假想敌，使中美关系波澜不断。不断"退群"，给美国乃至世界造成深远影响。另外，俄罗斯也在积极调整对外政策，努力恢复其大国地位和作用。在与乌克兰陷入僵持，美欧加大经济制裁力度的背景下，俄罗斯坚持在原苏联地区的"特殊责任和特殊利益"，反对北约东扩。平衡推进与中国、印度、日本合作，充分利用叙利亚危机等问题，同美国抗衡，彰显俄罗斯仍是世界力量中心之一。欧盟在积极推进欧洲政治、经济一体化的同时，也在加强欧洲自身的防务力量，逐步削弱美国对欧洲的控制和影响。日本为了谋求政治大国和军事大国地位，一方面加强日美同盟关系；另一方面积极寻求改善与亚洲各国之间的关系，企求在参与国际和地区事务中发挥更大的作用。中国在加大改革力度、加速经济发展的同时，通过开展灵活的、全方位的外交，明显改善了与周边国家的关系，进一步提高了国际地位和对国际事务的发言权。

（三）全球化深入发展，但也存在负面影响

近年来，经济全球化进程加速发展，对世界格局和国际安全产生了深刻影响，为今天世界的结构提供了重要的前提和催化动力。一方面，全球化扩大了各大国之间的利益联系，使得大国的相互依存性增强，有力地制约了大国间发生战争的可能性。另一方面，全球化使得财富进一步向发达国家集中，加剧了弱势国家的贫穷落后。高技术在冷战后成为发达国家财富的强力吸纳器，美国凭借其高科技优势，在全球化进程中获利最大。经济全球化促使世界自由大市场的形成，优质资源进一步向美国集聚，反过来又推动了其科技进一步发展和军事实力进一步提升，为其推行霸权主义提供了物质资本。这一结果使得本已失衡的世界战略力量格局更加失衡，使美国在国际安全中更加我行我素、为所欲为。贫富悬殊和霸权主义者的肆意攻击，使得宗教、民族和国家之间的矛盾尖锐化，导致恐怖主义、极端宗教势力和极端民族主义猖獗泛滥。以信息技术为代表的先进技术和手段拉近了穷人和富人、不同宗教和文化传统的距离，增大了摩擦和碰撞的概率，使得恐怖主义分子、资金、技术能够在全球流动，组织更容易，进行恐怖活动更为便捷。因此，打击恐怖主义和防其扩散将面临更加困难而复杂的形势。

（四）中国发展对世界进步影响持续扩大

中国是一个发展中的社会主义大国，也是当今世界维护和平的重要力量。

作为未来多极格局中的一极，中国对世界的影响是多方面的，其主要作用体现在以下三个方面。

1. 在反对霸权主义和强权政治上起制约作用

当前，霸权主义和强权政治依然存在，世界并不安宁，原来被两极格局掩盖的各种矛盾都暴露出来。在各种政治力量的矛盾与冲突中，在中美俄、中美日等三角关系中，中国将起到平衡与制约作用，并成为抑制霸权主义和强权政治的重要因素。我国始终坚持独立自主的和平外交政策，始终不渝走和平发展道路、奉行互利共赢的开放战略，坚定维护国际关系基本准则，维护国际公平正义。我国实现由封闭半封闭到全方位开放的历史转变，积极参与经济全球化进程，为推动人类共同发展作出了应有贡献。党的十八大以来，我国积极推动建设开放型世界经济、构建人类命运共同体，促进全球治理体系变革，旗帜鲜明反对霸权主义和强权政治，为世界和平与发展不断贡献中国智慧、中国方案、中国力量。我国日益走近世界舞台中央，成为国际社会公认的世界和平的建设者、全球发展的贡献者、国际秩序的维护者。

相关链接：
维护世界和平的中国军队

2. 对世界输出型影响快速增大

如今，中国越来越多展示了理念、提出主张，增加贡献，对世界的影响越来越主动，作用越来越突出。改革开放40多年来，中国的社会主义现代化建设取得了世界瞩目的成就，经济和社会面貌发生了深刻变化。仅就经济发展而言，过去40多年中，世界的经济增长率为2%～3%，而中国的经济增长率基本保持在7%～10%，相当于世界经济增长率的3倍。因此，中国的经济改革经验受到国际社会的普遍关注。许多国家领导人和专家、学者认为，中国的经济改革是"历史上最大的实验"，具有引领作用，不可避免地要引起连锁反应，对世界上其他国家特别是发展中国家正在或将会"产生重大影响"。

2013年，习近平总书记提出共建"一带一路"倡议，为改善全球经济治理和构建人类命运共同体贡献了中国智慧和中国方案。党的十八大以来，中国坚持共商、共建、共享原则，不断扩大与"一带一路"国家和地区的合作共识，推进"一带一路"建设逐渐从理念转化为行动，从愿景转化为现实，从谋篇布局的"大写意"走向深耕细作的"工笔画"新阶段，取得了令人瞩目的成就。在各方支持下，"一带一路"精神被写入联合国、中非合作论坛、上海合作组织、亚欧会议等重要国际机制成果文件，中巴经济走廊、中老铁路、中泰铁路、匈塞铁路、雅万高铁等一大批标志性项目稳步推进，多个发达国家主动与我开展三方合作，"一带一路"国际商事争端解决机制启动建立。截至2021年1月30日，中国已经同140个国家和31个国际组织签署205份共建"一带一路"合作文件。2021年，面对复杂多变的国际形势，高质量共建"一带一路"蓝图更加清晰，路径更加明确，举措更加有力，必将更加有效地发挥世界和平发展稳定锚、经济增长加速器和世界人民友谊彩虹桥的作用。

知识链接

"一带一路"倡议的提出

在当前全球经济缓慢复苏的大背景下，加强区域合作是推动世界经济发展的重要动力，并且已经成为一种趋势。2013年9月和10月，中国国家主席习近平在出访中亚和东南亚国家期间，先后提出共建"丝绸之路经济带"和"21世纪海上丝绸之路"的倡议，得到国际社会高度关注和有关国家积极响应。国务院总理李克强参加2013年中国—东盟博览会时强调，铺就面向东盟的海上丝绸之路，打造带动腹地发展的战略支点。共建"一带一路"，是中国政府根据国际和地区形势深刻变化，以及中国发展面临的新形势、新任务，致力于维护全球自由贸易体系和开放型经济体系，促进沿线各国加强合作、共克时艰、共谋发展提出的战略构想，具有深刻的时代背景。

3. 对世界的贡献向规制层面拓展深入

中国国内改革按照治理能力和治理体系现代化的要求，创新体制机制和全面推进法治建设的同时，需要把国际因素考虑在内，特别是需要兼顾已经在中国开放进程中长期合法存在，并有利于中国经济社会发展的国际元素，比如说法律的修订制定和实施、经济社会文化管理体制机制的改革完善等。2016年11月22日，时任副总理汪洋在美国华盛顿出席第27届中美商贸联委会时指出："无论是颁布网络安全、境外非政府组织管理等法律法规，还是制定药品监管、技术创新等政策，我们都充分听取包括美国企业和相关机构在内的各方面意见，并吸纳了其中合理的成分。"也就是说，中国国内规制的改革创新需要放到开放条件下和国内国际两个大局相互融合的环境中来进行。更为重要的是，中国在坚决维护以联合国宪章宗旨原则为核心的国际秩序和国际体系的同时，推动国际规制变革，以适应重大跨国性和全球性挑战日益增多等新形势，并增加广大发展中国家的代表性和发言权。正如习近平主席所指出，"这种改革并不是推倒重来，也不是另起炉灶，而是创新完善"。

中国发展对世界进步的影响持续扩大这种趋势，决定了中国发展面临的重要战略机遇期将越来越多地取决于中国国内的全方位改革发展和自我超越，以及中国在世界中的角色定位和行为选择，外部因素对中国发展战略机遇期的影响将进一步下降。与此同时，这种趋势也给中国带来两大挑战，一是美国日益坚定地把中国作为首要挑战，俄罗斯、欧盟、日本、印度等其他大国对华关系的竞争面不断上升，这增加了中国运筹大国关系和展开大国博弈的难度；二是世界对中国在全球治理中承担更大责任和做出更大贡献的要求大幅上升，这使中国再度面临新形势下如何辩证处理好坚持韬光养晦与积极有所作为的关系这个重大问题的考验。

三、世界主要国家军事力量及战略动向

第二次世界大战结束后形成的以美苏为首的两极格局支配世界国际关系近半个世纪。苏联解体和东欧剧变使两极格局被打破，国际社会的各种力量进行新的组合，世界处于新旧格局交替的动荡时期，国际战略格局逐渐呈现出"一超多强"的态势。同时，世界多极化在曲折中发展。进入新世纪，世界各主要国家纷纷调整安全战略、军事战略，调整军队组织形态，发展新型作战力量，抢占军事竞争战略制高点。例如，美国进行军事技术和体制创新，谋求绝对军事优势；俄罗斯深入推进"新面貌"军事改革；英国、法国、德国、日本、印度等国也都在调整优化军事力量体系。

（一）美国军事力量及战略动向

美国是当今世界唯一的超级大国，虽然其实力地位和国际影响力相对有所下降，但从经济实力、科技实力、军事实力及国防影响力、文化扩散力等方面看，仍是各极力量中最强大的一极。

1. 美国军事力量

美国总统兼任武装部队总司令，掌握最高指挥权。进攻性战略武器和核武器的使用权集中在总统手中。国家军事指挥系统由国防部和参谋长联席会议组成。国防部是总统领导与指挥全军的办事机构，又是向各联合司令部发布总统和国防部长命令的军事指挥机关。参谋长联席会议是总统和国防部长最高军事咨询机构，由主席、副主席、陆军和空军参谋长、海军作战部长及海军陆战队司令组成。

公开资料显示，美国现役官兵人数134.7万，各类后备役部队80.8万人。美国同世界上50多个国家和地区订有多边和双边军事条约，海外基地与设施共800余个，向40个国家和地区提供军事援助，与90多个国家和地区订有援外

军事训练计划。2018至2020财年国防预算实际执行金额分别为7000亿美元、7160亿美元、7380亿美元。2020年2月，美国国防部公布2021财年预算申请，总额为7450亿美元。

2. 美国战略动向：确保独霸全球

2018年，美国政府陆续公布了《美国国防战略报告》《核态势评估报告》《导弹防御评估报告》和《印太战略报告》等一系列报告，为美国军事战略、军事部署调整和武器研发提供理论支撑。

提高军费为"重返大国竞争"服务。2020年12月3日，美国参众两院就《2021财年国防授权法案》达成共识，法案为美国国防提供总额7405亿美元的资金。该法案主要聚焦于以下重点工作：落实《国防战略》，应对当前和未来来自中国、俄罗斯、跨国恐怖主义等国家安全挑战；重获广泛的军事优势；建立国家安全创新基础，以保持美国的技术优势；保障供应链；优先建立国防部问责制并精简国防部的运作；保障军队人员及其家庭的利益。

太平洋威慑计划。2018年《美国国防战略报告》提出，与中国、俄罗斯的战略竞争是美国面临的首要挑战，为慑阻并在必要时挫败潜在敌人，国防部需做好人员、装备、训练和组织准备。2020年6月，美国白宫发布《美国对中华人民共和国的战略方针》报告，提出了全美政府应对中国这一大国竞争对手的战略方针。报告认为，中国正利用政府、军事、经济、外交和信息等手段改变国际秩序，使其对中国有利；此外，随着经济和军事能力的持续发展，中国将继续推行军事现代化计划，以在短期内谋求印度—太平洋地区霸权，并在未来取代美国的全球领先地位。为应对挑战，落实《国防战略》，使部队获得充足资源，维持该地区的力量平衡，2021财年国防授权法协商报告提出建立"太平洋威慑计划"，向潜在对手及美国的盟友和伙伴释放美国坚定捍卫在该地区利益的强烈信号。该计划主要聚焦三方面活动：一是加强美国的威慑和防御态势；二是提高美军在印太地区的战备性和能力；三是深化与盟友和伙伴的合作。

美国军事科研经费的投入力度前所未有。美国2021财年国防预算中，研究、开发、试验与鉴定预算开支达到1066亿美元，创70年来新高。这些经费重点用于开发适应与大国竞争高端作战的关键新兴技术，主要包括高超音速武器技术、微电子技术、自主系统技术以及人工智能技术等。美军在自主武器技术和人工智能技术及其军事运用方面占有明显优势。技术的进步必然导致作战方式的改变。2020年2月11日，与美国战略与预算评估中心（CSBA）发布《马赛克战：利用人工智能和自主系统实施决策中心战》报告，建议美国国防部摒弃已有作战理念，采用以人工智能和自主技术为基础的决策中心战。在美国2021财年国防预算中，太空军和网军建设成为预算投入的新重点，其中太空军投资180亿美元，网络空间预算为98亿美元，新军种建设既是战斗力的新增长点，也是作战方式演变的必然要求。

美军的核武器已经进入快速升级换代的周期。美国2021财年国防预算大幅提升了核力量建设投入，以加强战略核威慑和将低当量核武器实战化。2018年美国政府推出的《核态势评估报告》，重点是加快研发用于实战的低当量战术核武器，以及降低美国使用核武器的门槛。在低当量核武器研发方面，美军研发并已形成作战能力的W76-2核弹头，爆炸威力为6500吨TNT当量，远低于10万吨TNT当量的W76-1。与此同时，美军正大力发展适合投放低当量核武器的运载平台，除陆基和海基平台，B-2和B-52飞机等空基平台正成为低当量核导弹的搭载平台。

（二）俄罗斯军事力量及战略动向

苏联解体后，俄罗斯的实力和国际影响力大大削弱。但是，从总体上看，俄罗斯仍具有较强的综合国力。它继承了苏联在联合国安理会常任理事国的席位，以及苏联76%的领土和70%的国民经济总资产，幅员横跨欧、亚两大洲，国土总面积1709.82万平方千米，自然资源极其丰富，物质技术基础雄厚，燃料动力、冶金、机械制造、化学和交通运输业十分发达，科技实力较强，人民受教育程度较高，在航空、航天、核能、生物工程和新材料等领域居世界先进水平之列，仍具有巨大的发展潜力。

1. 俄罗斯军事力量

俄罗斯联邦总统是国家元首和俄罗斯联邦武装力量的最高统帅，对武装力量和其他军事力量实施全面领导，并通过国防部长和总参谋长对武装力量实施作战指挥。国防部长通过国防部对联邦武装力量实施直接领导。俄罗斯联邦武装力量总参谋部对武装力量进行作战指挥。俄罗斯联邦武装力量由管理机关、军团、兵团、部队、军事院校以及后勤部门组成。未编入武装力量的其他军事力量包括国民近卫军、联邦安全总局、联邦警卫总局所属部队、民防部队等。

俄军通过"新面貌"改革，实现了军事行政和作战指挥职能的分离。建立起"武装力量总司令（总统）—国防部—总参谋部—军区"关系明晰的指挥体制。新的体制要求军种退出指挥链，专职负责本军种建设与管理，其指挥权限分别并入总参中央指挥所和军区的联合战略司令部，中央指挥所负责指挥职能作战和协调各个军区的行动，各军区全权负责本战区战略方向的军事指挥。

俄罗斯联邦武装力量被划分为三个军种（陆军、海军、空军）和三个独立的兵种（战略火箭兵、空天防御兵、空降兵）。截至2018年，俄罗斯武装力量人数为190.3万，其中现役军人为101.4万人。2014年底，俄罗斯在北方舰队基础上组建新的北极联合战略司令部，海军的整体面貌开始发生实质性变化。2015年8月1日，俄军在空军和空天防御兵基础上正式组建空天军，由此开启了空天防御力量建设发展的新纪元。

2. 俄罗斯战略动向：力保大国地位

俄罗斯认为，国家当前面临的外部战略压力持续加大，美国和北约仍是俄罗斯首要外部威胁，除北约东扩、美国部署反导系统和推行太空军事化外，俄罗斯还面临美国加紧构建"全球快速打击系统"、信息攻击与舆论煽动，以及跨境极端恐怖主义活动、非法武器及毒品流通、谍报渗透及反俄勾连等多样化威胁。西方国家企图"扰乱俄罗斯政治稳定""激化宗教与种族矛盾"也成为国家面临的重要内部安全威胁。目前，美国和北约对俄罗斯的打压政策并没有出现实质性变化，反而是其方式方法更为灵活多样，行动空间较之前也有所拓展，以网络空间为核心的信息安全领域已成为西方对俄罗斯进行渗透进攻的新战场。

俄罗斯的主要任务是防止战争，消灭入侵之敌，遏制境外武装冲突向国内蔓延，力保周边势力范围的特殊利益与稳定。虽然俄罗斯综合国力受到削弱，但其军事力量尚能够有效支撑其大国地位。俄罗斯着眼大国博弈，采取"升级核武库、部署超声速、改进无人机、完善感知链"等措施提升军事实力。俄罗斯拥有超出地

俄罗斯"箭-10ML"防空导弹系统

区范围的战略影响力，主要得益于强大的军事实力和战略筹划。目前，俄罗斯已调整了亲西方政策，力求在世界和地区事务中发挥其大国的影响力，加速推进独联体军事一体化，反对美欧染指独联体国家。为弥补综合国力的不足，俄罗斯越来越把核武器作为恢复国家地位的支柱，放弃不首先使用核武器的承诺，研制并发射新型导弹，试图以此遏制北约东扩，维护国家利益和自身安全，保持其大国影响力。新的"积极遏制"军事战略为俄罗斯的大国复兴与"强军梦想"提供了强有力的战略支撑。

（三）日本军事力量及战略动向

1. 日本军事力量

日本军队称自卫队，是第二次世界大战后在美国扶植下重建和发展起来的。随着日本经济实力的迅速增强，日本军队建设得到长足发展，在"质重于量"和"海空优先"的建军方针指导下，自卫队已发展成为一支装备精良、训

练有素、作战能力较强的武装力量。

自卫队的最高统帅是首相，最高军事决策机构是内阁会议。"安全保障会议"是内阁在军事上的最高审议机构，由首相、外务大臣、财务大臣、内阁官房长官、国家公安委员长、防卫大臣等内阁主要成员组成，负责审议国防方针、建军计划及处理各种突发事件等。参谋长联席会议由主席和陆、海、空军参谋长组成，负责拟订和调整三军作战、训练和后勤计划，搜集研究军事情报，在实施两个军种以上的联合作战、演习时，实施统一指挥。

日本提出的防卫基本政策是：在和平宪法下，实行专守防卫；坚持日美安保体制；确保文官治军；遵守无核三原则；有节制地增强防卫力量。

日本自卫队实行志愿兵役制。截至2019年3月，日本自卫队实际总兵力约为22.7万人，素质较高，装备精良。其中陆上自卫队约13.8万人，海上自卫队4.3万人，航空自卫队约4.3万人，统合幕僚监部（联合参谋本部）、情报本部人员共3600余人。另有即刻应变预备役自卫队员8075人，预备役自卫队员约47900人，预备役自卫队员候补约4600人，书记官、事务官等文职人员2万余人。2020年度防卫预算为5.31万亿日元（约合494亿美元），连续8年增加。

2. 日本战略动向：加速走向政治军事大国

日本是世界上仅次于美国和中国的第三大经济体，外汇储备居世界第二。日本工业高度发达，科技实力雄厚。在机器人、半导体元件、光纤通信等方面的科技水平居世界前列。随着经济和科技实力的增强，日本已经不满足于经济大国的地位，提出了以经济力量为后盾，以自主外交为手段，逐步发展成为世界性政治军事大国的战略目标。

2013年12月17日，日本政府在内阁会议上正式通过了第二次世界大战后首部作为外交与安全政策综合方针的《国家安全保障战略》，并以此为依据确定了《防卫计划大纲》和《中期防卫力量整备计划》（2014年至2018年）。2014年7月1日，日本政府通过有限解禁集体自卫权的内阁决议，其核心内容是如果与日本关系密切国家受到武力攻击，日本在必要最小范围内行使实力，作为自卫措施在宪法上应被允许。2015年7月和9月，日本分别在众议院和参议院通过新安保法案，从多方面大幅强化了日自卫队活动能力。2018年12月18日，日本政府在内阁会议上正式通过了新版《防卫计划大纲》及《中期防卫力量整备计划》。新《防卫计划大纲》重申了坚持专守防卫，不成为军事大国的基本原则，同时指出日本周边安保环境"严峻性和不确定性急速增加"。日本自卫队要进一步强化太空、信息等新领域的防卫能力，构建"跨域"作战体制。2019年9月27日，日本发布了2019年版《防卫白皮书》。白皮书强调自卫队将加强太空、网络、电磁等领域的军事科技能力。同时，白皮书渲染日本周边安保环境日趋严峻。2020年5月18日，日本正式成立第一个太空作战中队。日本原本准备在2022年组建太空部队，但现在提前至2020年，反映出日本太空军事化步伐不断加快，将对太空安全格局和地缘战略环境造成深远影响。2020年7月14日，日本防卫省发布2020年《防卫白皮书》，分析了日本当前的安全保障环境，梳理了日本实施安全保障的组织、政策、技术、装备、经费的现状和变化，指出日本将继续通过自身防卫体制和力量、日美同盟、国际安全保障合作关系三大支柱方式提升防卫能力。白皮书提出两项加强日本防卫力量的优先事项：一是加强跨领域作战能力，包括加强太空、网络和电磁领域新能力，加强在海空领域的能力和防区外防卫能力、综合导弹防御能力和机动部署能力等传统领域能力等；二是加强防卫力量核心构成要素，包括通过加强人力基础、技术基础和产业基础，重新评估装备体系等方式提升防卫力量核心构成要素。

此外，日本要求成为联合国安理会常任理事国，竭力在国际政治舞台上扮演重要角色，力争在关系世界稳定和发展的重大问题上拥有不次于其他大国的发言权，成为在未来国际战略格局中"支撑国际秩序的一极"。

相关链接：
日本"入常"痴人说梦

（四）印度军事力量及战略动向

印度是南亚地区性大国，其国土面积约298万平方千米，人口居世界第二位，资源较丰富，科技力量较强，具有较快发展综合国力的客观条件。

1. 印度军事力量

印军前身为英国殖民主义者的雇佣军。1947年印巴分治后始建分立的三军。1978年创建独立的海岸警卫队。总统是名义上的武装力量统帅，内阁为最高军事决策机构。国防部负责部队的指挥、管理和协调。各军种司令部负责拟订、实施作战计划，指挥作战行动。印军实行募兵制。陆、海、空三军现役兵力为127万，其中陆军110万，海军5.3万，空军11.7万，另有50多万预备役军人和100多万准军事部队。2020—2021财年国防预算为3.18万亿卢比，2021—2022财年国防预算为4.78万亿卢比。

2. 印度战略动向：大国崛起

莫迪政府积极调整外交政策，围绕"印太愿景"谋篇布局。一方面大力推进印美、印日战略合作；另一方面发展印俄、印中关系，维持大国平衡，同时加强与东盟、非洲的区域合作，强化周边外交，凸显战略自主性。印度为了确保在南太平洋和印度洋地区的优势，积极谋求"亚洲核心"和世界大国地位，争取成为联合国安理会常任理事国，进一步加快军队现代化步伐，增强军事力量。

2020年，印度持续加强与域外大国合作，积极开展军事活动，试图跻身世界主要大国行列。在国防和军队建设上，印度着眼建设"军事大国"和"地区强国"，加快国防自主建设，加强战场设施建设，推进军队现代化。2020年11月，美日澳印举行"马拉巴尔—2020"联合军事演习，标志着四国战略合作进入新的阶段。

2021年1月，印度成立首个海上战区司令部。2020年初，印度宣布即将推出自己的战区司令部体制。按照计划，印军将会在2022年前，对现有司令部进行改制，重新确立其职责范围，创建中美俄等大国式的战区体系，以提高部队的反应速度，形成无缝衔接的行动指挥体系。军改之后，印度版图将会被划分五大战区，归为5个战区司令部管辖，分别为北方司令部、西方司令部、半岛司令部、防空司令部和海上司令部。另外还将建立独立的后勤和训练联合指挥部。从已知的信息来看，这5个战区部署的假想敌分别为中国、巴基斯坦、斯里兰卡等海外军事力量以及国内纳萨尔派军事组织。

思考题

1. 国家安全的内涵是什么？
2. 怎样正确理解和把握总体国家安全观？
3. 我国地缘环境的基本概况是什么？
4. 简述我国周边安全环境。
5. 新形势下的国家安全包括哪些内容？
6. 国际战略形势的发展趋势有哪些？
7. 简述世界主要国家的军事力量及战略动向。

第三章　军事思想

> **教学目标**
>
> 了解军事思想的基本概念和发展历程，了解中国及外国军事思想，尤其要深入学习习近平强军思想的科学含义和主要内容，使学生树立科学的战争观和方法论。

第一节　军事思想概述

军事思想来源于军事实践，又给军事实践以理论指导，并随着战争和军事实践的发展而发展。军事思想的正确与否，直接关系到军事实践的成效，关系到战争的胜败。不同时代、阶级、国家和人物有着不同的军事思想。

一、军事思想的内涵

军事思想是关于战争、军队和国防的基本问题的理性认识，是人们长期从事军事实践的经验总结和理论概括。它能揭示战争的本质、基本规律以及进行战争的指导规律，阐明军队建设的基本理论和原则，从总体上反映研究战争和军事问题的成果。军事思想来源于人类的军事实践，同时又给人类的军事实践以理论指导，并在军事实践中接受检验。同时，军事思想随着战争和军事实践的发展而发展。

军事思想的内容大体可以分为两个层次：一是军事哲学问题，主要内容有战争观、军事问题的认识论和方法论；二是军事实践基本指导原则问题，主要内容有战争指导基本方针和原则、军队建设基本方针和原则、国防建设基本方针和原则等。军事思想具有鲜明的阶级性。它来源于社会实践，在阶级社中，人们为了各自阶级的利益所奉行和推崇的军事思想，必然要反映各个阶级对战争和军队建设的认识和立场。因此，不同阶级、国家或政治集团必然有不同的军事思想。

军事思想具有强烈的时代性。军事思想来源于战争实践，不同历史时期的战争有着不同的形态和战略战术，有着不同的军队组织原则和编制。这种不同时代的特征往往最能反映当时的物质生产水平，军事思想所反映的这些特征代表着这一时代的生产力水平。

军事思想具有明显的继承性。战争的特征之一，就是强制人们的主观认识同客观实际的一致性。因此，在战争中，人们必须按事物的客观规律办事。

军事思想可按社会历史阶段、阶级、国家和不同历史时期的特征来进行分类。例如，按阶级来划分，军事思想可分为奴隶主阶级军事思想、封建地主阶级军事思想、资产阶级军事思想和无产阶级军事思想；按国家来划分，可分为美国军事思想、俄罗斯军事思想、英国军事思想、中国军事思想等；按阶段来划分可分为古代、近代、现代军事思想等。

二、军事思想的发展历程

人类对军事问题的认识，随着社会生产力的发展，战争的日益频繁和战争规模的不断扩大，以及人们科学文化水平的提高，有一个从简单到复杂的发展过程。

中外军事思想的发展轨迹，以科学技术的发展演变为主线，以此构成中外军事思想发展简史的不同分期。军事思想作为独立的意识形态出现，始于奴隶社会。"攻""守""战术""统率"等军事概念就产生于奴隶社会时期。此时，人们已开始探讨战争与物质力量的关系，在一定程度上认识到军队的多寡，武器的数量和质量，对于战争胜负具有重要作用。"强胜弱""众胜寡"成为一般的作战原则，它标志着这时出现的军事思想已具有朴素的唯物主义性质。但是在奴隶社会时期，在军事思想中占据重要地位的是宗教迷信观念，加上战争规模较小，作战形式单一，这时的军事思想还比较简单。

在奴隶社会向封建社会发展过程中，一些强大的奴隶制国家在战争中衰亡。这促使人们认识到，战争胜负不仅取决于物质力量的强弱，而且同政治因素、战争的性质、力量的运用及其强弱转化有密切关系。这一认识是由中国奴隶社会向封建社会过渡时期的军事著作首先在理论上加以阐明的。以《孙子兵法》为代表的军事论

《孙子兵法》

第三章　军事思想

著，总结了当时军事斗争的经验，揭示了战争中众寡、强弱、虚实、攻守、胜败等范畴的对立和转化关系，提出了"知彼知己，百战不殆""攻其无备，出其不意"等军事原则。这说明中国古代军事思想中已经包含着朴素的辩证法思想。

资本主义工业革命的发展，使大量火器和众多人力投入战争成为现实。在资产阶级推翻封建统治的大革命中，在资本主义国家对外扩张的战争中，战争规模空前扩大，战争的本质也暴露得更加充分。以普鲁士军事理论家克劳塞维茨所著《战争论》为代表的资产阶级军事理论，运用当时的哲学和历史学成果，总结了拿破仑战争及以前的一些战争经验，阐明了战争与政治、战争与经济、暴力运用与科学技术的相互关系，并提出了若干作战原则。由克劳塞维茨和与其同时代的军事家若米尼等人所阐发的资产阶级军事思想的基本观点，代表了资本主义上升时期资产阶级的进取精神，他们的著述已成为公认的军事名著，至今仍被许多资本主义国家的军事家奉为经典。其中："战争无非是政治通过另一种手段的继续"等论点，也为列宁和毛泽东所肯定。资本主义进入帝国主义阶段后，随着科学技术的进步，又经过两次世界大战实践经验的积累，资产阶级军事思想有了进一步发展，更加重视先进科学技术在战争中的作用，并在现代战争的作战方法、技术运用、组织指挥以及军队现代化建设等方面，提出了一些值得重视的理论和原则。但是，由于其阶级的偏见和认识论、方法论的片面性，资产阶级军事思想一般都掩盖战争的阶级本质，并且过分强调武器和技术在战争制胜因素中的作用，从而贬低了人民群众的作用。

无产阶级在争取自身解放过程中，不断总结革命战争经验，并且吸取了军事思想史上的积极成果，形成了自己的军事思想。无产阶级革命导师马克思、恩格斯、列宁、斯大林、毛泽东以及其他无产阶级革命领袖人物，在创立、运用和发展无产阶级军事思想方面作出了杰出贡献。他们应用辩证唯物主义和历史唯物主义的基本原理，科学地论证了战争的社会历史根源，指明了暴力对新社会诞生的促进作用和对经济的依赖性，指出社会生产方式和物质条件对于战争的制约作用，明确区分战争的政治性质，揭示阶级社会战争的阶级本质，阐发了战争的基本规律，并且高度重视人民群众在战争中的作用，强调建设人民军队的重要性，提出了无产阶级的军事斗争纲领和作战方法。在中国共产党领导中国革命战争中形成的毛泽东军事思想，包含了一整套关于建设人民军队、进行人民战争和人民战争的战略战术的理论和原则，并且包含着研究战争与指导战争的认识论和方法论。中国人民及其军队，运用在战争实践中不断得以丰富和发展的毛泽东军事思想，经过艰苦卓绝的革命战争，终于战胜来自国内外的所有反动武装力量，建立并且巩固了中华人民共和国。这一历史事实，充分显示了毛泽东军事思想的科学性和真理性。

探索新情况和新问题。任何军事思想都是一定历史发展阶段的产物。随着社会生产力的不断提高和科学技术的飞速进步，要求军事思想在继承历史上一切优秀遗产的基础上，不断地有所创新和发展。但是，军事思想的发展历史表明：一般说来，在和平时期军事思想的发展往往落后于社会生产力和科学技术的发展；上一场战争中曾经赢得胜利的经验，远远不能满足下一场战争的要求。因此，在和平环境中，防止和克服保守倾向，积极探索军事领域出现的新情况和新问题，努力使军事思想适应新的历史条件，才能保证它对未来战争发挥正确的理论指导作用。

三、军事思想的地位和作用

军事思想在军事科学中居于重要地位，对军事实践具有宏观的和根本的指导作用。它具体表现在以下三个方面。

（一）军事实践的行动指南

军事思想是军事实践的能动反映、理论概括，揭示了军事领域的一般规律，所以能对军事实践起指导作用。军事思想对军事领域的规律反映得越深刻越正确，它对军事实践的指导作用也就越大，人们就可以在战争中掌握主动，少犯错误，多打胜仗。在战争史上，每一次取得伟大胜利的战争，都有正确的军事思想作指导。反之，没有正确的军事思想作指导，即使具备取得战争胜利的有利条件，也不能够把战争胜利的可能变为现实。战争实践证明，在具备一定的客观物质基础之上，军事思想正确与否决定战争胜败。

（二）研究各门具体军事学科的理论指导

军事思想研究战争和军事领域的一般规律，而各门具体的军事学科所研究的是各自领域的特殊规律。如果只研究各自领域的特殊规律，而不懂得战争和军事领域的一般规律，脱离一般规律的指导，就不能从总体上把握战争，也就不能真正认识和把握各门具体学科所研究领域的特殊规律。军事思想对各门具体军事学科的研究提供方法论，譬如，军事思想关于保存自己消灭敌人的论述，深刻地揭示了两军相争的战争目的和战争本质，它是一切战争行动的根据，从技术行动到战略行动，一切技术的、战术的、战役的、战略的原理原则，都要贯彻这个战争的军事目的和军事本质。它普及于战争领域，贯穿于战争始终。它对军队和国防建设、战争指导及其战略战术，都具有普遍的指导意义，因而对军事科学的各门具体学科的研究也具有普遍的指导作用。

（三）对其他社会实践有着重要的借鉴意义

先进的军事思想贯穿着唯物论和辩证法。学习和研究军事思想，不仅可以学到正确观察和解决问题的立场、观点和方法，而且可以学到如何把军事基本原理同实际情况相结合，正确运用这些原理来解决实际问题，增强我们在工作中的原则性、系统性、预见性和创造性。譬如，军事斗争最注重效益，要以最小的代价获取最大的胜利。孙子提出的"知彼知己，百战不殆"的战争指导规律，已成为政治、外交斗争和经济建设的座右铭。战略和战役战术的关系，要求人们也必须正确处理全局和局部的关系。"战略"概念的运用，早已跨出军事的范畴，而出现了政治战略、外交战略、经济发展战略、农业发展战略等。体育比赛中重视对进攻和防御战术的研究与运用，市场竞争中借鉴军事思想提出许多巧妙的策略和艺术，等等，都说明军事思想对其他领域具有广泛的借鉴意义。

第二节　外国军事思想

外国军事思想，主要是指除中国以外的世界其他国家政治家、军事家和思想家关于战争、国防和军队等问题的理性认识，一般包括战争观、战略思想、作战思想、建军思想和研究战争与军事问题的方法论等。

一、外国军事思想的主要内容

如同战争一样，外国军事思想的发展并不是从人类社会开始就有的，而是人类社会发展到一定历史阶段，建立在部落冲突、国家与军队形成、战争爆发等基础上的必然产物。进一步说，它是建立在军事实践基础上的必然产物。外国军事思想经历了漫长的历史时期，大致可以分为古代军事思想、近代军事思想和现代军事思想等发展阶段。

（一）古代军事思想

外国古代军事思想的发展悠久漫长，大致从公元前4000年至公元1640年，最早萌芽于古埃及、古巴比伦、亚述等国。其中，最有影响的军事思想来自公元前8世纪至公元5世纪西方的奴隶社会时期欧洲的古希腊和古罗马，即古希腊的军事思想和古罗马的军事思想。

古希腊和古罗马的军事思想中具有代表性的人物及著作有古希腊希罗多德的《希腊波斯战争史》、修昔底德的《伯罗奔尼撒战争史》、古罗马凯撒的

《高卢战记》等，记录了古希腊和古罗马奴隶主所进行的多次战争史实。外国古代军事思想总体上呈现出几个特点：一是初始性。一方面，人们对军事客观规律的认知是肤浅和粗糙的，尤其是对战争起源及其本质等问题的认识，往往还处于猜测阶段，属于直观、简单的感性认识；另一方面，对军事指导规律的概括和总结也只是少量和局部的。尤其对于战略层次的军事指导规律的抽象与归纳，尚未上升到理性的高度，属于模糊和零散的认识。二是神授性。远古时代，生息繁衍于世界各地的众多氏族群体以及早期的奴隶制国家，对军事问题的认识普遍处于蒙昧状态，往往把战争发生和胜负的原因都归结为"天意""神旨"。在战争进程中，也往往会以天象的变化来决定军事行动等。三是层次性。外国古代军事思想经历了初步形成、迅速发展、丰富完善的动态发展进程，具有鲜明的层次性特征。逐步发展，日益丰富后。形成系统总结的军事理论性质的著作。四是史实性。外国古代军事思想在表达和传承上具有非常独特的史实性特征，载体大都不是专门的军事著作，而是各种历史性著作、典籍、资料等。这些珍贵的著作、典籍、资料传承和推动了整个外国古代军事思想的发展。

《伯罗奔尼撒战争史》

（二）近代军事思想

从1640年英国资产阶级革命至1917年俄国十月革命，为世界近代史。在这一时期，外国近代军事思想主要包括资产阶级军事思想和无产阶级军事思想两大体系。

1. 资产阶级军事思想

从17世纪中叶至19世纪中叶，西方走向资本主义，并逐步向帝国主义发展。意大利文艺复兴运动打破了封建礼教与宗教神学的禁锢，解放了人们的思想，呈现百家争鸣的景象；封建与反封建的战争、资本主义与反资本主义的战争、殖民地与反殖民地的战争以及帝国主义国家之间的战争频繁爆发；加上工业文明和科技进步，以火药为主的热兵器广泛运用，也促进了军事思想的迅猛发展。这一时期代表著作有：普鲁士克劳塞维茨的《战争论》、瑞士若米尼的《战争艺术概论》、美国马汉的《海权对历史的影响》、俄国苏沃洛夫的《制胜的科学》等。这一时期，人们反对战争认识问题的不可知论，提出军事科学的概念；主张探讨战争的本质、规律，研究军队、装备、地理、政治和士气等因素在战争中的作用；重视研究战史，认为战争是政治的工具，是迫使敌人服从己方意志的暴力行为，具有必然性和偶然性；认识到民众武装在战争中的重要作用，但民众武装也不是万能的，其使用是有条件的；要建立一支能反映资产阶级利益的军队，重视和平时期的军队建设和战争准备，以随时应对战争；认识到新发明对军队武器装备和组织编制的影响，必然也会引起战术的变化；认为海权是推动国家乃至历史发展的重要因素，控制了海洋就控制了整个世界；树立歼灭战思想，认为军事行动的目的就是消灭敌人的军队，而不是占领敌人的领土和要塞；认为作战应打击敌人重心、保持预备队等。

相关链接：

海权论鼻祖——马汉

2. 无产阶级军事思想

在近代，无产阶级军事思想的主要代表人物是马克思、恩格斯和列宁。马克思、恩格斯处在资本主义高度发展并走向反动、无产阶级开始登上历史舞台的时代，列宁则生活在帝国主义与无产阶级革命并存的时代。他们坚持唯物主义，以唯物辩证法研究军事，吸收资产阶级军事思想的精华，因而对战争的一系列重大问题都有深刻认识：认为战争和军事都是历史范畴，随着私有制和阶级的产生而产生、消灭而消亡；战争是政治通过另一种手段的继续，因而要拥护正义战争，反对非正义战争；在帝国主义时期，帝国主义成了战争根源；无产阶级必须用暴力才能推翻资产阶级，建立起自己的统治；要以城市工人武装起义为中心，先占领城市，再夺取国家政权；无产阶级夺取和巩固政权都要有自己的新型军队；无产阶级代表人民利益，有能力有条件把广大人民武装起来开展人民战争；认识到科技进步必然引发战略战术的变革；战争的奥秘在于集中兵力；主张积极防御、主动进攻，慎重决战，灵活机动等。

（三）现代军事思想

俄国十月革命后，外国军事思想进入现代时期。第一次世界大战表明，国家的综合实力已经成为决定战争胜负的主要因素，新式武器装备对战争胜负的影响也日益突出。第一次世界大战后，西方军事家纷纷预测未来战争的可能作战样式和作战方法，进而总结提出了一系列全新的作战理论。

1. "空中战争"理论

"空中战争"理论，又称空军制胜理论。意大利的杜黑、美国的米切尔、英国的特伦查德被认为是这一理论的先驱，特别是杜黑在其著作《制空权》中较为详细地阐述了这一理论。该理论的主要观点是：飞机的广泛应用，将出现空中战争，空中战争的胜负决定战争结局，因此要建立与陆军、海军相并列的空军；夺取制空权是赢得战争的必要条件，空军的首要任务是夺取制空权；空中战争是进攻性的，空军的核心是轰炸机部队，要对敌国纵深政治、军事、经济目标实施战略轰炸，迫使其屈服。

2."机械化战争"理论

"机械化战争"理论，又称坦克制胜论。英国的富勒、奥地利的艾曼贝格尔、法国的戴高乐、德国的古德里安等是这一理论的倡导者，该理论的主要观点是：装甲坦克是战争的决定性力量，是陆军的主体；大量集中使用坦克和航空兵，实施突然有力的突击，可以迅速突破对方主要集团的防线，深入其纵深，摧毁战备不足的国家；主张军队改革，建立少而精的机械化部队。

3."总体战"理论

"总体战"理论是德国的鲁登道夫在其著作《总体战》中提出的。该理论的主要观点是：现代战争是总体战，它既针对军队，也针对平民，战争具有全民性，强调民族的团结在战争中的重要性；主张实行国民经济军事化；要建设好一支平时就准备好的军队；重视统帅在总体战中的作用；战争的突然性意义重大，力求闪击对方。

4."核武器制胜"理论

第二次世界大战后至1991年苏联解体的冷战时期，霸权主义成为局部战争的根源，高技术在作战中逐步运用，世界处在核阴影之中，美苏两霸动辄进行核恫吓。此时的军事理论研究往往围绕核武器及高技术的发展进行。例如，美国就以核实力确定军事战略，在杜鲁门时期，美国的核力量处于绝对优势，提出"核遏制"战略，对苏联及其他社会主义国家实施核讹诈；处于核优势时期，美国认为自己能打赢全面核战争，主张削减常规武器，重点发展核武器和战略空军；而当苏联打破其核优势、局部战争不断时，美国又在确保核威慑的前提下，不断发展常规力量，认为核战争会造成灾难性后果，核时代的战争必然是有限战争。

二、《战争论》的主要军事思想

《战争论》是克劳塞维茨最主要的代表作，是军事思想史上第一部自觉运用辩证法阐述战争理论的划时代名著，被尊为战略学的"圣经"。其创造性的见解主要有以下几个方面。

（一）关于战争本质

克劳塞维茨认为，战争反映国家的政治，是国家的工具之一。战争始终是一种具有政治目的的行动，政治"是孕育战争的母体"，政治动因的意义越大，使用暴力的范围就越大。军事观点必须从属于政治。克劳塞维茨进而提出了"战争是政治通过另一种手段的继续"的名言。

（二）关于战争目的与手段

克劳塞维茨指出，战争就是一种暴力行动，用以强迫敌人屈服于自己的意志。抽象战争的唯一目的是解除敌人的武装，使其无力反抗。而现实战争所追求的目的却是多种多样的，可以是消灭敌人的军队，也可以是占领敌人的地区、入侵或等待敌人进攻。但是，"在战争所能追求的目的中，消灭敌人军队永远是最高目的"。战争的手段只有一种，那就是战斗，"不要听信有不经流血而克敌制胜的将军之说"。

（三）关于精神因素在战争中的作用

克劳塞维茨把决定战争胜负的要素归为精神、物质、数学、地理、统计五类，并将精神列为首要因素。克劳塞维茨指出："物质的原因和结果不过是刀柄，精神的原因和结果才是贵重的金属，才是真正的利刃。"精神因素贯穿于战争的各个方面，贯穿于战争始终，在战争的各个时期都起作用。精神因素由统帅的才能、军队的武德、军队的民族精神三方面组成。在这三种因素中，统帅的才能在战争中最为重要。这里，克劳塞维茨在充分肯定精神因素作用的同时，在某些方面也存在夸大精神力量的偏颇。

（四）关于民众武装的作用

克劳塞维茨认为，以农民为主要力量的民众武装，有着正规军无法替代的作用，是一种巨大的战略防御手段。民众武装是熊熊烈火，可以烧毁敌人的基地，破坏敌人的生命线，而敌人却难以对付它，因为敌人不可能像驱逐一队队士兵那样赶走武装的农民。克劳塞维茨提出，在人民战争中，应遵循正规军支持下的游击战原则，由小股部队执行有限的战术进攻，实行战略防御，避免会战。

（五）关于进攻与防御的辩证关系

克劳塞维茨认为，进攻与防御是相互影响、相互联系的两种作战形式。整体防御中有局部进攻，整体进攻中有局部防御，进攻可转为防御，防御也可转为进攻。克劳塞维茨在军事思想史上第一次提出了"积极防御"和"消极防御"的概念，并且主张实行积极防御，反对消极防御。

此外，克劳塞维茨还对作战中的一些基本原则，如集中兵力，出敌不意等提出了独到见解。克劳塞维茨是19世纪最杰出的军事理论家之一，被公认为资产阶级军事理论权威，列宁也称他是"一位非常有名的战争哲学和战争史的作家"。克劳塞维茨的军事思想反映了资本主义上升时期的进步倾向和革命精神，对世界军事学术的发展具有重大影响。

知识链接

《战争论》简介

《战争论》被誉为西方现代军事理论的奠基之作，由克劳塞维茨在总结历次战争经验尤其是拿破仑战争的基础上写作而成。在书中，作者揭示了战争从属于政治的本质，指出了人的因素尤其是精神力量的作用，阐述了战争性质向民众战争转变的历史趋势，探讨了战略和战术、进攻和防御、战争的目的和手段之间的辩证关系，提出了集中优势兵力歼敌等理论。《战争论》是克劳塞维茨对战争进行观察、研究和分析的结晶，是世界军事思想史上第一部自觉运用德国古典哲学的辩证方法、系统地总结战争经验的著作，具有重要的军事学术价值。它既是一部军事理论著作，又是一部哲学著作；它不仅奠定了近代西方资产阶级军事学基础，被誉为西方近代军事理论的经典之作，而且也是马克思主义军事科学的重要理论来源之一。

第三节　中国古代军事思想

中国古代军事思想是中国在奴隶社会、封建社会时期，各阶级、集团及其军事家和军事论著者对于战争与军队问题的理性认识。它随着社会的进步、战争的发展而不断深化。

一、中国古代军事思想的分期

中国古代军事思想经历了几千年的发展历程，纵观其发展，大致可以分为四个时期。

（一）中国古代军事思想的萌芽时期

这个时期包括夏朝、商朝，到西周为止，历经1400余年。大致说来，中国古代军事思想产生于原始社会解体后，奴隶制社会产生的夏朝。夏朝进入了阶级社会之后，各阶级为了维护本阶级的利益，改变彼此间的地位和差异，便经常发起战争，并极力争取战争的胜利，于是想方设法于战前和战中积极谋划，在此过程中便产生了"谋"。然而，这只是战争过程中一种求胜的主观手段，并不完全符合客观实际。为了使"谋"更接近于客观，人们不断地从战争实践中探索并反复求助于实践来验证，逐步总结出带有一定规律性、能指导战争的方法。它包括对战争问题及性质的探讨、作战指导思想和作战原则，以及战略战术等，这就是古代军事思想产生的一般过程。到了商朝，奴隶制进一步发展，军事思想也随着发展。西周是奴隶制鼎盛时期，此时，中国古代军事思想逐渐完善。当西周走向衰落之时，中国古代军事思想已初步形成。

（二）中国古代军事思想的形成时期

中国古代军事思想形成时期即春秋战国时期，大体经历了550年。进入春秋时期以后，随着大国争霸战争的加剧，军事思想有了新的变化和发展，尤其是经过轰轰烈烈的封建兼并战争的战国时期，军事思想发生了日新月异的变化，产生了质的飞跃。从战争的社会性质来说，已经从奴隶制社会的战争转变为封建社会的战争；从兵种上看，已经从原来单纯的车兵，发展为步兵和骑兵。车兵是奴隶制社会的产物，步兵和骑兵则是封建社会的作战主体。从春秋中后期至春秋战国之交，相继出现了步兵、骑兵，已经完善了中国古代冷兵器时代三大基本兵种。到战国时代，诸兵种以它本身所具备的作战形式和战术特点争奇斗艳，活跃在中州大地上。一些睿智的军事家，通过这些作战特点和规律，加以探索总结，产生自己的一套理论，如《孙子兵法》《吴子兵法》等。至此，中国古代军事思想发展到战国时期已经基本成熟。

（三）中国古代军事思想的充实提高时期

自秦汉之后，中国古代军事思想进入了一个相对缓慢的发展时期，虽然由于时代进步仍然对先秦时期军事思想有所发展，赋予其新的内容，但总体上没有多少突破性的进步。这一时期与前秦时期军事思想飞跃式的发展相比，甚至可以说是乏善可陈，其成就主要体现在战略战术的发展，对兵书的整理和注释《孙子兵法》等方面。

（四）中国古代军事思想的系统完善时期

由公元10世纪到19世纪中叶这一历史时期，历经宋、辽、西夏、金、元、明、清等朝代。随着火器开始登上战争舞台，并在明朝达到这一阶段的高峰，如何协调的使用火器和冷兵器，成为战争实践的新内容，同时，由于罗盘开始在船只上使用，水下作战的实践也进入一个新时期。这些变化都影响到了军事理论的发展。但总体来说，在这一较长的历史时期，基本的兵种和作战形态没有发生变化。

二、中国古代军事思想的主要特点

中国古代军事思想在漫长的发展过程中形成了自身独特的特点，足以代表中华兵家文化的特质，集中体现了中华民族对于战争与和平这个人类永恒话题的独特理解。

（一）历史悠久，内涵丰富

据《汉书·艺文志》中的《黄帝》和《神农兵法》可以推断，中国的兵法始于黄帝。《孙子兵法·行军篇》中也称："凡此四军之利，黄帝之所以胜四帝也。"可见，中国军事思想发端于约5000年前的远古时代。我国有史可查的最早的兵书《军志》大约出现于西周，距今已有3000多年。而举世公认的古代兵法名著《孙子兵法》，则出现于2500多年前的春秋时期。我国古代军事思想宏观上纵横联络，言兵而不限于兵，而是将军事与政治、经济、人文、自然、心理等有关因素融合在一起，全方位考察，其中往往充满哲理与智慧。例如，《孙子兵法》归纳的"道、天、地、将、法"五个战争取胜因素，"智、信、仁、勇、严"的将帅五项素质指标，"不战而屈人之兵"的"全胜"目标，"先胜后战"的战争原则，"知彼知己，百战不殆"的著名论断，以及对计与战、力与智、利与害、全与破、数与胜、奇与正、形与隐、虚与实、动与静、迂与直、势与能等范畴的深刻分析，对古今中外的军事思想产生了巨大影响。

（二）崇尚道义，追求和平

受孔孟之道的影响，中国军事思想强调得民心、得人，重视作为群体的人心，主张弃个人小利，谋长远大利。例如，孙子把"道"也就是道义作为战争取胜的头一条因素，并告诫人们一定要慎重对待战争。战争关系到国家的"死生"和"存亡"，"亡国不可以复存，死者不可以复生。故明君慎之，良将警之，此安国全军之道也"。战国初期的《司马法》也提出"好战必亡"的著名论断。日本历史学家浅野在深入研究了中国军事历史之后得出这样的结论：中国军事思想的"第一个特点是以非战主义为原则，尽量通过外交和谋略活动，求得政治解决。第二个特点是在军事上力争把战争控制在局部并在短时间内结束"。

（三）注重谋略，力求智取

最早的战略名著《孙子兵法》首篇即明确指出，"兵者，诡道也""上兵伐谋"，主张先计而后战。还在书中提出了旨在"全胜""速胜""巧胜""不战而屈人之兵"等一系列谋略思想。中国军事谋略思想的产生与运用可以溯源到远古的战争。进入奴隶社会后，较多地运用了计谋。例如，商朝著名的鸣条之战就已运用了离间计；周朝著名的牧野之战是兵家之祖、军事谋略的奠基人吕望奇计良谋的杰作。此后，从孙膑首创的"围魏救赵"到戚继光精妙的"鸳鸯阵"作战方法，中国古代历史上运用奇妙方略的经典战例举不胜举。

相关链接：
戚继光的"鸳鸯阵"解读

（四）居安思危，未雨绸缪

在中国军事思想中，有很强的居安思危意识。中国古代的战争相当频繁，因此，做好战争准备是维护国家安全的重中之重。几乎所有的军事家、军事思想家和政治家都有极强的思危意识，都反复强调要居安思危、未雨绸缪。《左传》的"居安思危，思则有备，有备无患"等著名论断，至今还被人们反复引用。《司马法》也告诫人们："天下虽安，忘战必危。"战国时代的吴起就提出："夫安国之道，先戒为宝。"甚至连《易经》都有这样的论断："君子安而不忘危，存而不忘亡，治而不忘乱，是以身安国家可保也。"人类奇观万里长城就是中国古代军事思想中思危意识的最好例证。

三、《孙子兵法》的主要军事思想

孙武所著的《孙子兵法》，为后世兵法家所推崇，被誉为"兵学圣典"，置于《武经七书》之首。其军事观点主要有以下五方面。

（一）重战、慎战、备战的思想

《孙子兵法》开篇就指出："兵者，国之大事，死生之地，存亡之道，不可不察也。"意思是说：战争是国家的大事，关系到军民生死，国家存亡，是不可不认真研究的。这段话深刻揭示了战争对整个国家的重要意义，是《孙子兵法》的基本出发点。而后又提出："亡国不可以复存，死者不可以复生，故明君慎之，良将警之"。意思是说：国家灭亡了就不能再存在了，人死了就不能复生了，所以对待战争，明智的国君要慎重，贤良的将帅要警觉。关于备战，孙子认为："用兵之法，无恃其不来，恃吾有以待之；无恃其不攻，恃吾有所不可攻也。"意思是说：用兵的原则，不要寄希望于敌人不会来，而要靠自己已有充足的准备；不要寄希望于敌人不会来进攻，而要依靠自己有使敌人无法攻破的条件。

(二)"知彼知己，百战不殆"的战争指导思想

"知彼知己，百战不殆。不知彼而知己，一胜一负；不知彼，不知己，每战必殆。"意思是说：了解敌人又了解自己，则百战不败；不了解别人而了解自己，可能胜也可能败，既不了解敌人又不了解自己，每战必败。孙子用简明扼要的语言，指明了战争指导者了解敌我双方情况对战争胜负的关系，从而揭示指导战争的普遍规律。毛泽东在《论持久战》中指出："战争不是神物，乃是世间一种必然运动，因此，孙子的规律'知彼知己，百战不殆'乃是科学的真理。"这条规律，从哲学意义上讲，是实事求是的朴素唯物主义思想；从战争理论上讲，是分析判断情况的根本规律；从指导战争的意义上讲，是先求可胜的条件，再求必胜之机的重要抉择。

(三)以谋略制胜为核心的用兵思想

《孙子兵法》军事思想的核心是谋略制胜。强调军事斗争不仅仅是军事力量的竞赛，而且是敌我双方政治、经济、军事和外交等方面的综合较量，也是双方军事指导艺术的较量。孙武谋略制胜的思想突出体现在以下几个方面。

1."庙算"思想

"多算胜，少算不胜，而况于无算乎！吾以此观之，胜负见矣。"战前，计算周密，胜利条件多，可能胜敌；计算不周，胜利条件少，不能胜敌；而何况于根本不计算，没有胜利的条件呢！从这些方面来考察，谁胜谁负就可以看出来。

2.诡道制胜

"兵者，诡道也"，"兵以诈立"。用兵打仗是一种诡诈行为，要依靠诡诈多变取胜。军事上的诡道是指异于常规的一些做法。"兵不厌诈"，古今常理。在战争的舞台上，如果对敌人讲君子之道，就必然被敌人控制。如果能较好地运用诡道，造成敌人的过失，创造战机，那就会陷敌于被动。

3.不战而屈人之兵

"故百战百胜，非善之善者也；不战而屈人之兵，善之善者也。"在战争中，百战百胜并不是好中最好的，不战而使敌人屈服才是好中最好的。所以孙武主张"上兵伐谋，其次伐交，其次伐兵，其下攻城"。获取战争胜利最好的方式是以谋制胜，使敌人屈服，其次是通过外交途径，分化瓦解敌人的同盟，迫使敌人陷于孤立，最后不得不屈服。例如，战国时，秦国采取"远交近攻"的政策，逐步灭了六国，就是以外交手段配合军事进攻而取得胜利的。再次是伐兵，即用武力战胜敌人。最下策是攻城，即硬碰硬的攻坚战。孙武指出："善用兵者，屈人之兵而非战也，拔人之城而非攻也，毁人之国而非久也，必以全

争于天下。故兵不顿而利可全，此谋攻之法也。"善于用兵的人，使敌人屈服不用直接交战，一定要用全胜的计谋争胜于天下，这样，军队就不至于疲惫受挫，而不能获得全胜的利益。这就是以计谋攻敌的原则和孙武全胜的思想。

当然，"全胜"的思想、不战而胜是要以强大的武力作后盾的，如果没有强大的军事力量，就不可能达到不战而胜的目的。例如，1949年平津战役时，之所以能够取得傅作义起义、和平解放北平的胜利，其前提条件是由于我军西克张家口、东陷天津、百万大军兵临城下，使北平之敌处于一无逃路、二无外援、战则必败的境地，加上我党的政策的感召等。

总之，孙武"不战而屈人之兵"的思想对后世的影响很大，并为世界所公认。这是军事思想史上的一个独创，是最完美的战略。

（四）"文武兼施，恩威并用"的治军思想

"卒未亲附而罚之，则不服，不服，则难用；卒以亲附而罚不行，则不可用。故令之以文，齐之以武，是谓必取。""令素行者，与众相得也。"意思是说：将帅还没有取得士卒的爱戴和拥护就去惩罚他们，他们就不会心服，心不服就很难用他们作战；将帅已经取得士卒的爱戴和拥护，而纪律不严格执行，也不能用他们去作战。因此，要一方面用体贴和爱护使他们心悦诚服；另一方面要用严格的纪律使他们行动整齐。这样才能取得最后的胜利。平素之所以能贯彻执行，都是由于将帅与士卒相互信赖的缘故。

（五）朴素唯物论和原始辩证法思想

《孙子兵法》之所以具有极大的时空跨度，经久而不衰，与它反映的朴素唯物论和原始辩证法思想分不开。兵法中反映的唯物论主要包括三个方面：一是对战争的认识，冲破了"鬼神论"和"天命论"；二是把客观因素作为决定战争胜负的基础；三是注意到时间和空间在军事上的作用。原始辩证法思想主要表现在能够正确认识战争中各种矛盾的对立统一及相互转化的关系。《孙子兵法》中的辩证概念和范畴有85对，如敌我、攻守、胜负、迂直、强弱、勇怯、奇正、虚实、分合、久速等，并充分论述了在一定条件下矛盾是可以转化的。

《孙子兵法》作为一部伟大的军事著作，它的科学价值和历史功绩是不可磨灭的。但由于它诞生于2500多年前，难免存有时代和阶级的局限，其主要表现为：在战争观方面未能区分战争的性质；在治军方面的愚兵政策；在军队补给方面的抢掠政策以及作战原则方面存有某些片面性等。我们在学习和运用《孙子兵法》时应注意剔除这些缺点，但在认识这部伟大著作时，决不能求全责备。因为《孙子兵法》不仅是我国古代军事思想中最光辉灿烂的杰出代

表，而且具有超越时间和空间的科学价值，是我国乃至世界最宝贵的文化遗产之一。

第四节 毛泽东军事思想

毛泽东军事思想是我军的建军之魂、立军之本、制胜之道，是我国国防和军队建设的根本指导思想。毛泽东军事思想萌芽于土地革命战争前期，形成于土地革命战争后期和抗日战争时期，成熟于解放战争时期，建设国防和巩固国防时期又实现了新发展。毛泽东军事思想是我们党指导中国革命战争、人民军队和国防建设的理论奠基，实现了马克思主义军事理论中国化的第一次历史性飞跃。

一、毛泽东军事思想的科学含义

毛泽东军事思想是毛泽东关于中国革命战争、人民军队和国防建设以及军事领域一般规律问题的科学理论体系。毛泽东军事思想是毛泽东思想的重要组成部分，是马克思列宁主义普遍原理与中国革命战争和国防建设实践相结合的产物，是中国共产党领导中国人民及其军队对长期军事实践经验的科学总结和集体智慧的结晶，同时也多方面汲取了古今中外军事思想的精华，是中国共产党领导中国革命战争、军队建设、国防建设和反侵略战争的指导思想。

（一）毛泽东军事思想是马克思列宁主义的基本原理与中国革命战争具体实践相结合的产物

马克思指出，无产阶级要取得革命的胜利，只能走武装斗争的道路。列宁实践了马克思的理论，并发展为无产阶级革命，在一个资产阶级统治比较薄弱的国家首先取得胜利。然而，中国的实际情况与俄国不一样，中国是一个以农民为主体的半封建半殖民地国家，中国无产阶级如何组织军队，如何进行革命战争在马克思列宁主义著作中找不到现成的答案。毛泽东继承和发展了马克思列宁主义军事思想，创造性地应用马克思列宁主义原理，结合中国半封建半殖民地社会的状况，积极开展武装斗争，以农村包围城市，最后夺取政权。

第三章　军事思想

（二）毛泽东军事思想是中国人民革命战争和国防建设实践经验的总结

军事理论产生于战争实践。中国长期革命战争的实践是毛泽东军事思想赖以产生和发展的源泉和基础。没有中国革命战争的具体实践，就没有毛泽东军事思想。正如毛泽东1962年1月30日在中央工作会议上的讲话中指出的："在抗日战争前夜和抗日战争时期，我写了一些论文，如《中国革命战争的战略问题》《论持久战》

毛泽东写下《论持久战》

《新民主主义论》《〈共产党人〉发刊词》，替中央起草过一些关于政策、策略的文件，都是革命经验的总结。那些论文和文件只有在那个时候才能产生，在以前不可能，因为没有经过大风大浪，没有两次胜利和两次失败的比较，没有充分的经验，还不能充分认识中国革命的规律。"毛泽东军事思想就是中国革命战争和国防建设实践经验的科学总结。毛泽东在长期亲身参加和领导战争实践中，不断探索和总结实践经验并使之上升为理论，同时又反过来用所总结的经验和理论指导实践，不断丰富和发展理论。如此循环往复，逐步形成科学的理论体系。

（三）毛泽东军事思想是中国共产党集体智慧的结晶

在人类历史上起过进步作用的正确思想，从来不是某一个人的独创，毛泽东军事思想也是如此。它不只是毛泽东个人智慧的产物，还是中国共产党人领导下的亿万军民在长期革命实践中集体智慧的产物，是毛泽东和他的战友们的共同创造。毛泽东在党的七大上说："毛泽东思想是集体智慧的结晶，我只不过是一个代表。"中国革命战争是亿万人民群众参加的共同事业，毛泽东军事思想的形成和发展包含亿万人民群众和全体指挥员的斗争经验和首创精神，凝聚着老一辈无产阶级革命家和军事家的集体智慧。在革命斗争和社会主义建设中，毛泽东一贯遵循"从群众中来，到群众中去"的原则，及时总结出群众中产生的经验，并上升为理论，用于指导实践。毛泽东在长达半个世纪的革命活动中，总结撰写了大批军事著作，对我党的军事理论作了最集中、最深刻的概括。以毛泽东的名字命名我党的军事理论，称为毛泽东军事思想，是完全符合历史实际的，也是当之无愧的。

（四）毛泽东军事思想是毛泽东思想的重要组成部分

毛泽东思想是以毛泽东为代表的中国共产党人，根据马克思列宁主义的基本原理，把中国长期革命实践中的一系列独创性经验作了理论概括，形成了适合中国情况的科学的指导思想。毛泽东思想是马克思列宁主义普遍原理和中国革命具体实践相结合的产物。毛泽东军事思想与毛泽东思想是局部和全局、部分和整体的关系，是毛泽东思想整个科学体系的重要组成部分，它极大地丰富和发展了马克思列宁主义的军事理论。

中国共产党在革命时期的中心工作是军事工作，是用武装革命反对武装反革命，我们的党史实际是一部武装斗争史。毛泽东和他的战友们不得不以极大的精力注重战争，研究军事。毛泽东的军事实践活动是他一生中最伟大、最光辉和最成功的部分，其军事著作占有大量的篇幅和重要地位。因此，研究毛泽东思想必须理解和掌握毛泽东军事思想。

二、毛泽东军事思想的主要内容

在长期的中国革命战争实践过程中产生的毛泽东军事思想，系统地解决了中国革命战争中的指导路线、方针政策、战略战术和建设与保卫国防等一系列问题，形成了认识与指导战争和国防建设的完整的理论体系。

（一）军事辩证法

"军事辩证法"这一概念是毛泽东于1936年提出来的，最能反映毛泽东军事思想的特色。毛泽东关于军事辩证法的论述，是在军事领域对马克思列宁主义辩证唯物主义、历史唯物主义的继承与发展，是关于战争与军事规律，特别是关于中国革命战争与军事规律的科学认知，是毛泽东军事思想的理论基础。

毛泽东军事辩证法主要研究和解决以下三个问题。

1. 如何正确地认识战争与对待战争的问题

毛泽东根据马克思列宁主义的战争观，深化了对战争本质的认识，并对如何正确地认识与对待战争等问题作出了系统深刻的分析。其范畴包括战争的起源，战争的发生、发展、消亡的原因和条件，战争的性质，决定战争的因素，战争与政治、经济、科学技术的关系，战争与和平，战争与革命，以及无产阶级对待战争的态度等一系列问题。

2. 如何认识与解决武装力量建设中各种矛盾关系的问题

毛泽东遵循中国革命武装力量建设的客观规律，运用辩证唯物主义的方法，正确处理与解决军队和国防建设中有关军队与革命、军队与国家，以及军队内部与外部之间的各种矛盾。

3. 如何认识与运用战争规律和战争指导规律的问题

毛泽东认为，战争同其他事物一样有其自身的发展规律。这种规律在战争实践中是既可以被认识，又可以被掌握的。毛泽东承认战争具有较大的流动性和不确定性，它较之于任何其他社会现象更难捉摸、更少确定性。但是，人们可以从战争的流动性中把握相对固定性的规律，可以通过不确定的征兆和端倪去探寻其相对确定性。

（二）人民战争思想

人民战争是被压迫阶级和民族谋求自身解放，发动和依靠广大人民群众所进行的战争，战争的正义性和广泛的群众性是人民战争的两个基本特点。在中国历史上，虽发生过一些具有人民战争性质或特征的战争，但受历史条件和阶级的局限，这些战争的广度和深度都很有限，更没有形成科学的理论。只有以毛泽东为代表的中国共产党领导的人民战争及其理论的创造，才开创了真正的全面人民战争的先河，形成了完整系统的人民战争理论。毛泽东基于"对战争的决定因素是人不是物""战争伟力之最深厚的根源，存在于民众之中""兵民是胜利之本"的深刻认识，提出并实践了充分动员群众、组织群众和武装群众，依靠广大人民群众进行革命战争的指导路线，从根本上解决了战胜敌人的力量源泉问题。

毛泽东的人民战争理论提出：在敌人统治力量相对薄弱的农村建立巩固的革命根据地，实行工农武装割据和土地革命，发动群众，不断积蓄、发展和壮大革命力量，走农村包围城市的革命道路；实行以主力兵团为骨干，与地方武装、群众武装相结合的武装力量体制，使人民武装力量有广泛雄厚的群众基础和可靠的组织保障；进行普遍和深入的政治动员，使广大人民群众了解进行战争的意义和目的，从而调动其参加革命战争的积极性和自觉性；组织千百万民众，联合一切可以联合的同盟军，共同对敌，从而最大限度地壮大革命力量，分化、瓦解、孤立敌人；以武装斗争为主，与其他各种形式的斗争（如经济战线、思想文化战线上的斗争）相配合，形成武装群众与非武装群众多条战线的、各个方面的、波澜壮阔的对敌斗争局面，陷敌于人民战争的汪洋大海之中。

油画《毛泽东考察湖南农民运动》

（三）人民军队建设思想

军事斗争主要包括力量的建设和力量的运用两个方面。纵观古今中外有代表性的军事理论著述，放在第一位的通常是力量的运用而不是力量的建设。

毛泽东军事思想则不然，它从中国革命的实际出发，深刻把握了没有人民的军队便没有人民的一切的革命真谛，从领导武装斗争伊始，就把建设新型人民军队问题放在首位。以毛泽东为代表的中国共产党人，紧紧抓住军队的性质、宗旨及任务等关键性问题，创造了一整套崭新的建军理论和原则。

1. 党对军队绝对领导的原则

毛泽东认为，党对军队的绝对领导主要是通过政治领导、思想领导、组织领导来实现的。政治领导，就是用党的纲领、路线、方针、政策统一军队的思想和行动，以保证军队有坚定、正确的政治方向，始终同党中央保持一致。思想领导，就是用无产阶级思想教育军队中的广大官兵，使之树立无产阶级世界观，克服各种非无产阶级思想。组织领导，就是在党中央、中央军委的统一领导下，建立健全各种制度，发挥党委的核心领导作用、支部的战斗堡垒作用和党员的先锋模范作用，保证政治领导和思想领导的实现。

2. 全心全意为人民服务的建军宗旨

毛泽东军事思想把军队的行动与党的政治任务相统一，把军队的发展同人民群众的根本利益相联系，明确了军队存在的根本意义和目的。1945年，毛泽东在《论联合政府》报告中，对人民军队的宗旨作了精辟的概括，确立"全心全意地为中国人民服务"是人民军队唯一的宗旨。他指出，正是因为确立和坚持了全心全意为人民服务的宗旨，人民军队才具有一往无前的精神，不被敌人所压倒，才有一个很好的内部和外部的团结，才有一个正确的争取敌人官兵的政策和处理俘虏的政策，并形成人民战争的一系列的政治工作的基本原则。毛泽东根据人民军队的性质和宗旨，结合中国革命战争和我军实际，规定人民军队必须担负战斗队、工作队和生产队三项任务，这在世界军队发展史上是罕见的。

3. 民主制度与严格的纪律

毛泽东对人民军队民主制度与严格纪律的创建作出了突出贡献。毛泽东认为，人民军队内部的民主制度是破除封建军队习俗的重要武器。因此，他领导我军建立了以党委制、政治委员制、政治机关制三大根本制度为主体的一整套政治工作制度，贯彻了官兵一致、军民一致和瓦解敌军的三大原则，实行了政治、经济、军事三大民主。在纪律问题上，毛泽东指出，纪律是执行路线的保证，人民军队必须建立严格的纪律，包括党的纪律、军事纪律、政治纪律和群众纪律。因此，他制定了包括"三大纪律、八项注意"在内的建立在自觉基础上的严格纪律。在长期的革命战争中，严格的纪律，保证了我军纪律严明，在内部做到一切行动听指挥，在外部赢得了广大人民群众的热烈拥护和支持。

知识链接

"三大纪律八项注意"

1947年10月10日，中国人民解放军总部发布《关于重新颁布三大纪律八项注意的训令》："三大纪律如下：一、一切行动听指挥；二、不拿群众一针一线；三、一切缴获要归公。八项注意如下：一、说话要和气；二、买卖公平；三、借东西要还；四、损坏东西要赔；五、不打人骂人，六、不损坏庄稼；七、不调戏妇女；八、不虐待俘虏。"

"三大纪律八项注意"能够被每一个革命军人理解、接受，并自觉的贯彻执行，塑造了人民军队优良的作风和传统。中华人民共和国成立以后，毛泽东多次提出要用"三大纪律八项注意"教育军队、教育干部、教育党员和人民。后来，党的主要领导人都对"三大纪律八项注意"作出高度评价。2015年1月13日，习近平总书记在十八届中央纪委五次全会上指出："'三大纪律八项注意'就那么几条，很容易记，更容易执行。"这说明了"三大纪律八项注意"的生命力，为我们健全党的纪律提供了宝贵经验。

（四）关于人民战争的战略战术思想

战争的一般规律是强胜弱败，但力量的强与弱不是绝对的，它在一定条件下可以相互转化。毛泽东创造的"你打你的、我打我的"一整套趋利避害、灵活机动的战略战术，揭示了由中国共产党领导的劣势装备的革命军队，战胜优势装备之敌的战争指导规律，解决了复杂艰巨的"以弱胜强"的作战指导及其方法问题。毛泽东的战略战术思想极为丰富，主要包括以下七个方面的内容。

1. 保存自己，消灭敌人

毛泽东认为，保存自己，消灭敌人，是战争的目的，是一切战争行动的基本原则。两方面是对立统一的：只有保存自己，才有力量消灭敌人；只有大量地消灭敌人，才能有效地保存自己。毛泽东把战争目的和作战手段辩证地统一起来，这对指导中国革命战争取得胜利起到了巨大作用。

2. 战略上藐视敌人，战术上重视敌人

毛泽东认为，在对敌斗争态度上，要坚持战略上藐视敌人，战术上重视敌人，并据此确立战略思想和战术思想，即在总体上树立敢打必胜的信心，有压倒一切敌人的气概，在局部上采取慎重态度，讲究作战艺术。

3. 军事战略的适时转变

毛泽东对军事战略的转变问题十分重视，他强调，在作战形式上，运动

战、游击战和阵地战三种形式相互配合，并根据不同战争时期、不同战略阶段的敌我力量对比和我军作战能力、任务以及战争形势的发展变化，确定其主辅地位，适时进行军事战略的转变，推动革命战争的胜利发展。

4. 集中优势兵力，各个歼灭敌人

毛泽东非常强调歼灭战的方针。他形象地比喻说："对于人，伤其十指不如断其一指；对于敌，击溃其十个师不如歼灭其一个师。"要达到此目的，在作战方法上，要采取集中优势兵力、各个歼灭敌人的策略，发挥近战、夜战特长，以保证有把握地歼灭敌人。

5. 实行积极防御，反对消极防御

毛泽东强调，在战略方针上，要实行积极防御，反对消极防御，即在战略的防御战之中采取战役和战斗的进攻战，在战略的持久战之中采取战役和战斗的速决战，在战略的内线作战之中采取战役和战斗的外线作战，以使战略全局上的劣势变为战役和战斗上的局部优势。

6. 实行有利决战，避免不利决战

在作战指导思想上，毛泽东强调，慎重初战，实行有利决战，避免不利决战，不打无准备之仗、不打无把握之仗，力求做到不打则已、打则必胜。

7. 作战指导上的主动性、灵活性和计划性

在作战指导基本要求上，毛泽东强调主动性、灵活性和计划性，强调通过灵活地使用兵力和变换战术，争取作战的主动权，将胜利的可能变为现实。

相关链接：
"四渡赤水"——毛泽东军事指挥艺术的"得意之笔"

第五节　邓小平新时期军队建设思想

进入改革开放和社会主义现代化建设时期，邓小平在开创中国特色社会主义道路的历史进程中，正确把握战争与和平历史演进的客观规律，立足于中国国情、军情和时代特征，以巨大的政治勇气和理论勇气，对国防和军队建设作出具有战略意义的重大决策，创造性地提出了一系列建军治军方针原则，形成了邓小平新时期军队建设思想。邓小平新时期军队建设思想内容十分丰富，从不同侧面揭示了新时期军队建设和军事斗争的规律，构成了一个科学的军事思想体系。

第三章 军事思想

一、和平与发展是当今世界的两大主题

20世纪80年代以后，邓小平依据对国际形势的观察和对世界主要矛盾的分析，做出了和平和发展是当今世界两大主题的科学论断。邓小平认为，霸权主义、强权政治严重威胁着世界和平，战争的危险依然存在，但是和平力量的发展超过了战争力量，争取一个较长时期的和平是可能的。为适应时代主题的变化与党和国家工作重心的转移，军队和国防建设的指导思想实行战略性转变，从立足"早打、大打、打核战争"的临战准备状态转到和平时期建设的轨道上来。邓小平强调，军队要服从整个国家建设大局，大局好起来了，国力大大增强了，再搞一点原子弹、导弹，更新一些装备，到那个时候就容易了；要坚持勤俭建军，精打细算，把有限的军费真正用在加强战斗力上。邓小平认为，世界大战可以避免，但战争危险依然存在。霸权主义是当代战争的主要根源。

二、军事战略思想

邓小平强调，在新的历史时期，必须继承和发展积极防御的战略思想。必须坚持积极防御的战略方针，坚持自卫立场，后发制人，把战略态势上的防御性和军事指导上的积极性结合起来，把和平时期遏制战争和战争时期赢得战争统一起来。必须坚持人民战争。要实行积极防御的军事战略方针，坚持积极防御的战略方针，从根本上讲就是要坚持人民战争的战略思想；搞人民战争并不是不要军队现代化，装备的改进可以使人民战争更有力量；要立足以弱胜强，以劣势装备战胜优势装备的敌人。

三、军队建设思想

把我军建设成为一支强大的现代化、正规化革命军队，是邓小平在新的历史条件下继承和发展毛泽东建军思想，明确提出的军队质量建设的总目标、总任务，也是中国共产党一以贯之的建军思想。革命化是军队建设的政治方向，必须把革命化建设放在第一位，始终不渝地坚持人民军队的革命性质；现代化是军队建设的中心任务，不断提高军队建设的科学技术含量，提高现代化条件下的总体作战能力和水平；正规化是军队建设的重要基础。要求军队坚持依法治军、从严治军的根本方针，建立健全规章制度，提高管理水平，用条令条例规范部队建设的方方面面。推动部队建设逐步走向法制化、制度化的发展道路，把军队训练得像个军队的样子。

> **知识链接**
>
> **《邓小平新时期军队建设思想学习纲要》11个方面内容**
> （1）军队和国防建设指导思想实行战略性转变。
> （2）军队要服从整个国家建设大局。
> （3）军队要担当起维护国家主权和安全的历史责任。
> （4）实行积极防御的军事战略方针。
> （5）建设一支强大的现代化正规化的革命军队。
> （6）始终不渝地坚持人民军队的性质。
> （7）中心是解决现代化的问题。
> （8）提高军队建设的正规化水平。
> （9）要把教育训练提高到战略地位。
> （10）坚定不移地走有中国特色的精兵之路。
> （11）军队和国防建设是全党和全国人民的事业。

四、国防建设思想

邓小平从国内形势和社会主义建设全局出发，作出了国防建设、军队建设指导思想实行战略性转变的重大决策。要求我国的国防建设和军队建设的指导思想从"早打、大打、打核战争"的临战状态转变到和平时期的建设轨道上来，并按照战略性转变的要求，逐步确立了国防建设和军队建设的一系列方针和原则，使我国的国防建设、军队建设走上了和平时期健康发展的正确轨道；邓小平从国情、军情实际出发，提出了中国特色的国防现代化目标，它指出，按照国家总体发展战略要求，我国国防现代化的发展目标是：充分利用世界大战可以避免、国际形势趋于缓和的有利世纪，随着国民经济的不断发展，努力加强国防建设，力争到21世纪中叶，使我国的国防综合实力接近或赶上当时世界其他军事强国，能在维护国家安全利益和维护世界和平中发挥更加积极的作用。邓小平明确提出要把保卫国家的主权和安全作为国防现代化建设的根本任务，明确提出实现国防现代化建设目标的原则、途径和措施。

邓小平新时期军队建设思想是邓小平理论的重要组成部分，主要回答了在和平与发展成为时代主题，国家实行改革开放的历史条件下，如何开创中国特色精兵之路，建设一支强大的现代化、正规化革命军队的问题，是对毛泽东军事思想的继承和发展，为我军开创了一条符合中国国情的、相对和平条件下的建军道路。邓小平新时期军队建设思想具有鲜明的时代性、深刻的实践性和科学的指导性，为正确认识和解决新时期军队建设与军事斗争问题提供了科学的立场、观点、方法。只要和平与发展这一时代特征没有改变，世界军事变革的发展趋势没有改变，邓小平新时期军队建设思想就仍然是国防和军队建设的指导思想，具有长远指导意义。

相关链接：
1985年百万大裁军

第六节　江泽民国防和军队建设思想

党的十三届四中全会以来的十三年，江泽民在带领我们党全面推进改革开放和社会主义现代化建设的同时，从新的历史条件出发，创造性地运用毛泽东军事思想、邓小平新时期军队建设思想，围绕如何积极推进中国特色的军事变革，解决好人民军队"打得赢、不变质"两大历史性课题，结合新实践、研究新情况、总结新经验、探索新规律，针对加强我国国防和军队建设提出了一系列新思想、新观点、新论断，形成了新的科学理论体系。

一、战争与战略理论

江泽民鲜明提出，和平与发展仍是当今时代主题。新的世界大战在可以预见的时期内打不起来，但是影响和平与发展的不确定因素在增加。霸权主义和强权政治有新的表现。传统安全威胁与非传统安全的因素相互交织。必须树立互信、互利、平等和协作的新安全观。通过对话与合作解决争端，而不应诉诸武力以及以武力相威胁。世界军事领域正在发生深刻变革，战争形态正从机械化向信息化演变。迎接世界新军事变革的挑战，创新和发展军事理论，积极推进中国特色的军事变革。实行积极防御的军事战略方针，把军事斗争准备的基点放在打赢现代技术特别是高技术条件下的局部战争上，以新时期军事战略方针指导和统揽全军各项建设和一切工作。坚持和发展人民战争思想，努力探索高

江泽民军队建设总要求

技术条件下人民战争的制胜之道。

二、国防建设理论

江泽民提出，建立巩固的国防是我国现代化建设的战略任务，是维护国家统一和全面建设小康社会的重要保障。坚持国防建设与经济建设协调发展的方针，在经济发展的基础上推进国防和军队现代化。增强自主创新能力，加快国防科技和武器装备发展。完善国防动员体制，加强民兵和预备役部队建设。加强国防教育，增强全民国防观念。

三、军队建设理论

江泽民指出，人民军队的革命化、现代化、正规化建设相互联系、相互促进，不能把它们割裂开来、对立起来，必须统一考虑、全面推进。要按照"政治合格、军事过硬、作风优良、纪律严明、保障有力"的总要求，加强军队的全面建设。使革命化、现代化、正规化建设的目标贯彻到军队各项工作中去。强调党对军队的绝对领导是我军永远不变的军魂，要把思想政治建设摆在全军各项建设的首位，确保党从思想上、政治上、组织上牢牢掌握军队；要具有牢固的战斗队思想、精湛的军事技术、良好的军事素质和快速高效的反应能力；要有良好的思想作风、工作作风、战斗作风和生活作风；要严格遵守法律法规和条令条例，做到令行禁止，一切行动听指挥；要及时、准确、高效地保障军队建设和作战需要，建立和完善三军一体、军民兼容、平战结合的联勤保障体制。

适应时代发展和中国安全环境的新形势，江泽民主持制定了新时期军事战略方针，把军事斗争准备的基点，从应对一般条件下的战争转变到打赢现代技术特别是高技术条件下的局部战争上。江泽民强调，必须紧紧抓住我军的现代化水平与打赢高技术战争的要求不相适应的矛盾，着力解决增强我军高技术条件下防卫作战能力的关键性问题。要以军事斗争准备为龙头，牵引和带动国防和军队现代化建设的整体推进，按照"整体谋求适度发展，局部争取大幅跃升"的原则，处理好军事斗争准备与现代化建设的关系、主要战略方向与其他战略方向的关系、重点项目建设与体系建设的关系，把军事斗争准备融入军队改革和现代化建设的全局中。

江泽民强调，要按照"三步走"的战略构想，争取在21世纪前50年逐步实现国防和军队信息化。要积极推进中国特色的军事变革，走以信息化带动机械化、以机械化促进信息化的跨越式发展道路，通过深化改革，实现军队

第三章　军事思想

建设的整体转型。要实施科技强军战略，把依靠科学进步提高战斗力摆在国防和军队建设的战略位置，增强国家的军事科技实力，全面提高军队建设的科技含量，调整改革体制编制，抓好人才战略工程，加快我军武器装备现代化建设步伐，实现我军由数量规模型向质量效能型、由人力密集型向科技密集型的转变。

江泽民国防和军队建设思想是"三个代表"重要思想的组成部分，主要回答了在世界新军事变革蓬勃进行、我国社会主义市场经济深入发展的历史条件下，如何积极推动中国特色军事变革，保证人民军队"打得赢、不变质"的问题，是当代中国军事领域实践经验的科学总结，是新的历史条件下国防和军队建设基本规律的集中体现，实现了党的军事指导理论的与时俱进。在江泽民国防和军队建设思想指引下，我军经受住了政治斗争、军事斗争和同严重自然灾害斗争的严峻考验，向全面建设一支强大的人民军队迈出了新的步伐。

知识链接

《江泽民国防和军队建设思想学习纲要》14个方面内容

（1）从国际战略全局和国家发展大局谋划国防和军队建设。
（2）解决好打得赢、不变质两个历史性课题。
（3）党对军队的绝对领导是我军永远不变的军魂。
（4）积极推进中国特色的军事变革。
（5）用新时期军事战略方针统揽军队建设全局。
（6）按照"五句话"总要求全面加强军队建设。
（7）始终把思想政治建设摆在军队各项建设的首位。
（8）实施科技强军战略，加强军队质量建设。
（9）培养和造就大批高素质的新型军事人才。
（10）加快我军武器装备现代化建设的步伐。
（11）走出一条投入较少、效益较高的军队现代化建设路子。
（12）坚持依法治军、从严治军。
（13）军队现代化建设动力在改革。
（14）依靠人民建设军队、建设国防。

第七节 胡锦涛国防和军队建设思想

新世纪新阶段，中国的发展进入了一个重要的战略机遇期。我军使命进一步拓展，承担的军事任务更加繁重，这对军事斗争准备和我军现代化建设提出了历史性的新要求。胡锦涛紧紧围绕"新世纪新阶段军队履行什么样的使命、怎样履行使命，实现什么样的发展、怎样发展，未来打什么样的仗、怎样打仗"等重大问题深入思考探索，提出了一系列紧密联系、相互贯通的新思想、新观点、新论断，形成了胡锦涛国防和军队建设思想，把我们党对军事力量建设和运用规律的认识提升到了新高度。

一、进一步认清新世纪新阶段我军肩负的历史使命

为党巩固执政地位提供重要的力量保证，为维护国家发展的重要战略机遇期提供坚强的安全保障，为维护国家利益提供有力的战略支撑，为维护世界和平与促进共同发展发挥重要作用，是新世界新阶段我军应当肩负的历史使命。各项建设都要围绕提高履行历史使命的能力来进行；要牢固树立与履行历史使命相适应的思想观念；要坚持把捍卫国家主权、安全、领土完整，保障国家发展利益和保护人民利益放在高于一切的位置，努力做到忠于使命、献身使命、不辱使命；要不断提高履行历史使命的能力，使我军真正做到适应新形势、肩负新使命、完成新任务、实现新进步。

二、坚持在国防和军队建设中贯彻落实科学发展观

要坚持党的十六大提出的国防建设和经济建设协调发展的方针，坚持以人为本、坚持全面、协调、可持续发展，不断提高国防和军队现代化建设的质量和效益，为建设一支同我国地位相称、同国家安全和发展利益相适应的军事力量创造持续发展的条件。胡锦涛强调，国防和军队建设贯彻落实科学发展观，必须全面准确把握科学发展观的深刻内涵和基本要求，把科学发展观贯彻落实到国防和军队建设的各个领域和全过程；坚持以推动国防和军队建设科学发展为主题、以加快转变战斗力生成模式为主线；按照革命化、现代化、正规化相统一的原则加强军队全面建设；把以人为本作为重要的建军治军理念；提高军队建设的整体质量和效益，努力走出一条投入较少、效益较高的国防和军队现

代化建设的路子。

三、切实加强和改进军队思想政治工作

胡锦涛强调，军队思想政治建设要从思想上、政治上、组织上确保我军始终成为党绝对领导下的人民军队，确保国防和军队建设科学发展，确保有效履行新世纪新阶段我军历史使命。要始终坚持党对军队绝对领导的根本原则和人民军队的根本宗旨，坚持把用中国特色社会主义理论体系武装全军作为首要任务，把培育忠诚于党、热爱人民、报效国家、献身使命、崇尚荣誉的当代革命军人核心价值观作为基础工程，把发展先进军事文化作为重要任务，把我军优良传统教育作为建军育人的战略措施。坚持紧贴时代发展、紧贴使命任务、紧贴官兵实际，着力增强思想政治建设的科学性。

胡锦涛军队建设总要求

胡锦涛国防和军队建设思想是科学发展观的重要组成部分，主要回答了在世界大发展大变革大调整、我国全面建设小康社会的历史条件下，如何推进国防和军队建设科学发展、全面履行新世纪新阶段历史使命的问题。在胡锦涛国防和军队建设思想的指导下，中国特色军事变革取得了重大成就，军队革命化、现代化、正规化建设协调推进、全面加强，军事斗争准备不断深化，履行新世纪新阶段我军历史使命的能力不断提高，国防和军队建设取得了历史性成就。

第八节 习近平强军思想

习近平强军思想是习近平主席在新的历史时期和世界背景下提出的新的军事理论，具有极其重大的时代价值和现实意义，对我国建设一支听党指挥、能打胜仗、作风优良的军队有着重要的指导意义，为新时期军队建设和改革提供了强有力的理论指导和行动指南。习近平强军思想是马克思主义军事理论中国化时代化的新飞跃，是党的军事指导理论的重大突破、重大创新、重大发展，为实现党在新时代的强军目标、把人民军队全面建成世界一流军队提供了科学指南和行动纲领。必须牢固确立习近平强军思想在国防和军队建设中的指导地位。

一、深刻认识习近平强军思想的重大里程碑意义

习近平强军思想,植根强国复兴新时代,指引强军兴军新征程,在马克思主义军事理论中国化进程中,在党的军事指导理论创新发展中,在我们党治国理政实践中,具有重大政治意义、理论意义、实践意义。

立起了新时代维护核心、听党指挥的看齐基准。维护核心、听党指挥,最内在最根本的是自觉向党中央看齐,向习主席看齐,向党的基本理论、基本路线、基本方略看齐。习近平强军思想作为习近平新时代中国特色社会主义思想的"军事篇",集中体现了党的意志主张,反映了党和人民对军队的时代要求,指明了军队建设坚定正确的政治方向;从新时代坚持和发展中国特色社会主义基本方略的高度,突出强调坚持党对人民军队的绝对领导,要求军队坚决维护党中央权威和集中统一领导,坚决维护和贯彻军委主席负责制,揭示了人民军队从胜利走向胜利的根本力量所在;始终坚持从政治上建设和把握军队,以党的政治建设为统领全面加强军队党的建设,确立了新时代政治建军的大方略,为我们提升政治站位、增强政治能力提供了根本遵循。新时代,军队以党的旗帜为旗帜、以党的方向为方向、以党的意志为意志,必须坚持用习近平强军思想统一思想、统一步调,坚定维护习主席在党中央和全党的核心地位,更加自觉地对党忠诚、听党指挥。

实现了马克思主义军事理论中国化时代化新飞跃。面对世情国情军情的深刻变化,面对强国强军的时代要求,习近平强军思想提出了一系列新思想新观点新论断,深刻阐明了新时代人民军队使命任务和强军的奋斗目标、建设布局、战略指导、必由之路、强大动力、治军方式、发展路径、政治保证、科学方法等重大问题,把我们党对军事力量建设和运用规律的认识提高到新水平,谱写了马克思主义军事理论中国化的新篇章。

提供了大踏步走中国特色强军之路的根本遵循。当今世界,新军事革命浪潮风起云涌,世界各国军事变革加速推进,抢夺军事优势的竞争异常激烈。而我军建设"两个差距很大""两个能力不够"的矛盾问题依然突出。习近平强军思想坚持目标导向和问题导向相统一,科学总结我们党建军治军的历史经验,深刻洞察国际战略形势和国家安全环境的发展变化,着眼于破解国防和军队建设中的突出矛盾问题,推动政治生态重塑、组织形态重塑、力量体系重塑、作风形象重塑,人民军队体制一新、结构一新、格局一新、面貌一新,在中国特色强军之路上迈出了坚实步伐。

丰厚了培养"四有"新时代革命军人的精神滋养。军人是以生命为代价,为祖国和平发展、民族兴旺发达、人民幸福生活彰显自身价值的特殊职业。实

现强军目标、建设世界一流军队，是中国军人守望、捍卫和平的崇高精神境界和价值指向。习近平强军思想蕴含着巨大真理力量和人格力量，与官兵有着天然的亲和力，是武装人、培养人、提高人的最好"教科书"。这一思想坚守中国共产党人的初心和使命，坚持人民军队性质、宗旨、本色，为新时代革命军人立起了坚不可摧的精神支柱；强调敢于斗争、敢于胜利，指出我军历来是打精气神的，"一不怕苦、二不怕死"的战斗精神永远都不能丢，为砥砺军人血性胆魄明确了努力方向；深刻揭示了和平对于人类发展的巨大价值，彰显了"能战方能言和""以武止戈""有备无患""不畏强暴""敢于斗争"等深邃道理，为新时代革命军人观察世界、思考使命价值提供了科学引领，为培养"四有"新时代革命军人、锻造"四铁"过硬部队提供了根本保证。

二、全面领会习近平强军思想的精神实质和丰富内涵

习近平强军思想内涵丰富、思想深邃，涵盖新时代国防和军队建设方方面面，构成一个系统完整、逻辑严密、相互贯通的科学军事理论体系。

明确强国必须强军，巩固国防和强大人民军队是新时代坚持和发展中国特色社会主义、实现中华民族伟大复兴的战略支撑。中华民族伟大复兴绝不是轻轻松松、敲锣打鼓就能实现的。国家越是发展壮大，面临的压力和阻力就越大。这是我国由大向强发展进程中无法回避的挑战，是实现中华民族伟大复兴绕不过的门槛。强国必须强军，军强才能国安。国防和军队建设是国家安全的坚强后盾，军事手段是实现伟大梦想的保底手段，军事斗争是进行伟大斗争的重要方面，打赢能力是维护国家安全的战略能力。军队必须服从服务于党的历史使命，把握新时代国家安全战略需求，为实现中华民族伟大复兴提供战略支撑。

明确党在新时代的强军目标是建设一支听党指挥、能打胜仗、作风优良的人民军队，必须同国家现代化进程相一致，力争到2035年基本实现国防和军队现代化，到本世纪中叶把人民军队全面建成世界一流军队。建设强大的人民军队是我们党的不懈追求。在各个历史时期，我们党都根据形势任务变化，及时提出明确的目标要求，引领军队建设不断向前发展。习近平主席在提出中国梦不久就提出强军梦，作出全面建设社会主义现代化强国战略部署的同时，提出实现党在新时代的强军目标，把人民军队全面建成世界一流军队。这是适应世界新军事革命发展趋势和国家安全需求，对军队建设目标作出的新概括新定位，内在要求建设强大的现代化陆军、海军、空军、火箭军、战略支援部队、联勤保障部队和武装警察部队，建设绝对忠诚、善谋打仗、指挥高效、敢打必胜的联合作战指挥机构，不断提高军队现代化水平和实战能力。

对党忠诚，听党指挥

明确党对军队绝对领导是人民军队建军之本、强军之魂，必须全面贯彻党领导军队的一系列根本原则和制度，确保部队绝对忠诚、绝对纯洁、绝对可靠。坚持党对军队的绝对领导是中国特色社会主义的本质特征，是党和国家的重要政治优势。抓军队建设首先要从政治上看，对党绝对忠诚要害在"绝对"二字。必须强化"四个意识"，严肃政治纪律和政治规矩，深入抓好军魂教育，坚决维护权威、维护核心，坚决维护和贯彻军委主席负责制，全面彻底肃清郭伯雄、徐才厚流毒影响，坚决抵制"军队非党化、非政治化"和"军队国家化"等错误政治观点的影响，提高坚持党对军队绝对领导的政治自觉和实际能力，确保党指挥枪的原则落地生根。军队高级干部必须对党忠诚、听党指挥，做对党最赤胆忠心、最听党的话、最富有献身精神的革命战士。

相关链接：
坚决听党指挥是我们的建军之魂、强军之魂

明确军队是要准备打仗的，必须聚焦能打仗、打胜仗，创新发展军事战略指导，构建中国特色现代作战体系，全面提高新时代备战打仗能力，有效塑造态势、管控危机、遏制战争、打赢战争。人民军队永远是战斗队，人民军队的生命力在于战斗力。必须贯彻新形势下军事战略方针，把备战与止战、威慑与实战、战争行动与和平时期军事力量运用作为一个整体加以运筹，牢固树立战斗力这个唯一的根本的标准，提高军事训练实战化水平，扎实做好各方向各领域军事斗争准备，聚力打造精锐作战力量，着力建设一切为了打仗的后勤，加快构建适应信息化战争和履行使命要求的武器装备体系，加快建设以联合作战指挥人才为重点的高素质新型军事人才队伍，发扬"一不怕苦、二不怕死"的战斗精神，锻造召之即来、来之能战、战之必胜的精兵劲旅。

明确作风优良是人民军队的鲜明特色和政治优势，必须加强作风建设、纪律建设，坚定不移正风肃纪、反腐惩恶，大力弘扬党和军队的光荣传统与优良作风，永葆人民军队性质、宗旨、本色。作风优良才能塑造英雄部队，作风松散可以搞垮常胜之师。军队要恪守全心全意为人民服务的宗旨，牢记为人民扛枪、为人民打仗的神圣职责，始终做人民信赖、人民拥护、人民热爱的子弟兵。把理想信念的火种、红色传统的基因一代代传下去，加强党史军史和光荣传统教育，永葆老红军的政治本色。军中绝不能有腐败分子藏身之地，要锲而不舍、驰而不息地把作风建设和反腐败斗争引向深入，努力铲除腐败现象滋生蔓延的土壤，积极培育风清气正的政治生态。严肃各项纪律，坚持严字当头、一严到底，下大气力治松、治散、治虚、治软，用铁的纪律凝聚铁的意志、锤炼铁的作风、锻造铁的队伍。各级领导干部要以行动作无声的命令，以身教作执行的榜样，带动形成崇尚实干、敢于担当、主动作为的良好氛围。

明确推进强军事业必须坚持政治建军、改革强军、科技兴军、依法治军，更加注重聚焦实战、更加注重创新驱动、更加注重体系建设、更加注重集约高效、更加注重军民融合，全面提高革命化、现代化、正规化水平。政治建军是军队的立军之本，任何时候任何情况下都不能有丝毫松懈；改革是决定军队未来的关键一招，必须大刀阔斧实施改革强军战略；科学技术是核心战斗力，必须下更大气力推进科技兴军、赢得军事竞争主动；军队越是现代化越要法治化，必须厉行法治、从严治军。贯彻"五个更加注重"战略指导，必须强化作战需求牵引，提高军队建设实战水平；下大气力抓理论创新、抓科技创新、抓科学管理、抓人才集聚、抓实践创新，靠改革创新实现新跨越；坚持成体系筹划和推进军事力量建设，全面提高军队体系作战能力；坚持以效能为核心、以精确为导向，提高国防和军队发展精准度；深入实施军民融合发展战略，加快把军队建设融入经济社会发展体系，实现国防和军队建设更高质量、更高效益、更可持续的发展。

明确改革是强军的必由之路，必须推进军队组织形态现代化，构建中国特色现代军事力量体系，完善中国特色社会主义军事制度。深化国防和军队改革，是为了设计和塑造军队未来。领导管理和作战指挥体制改革，以重塑军委机关和战区为重点，强化中央军委集中统一领导和战略指挥、

全军战士坚决拥护支持投身改革

战略管理功能，建立"军委管总、战区主战、军种主建"的新格局，形成决策权、执行权、监督权既相互制约又相互协调的运行体系，构建平战一体、常态运行、专司主营、精干高效的战略战役指挥体系。规模结构和作战力量体系改革，按照"调整优化结构、发展新型力量、理顺重大比例关系、压减数量规模"的要求，推动军队由数量规模型向质量效能型、由人力密集型向科技密集型转变，部队编成向充实、合成、多能、灵活方向发展。军队政策制度调整改

革，着力立起打仗的鲜明导向，营造公平公正的制度环境，使军事人力资源配置达到最佳状态，让军人成为全社会尊崇的职业，把军队战斗力和活力充分激发出来。

明确创新是引领发展的第一动力，必须坚持向科技创新要战斗力，统筹推进军事理论、技术、组织、管理、文化等各方面创新，建设创新型人民军队。创新能力是一支军队的核心竞争力，也是生成和提高战斗力的加速器。必须把创新驱动发展的引擎全速发动起来，善于运用新理念、新思路、新方法推进军队各项建设。要加快形成具有时代性、引领性、独特性的军事理论体系，依靠科技进步和创新把军队建设模式和战斗力生成模式转到创新驱动发展的轨道上来，下大气力推进军事管理革命，努力培养造就宏大的高素质创新型军事人才队伍，大力弘扬创新文化，激励官兵争当创新的推动者和实践者，使谋划创新、推动创新、落实创新成为全军的自觉行动。

明确现代化军队必须构建中国特色军事法治体系，推动治军方式根本性转变，提高国防和军队建设法治化水平。一支现代化军队必然是法治军队。强化法治信仰和法治思维，坚持依法治官、依法治权，领导干部带头尊法学法守法用法，引导官兵把法治内化为政治信念和道德修养，外化为行为准则和自觉行动。构建系统完备、严密高效的军事法规制度体系、军事法治实施体系、军事法治监督体系、军事法治保障体系，坚决维护法规制度权威性，强化法规制度执行力。推动实现从单纯依靠行政命令的做法向依法行政的根本性转变，从单纯靠习惯和经验开展工作的方式向依靠法规和制度开展工作的根本性转变，从突击式、运动式抓工作的方式向按条令条例办事的根本性转变，形成党委依法决策、机关依法指导、部队依法行动、官兵依法履职的良好局面。

明确军民融合发展是兴国之举、强军之策，必须坚持发展和安全兼顾、富国和强军统一，形成全要素、多领域、高效益军民融合深度发展格局，构建一体化的国家战略体系和能力。把军民融合发展上升为国家战略，是我们党长期探索经济建设和国防建设协调发展规律的重大成果，是从国家发展和安全全局出发作出的重大决策，是应对复杂安全威胁、赢得国家战略优势的重大举措。着眼经济实力和国防实力同步增长，强化统一领导、顶层设计、改革创新和重大项目落实，同步推进体制和机制改革、体系和要素融合、制度和标准建设，完善军民融合组织管理体系、工作运行体系、政策制度体系，逐步实现国家各领域战略布局一体融合、战略资源一体整合、战略力量一体运用，努力开创经济建设和国防建设协调发展、平衡发展、兼容发展新局面。

三、努力掌握习近平强军思想蕴含的科学立场观点方法

习近平强军思想蕴含着辩证唯物主义和历史唯物主义的立场观点方法，凝结着共产党人的理想信念、价值追求、思想风范，体现了我们党新时代建军治军的先进理念、指导原则、高超艺术，为强军制胜提供了科学的思想方法和工作方法。

勠力强军兴军的使命担当。习近平强军思想，贯穿的一个高频词就是"担当"，嘱托最多的就是"使命"，生动展现了以党和人民为念，以国家主权、安全、领土完整为念，以国防和军队建设为念的深厚革命情怀。党的十九大闭幕不久，习主席就带领新一届军委班子成员视察军委联指中心、发出备战打仗号令，新年伊始出席中央军委开训动员大会、发布训令。这一系列重大实践活动，彰显的是对初心的坚守，传递的是对使命的担当。这种担当精神，体现为矢志实现中国梦强军梦的抱负追求，体现为以身许党许国的崇高品格，体现为跑好历史接力赛中我们这一棒的政治自觉。这是激励我们不负党和人民重托、担当新时代军队使命任务的精神力量。

军事服从政治的战略智慧。"凡战法必本于政胜。"马克思主义认为，军事是实现政治目的的工具和手段。习近平强军思想，把握政治、经济、外交与军事之间日益增强的相关性整体性，始终从实现民族复兴大目标认识和筹划战争问题，从党和国家事业发展全局出发统筹推进国防和军队建设，着眼国家政治外交大局和国家安全战略全局筹划指导军事行动。这是对马克思主义战争观军事观的丰富发展，贯穿着军事服从政治、战略服从政略的大逻辑，为打好政治军事仗、军事政治仗提供了根本指导。

勇于破解矛盾的问题导向。抓住关节点、奔着问题去，是矛盾论的时代运用。习主席在领导强军实践中，坚持直面问题、勇于变革、攻坚克难，从纠治"四风"、开展"四个整顿"到全面彻底肃清郭伯雄、徐才厚流毒影响，从解决军事斗争准备短板弱项到向"和平积习"开刀，从突破思想观念障碍、利益固化藩篱到坚决突破各方面体制机制弊端，从解决治党治军"宽松软""权力任性"到推动治军方式根本性转变等，有效解决了制约军队建设和发展的深层次矛盾问题。这些都体现了拨乱反正、正本清源的问题意识和问题思维，为我们找准工作突破口、开拓事业新局面提供了科学方法。

防范风险挑战的忧患意识。"备豫不虞，为国常道"。面对波谲云诡的国际形势、复杂敏感的周边环境、艰巨繁重的斗争任务，习主席主席郑重告诫全党全军，必须居安思危、知危图安，时刻准备进行具有许多新的历史特点的伟大斗争，保持"三个高度警惕"，重点防控可能迟滞或中断中华民族伟大复兴进

程的全局性风险。每次重要会议、每临重大事件,习主席主席总是高度重视分析面临的风险挑战,深入研判国家安全威胁,既高度警惕"黑天鹅"事件,又防范"灰犀牛"事件;既预置防范风险的先手,又提出应对和化解风险挑战的高招;既注重打好防范和抵御风险的有准备之战,又注重打好化险为夷、转危为机的战略主动战。这对于我们强化如履薄冰的谨慎、居安思危的忧患,应对重大挑战、抵御重大风险、克服重大阻力、解决重大矛盾,杜绝出现战略性、颠覆性错误,提供了方法论指导。

主动谋势造势的进取品格。良好战略环境是要争取的,不可能坐等天下太平。习主席主席坚持和发展我们党积极防御战略思想,充分发挥军事力量的战略功能,营造于我有利的战略态势。军事战略指导实现与时俱进,增强了进取性和主动性,赋予了积极防御战略思想新的内涵。积极开展钓鱼岛维权斗争,划设东海防空识别区,组织海空力量出岛链常态巡航,实施海外护航撤侨行动,加强边境管控、反恐维稳等,这些都坚持以防御为根本、在"积极"二字上做文章,体现了超前谋划、主动作为的战略进取观,体现了既坚守底线又敢于亮剑的斗争艺术。

求实务实落实的领导作风。我们党和军队是靠实事求是起家的,也要靠实事求是赢得未来。党的十八大以来国防和军队建设的巨变,是习主席主席带领全军干出来的。习主席主席反复强调并身体力行实干兴邦、实干兴军,号召撸起袖子加油干;厉行"三严三实",真抓实干、埋头苦干,多干打基础、利长远的工作;调查研究"身入"更要"心至",把功夫下到查实情、出实招、办实事、求实效上;强化落实意识,增强落实本领,对部署的任务要雷厉风行,不能拖拖拉拉;坚持一张蓝图干到底,以踏石留印、抓铁有痕和"钉钉子"精神做实做细做好各项工作,等等。这是马克思主义实践标准、党的实事求是思想路线在军事指导上的运用,是把新时代强军蓝图变成现实的作风保证。

锐意开拓奋进的创新精神。习近平主席主席把改革创新作为军队建设发展的根本动力,强调身子转过来了,脑子也要转过来,主动来一场思想革命、头脑风暴,从一切不合时宜的思维定式、固有模式、路径依赖中解放出来;号召把改革进行到底,推动人民军队从领导体制到工作机制、从战斗力到精气神、从思想作风到工作作风等发生脱胎换骨式的变化;决策实施科技创新战略,构建军民融合科技创新体制,设立国防科技创新特区,国防科技和武器装备建设加快由跟跑并跑向并跑领跑转变。我国自主设计的航空母舰"山东舰"入列,"歼-20""运-20""直-20"等先进武器装备列装部队,"天河二号"超级计算机、"北斗三号"卫星工程等一批关键技术实现重大突破。这些传承了中华民族"苟日新,日日新,又日新"的精神禀赋,体现了以改革创新为核心的时代精神，是激励我们矢志强军、迈向一流的动力源泉。

四、坚持把习近平强军思想贯彻到国防和军队建设各领域全过程

在强国复兴的新征程，要把党的十九大描绘的强军蓝图化为现实，把人民军队全面建成世界一流军队，必须深入学习贯彻习近平强军思想，使这一最新军事指导理论在官兵头脑中深深扎根，在部队各项建设中全面落地。

坚持不懈用习近平强军思想武装全军。每一次党的指导思想的与时俱进，都伴随一场持续深入的理论武装。新时代的大学习首先是新思想的大武装。要按照习近平主席"走在前列""关键要实"的要求，把学习贯彻习近平新时代中国特色社会主义思想作为重大政治任务，突出学好习近平强军思想，在体系学习、举旗铸魂、知行合一、转化运用上下功夫见成效，切实学懂弄通做实。贯彻党中央开展"不忘初心、牢记使命"主题教育的部署，在全军开展"传承红色基因、担当强军重任"主题教育，引导官兵更加坚定自觉地维护核心，坚决听习主席指挥、对习主席负责、让习主席放心。坚持把改造学习、整顿学风贯穿学习教育全过程，纠治空泛表态、表面文章、学用脱节、严下不严上等问题，立起真学实做的好学风，学出坚定信仰，学出绝对忠诚，学出使命担当。

始终聚焦备战打仗这个主责主业。习近平主席指出，军队讲新气象新作为，归根结底要看练兵备战这一条。学理论要联系实际、务求实效，最大的实际、最大的实效就是要落到备战打仗上。要强化练兵备战鲜明导向，摆正工作重心，坚持战斗力标准，增强忧患意识、底线思维、敌情观念，做到一切工作向能打仗、打胜仗聚焦。坚定不移把军事训练摆在战略位置、作为中心工作，大抓实战化军事训练，端正训风演风，开展群众性练兵比武活动，牢牢掌握能打仗、打胜仗的过硬本领。对"和平积习"来一个大起底、大扫除，下决心把那些悖离打仗要求的繁文缛节、惯性做法清除掉，推动全军回归战斗队本真。

相关链接：
中国军队：吹响练兵备战的时代号角

着力在解决问题、推动工作上下功夫。思想利箭不是用来欣赏和赞美的，而是为了射入靶心，学懂弄通是为了干好工作。要从回答"统帅之问"入手，以习近平主席点的问题为突破口，用好习近平强军思想的锐利武器，在解决一个个实际问题中推动工作落实。保持政治整训劲头和力度，深入贯彻古田全军

政治工作会议精神，全面彻底肃清郭伯雄、徐才厚流毒影响，持续纯正部队政治生态。保持改革的定力、恒心、韧劲，紧盯运行机制、政策制度滞后等影响改革效能的矛盾问题，已有的改革成果要巩固拓展，已经推出的改革方案要狠抓落实，没有完成的改革任务要加紧推进。保持创新活力，解决国防科技创新基础研究不够厚实、核心关键技术受制于人、创新成果转化运用不够等突出问题，提高科技创新对军队建设和战斗力发展的贡献率。保持严明纪律，解决思想不严、管理不严、纪律不严、工作不严等问题，把从严治军贯穿部队建设各领域全过程。

领导干部坚持以上率下、真学实做。领导干部信念过硬、政治过硬、责任过硬、能力过硬、作风过硬，是最有力的动员。要带头加强学习，加强实践锻炼，提高做好各项工作的本领；带头真抓实干，弘扬勤政务实作风，深入开展调查研究，同形式主义、官僚主义坚决斗争，把工作抓紧抓实、抓出成效；带头从严要求，做到心有所畏、言有所戒、行有所止，要求部队做的，自己首先做好，要求部队不做的，自己坚决不做；带头廉洁自律，把洁身自好作为第一关，从小事小节做起，坚决反对特权思想、特权现象，习惯在受监督和约束的环境中工作生活，时时处处作好表率，发挥"头雁效应"，带领部队把新时代强军事业推向前进，坚决完成党和人民赋予的新时代使命任务。

相关链接：
深入学习贯彻习近平强军思想，不断夺取新时代强军事业新胜利

思考题

1. 什么是军事思想？军事思想主要包括哪些内容？
2. 外国军事思想的主要内容是什么？
3. 中国古代军事思想的主要内容是什么？
4. 毛泽东人民战争思想的基本理论观点是什么？
5. 邓小平新时期军队建设思想的基本内容是什么？
6. 习近平强军思想的内涵是什么？

第四章　现代战争

> **教学目标**
>
> 了解战争的内涵和发展历程，理解新军事革命的内涵和发展演变，掌握机械化战争、信息化战争的形成、主要形态、特征、代表性战例和发展趋势，使学生深入认识打赢信息化战争的必要性。

第一节　战争概述

什么是战争，战争是怎样产生的，又是怎样变化发展的？战争会不会消亡？只有把这些理论问题弄清楚了，我们才能认清战争，正确对待战争。

一、战争的内涵

战争是国家、政治集团和民族之间为了一定的政治、经济等目的而进行的武装斗争，是一种特殊的社会历史现象。在阶级社会，战争是用以解决民族和民族、国家和国家、阶级和阶级、政治集团和政治集团之间矛盾的最高斗争形式，是政治通过暴力手段的继续。人类社会出现过多种类型的战争。按战争性质分，有正义战争和非正义战争；按社会形态分，有原始社会后期的战争，奴隶社会时期的战争、封建社会时期的战争和资本主义社会时期的战争等；按战争形态分，有冷兵器战争、热兵器战争、机械化战争以及正在形成中的信息化战争；按是否使用核武器，分为常规战争和核战争；按战争规模分，有世界大战、全面战争和局部战争；按作战空间分，有陆上战争、海上战争和空中战争等。战争对人类的安危、民族的兴衰、国家的存亡、社会的进步与倒退产生的重要影响。战争将长期存在于人类社会，并对人类社会历史的发展继续发挥重要作用。战争的消亡是有条件的，将经历一个久远的、逐步的过程。只有随着生产力的高度发展和社会的极大进步，随着私有制和阶级的消亡，随着国家或政治集团间根本利害冲突的消失，战争才会最终失去赖以生存的土壤，退出人类历史舞台。

二、影响和制约战争的主要因素

战争既与敌对双方的政治、经济、军事、科学技术等因素密切相关，又是在一定的时间和地理环境等自然条件下进行的。这些因素和条件加上人们的主观能动性，构成战争的整体，推动战争的发展，导致一定的结局。

（一）政治因素

战争是政治的继续。政治规定战争的最终目的，战争为一定的政治目的服务。敌对双方政治上的矛盾斗争尖锐到用和平方式不能解决时，便诉诸武力，即用战争方式实现各自的政治目的。战争的政治目的规定和体现着战争的性质，影响着人心向背，制约着战争的胜负。政治对战争的制约作用，还体现在战争的规模、强度、持续时间及战略目标、作战方针、作战方法等方面。战争中的精神力量也来自政治，革命的政治工作是革命战争的生命线。但战争不等于一般的政治，它是流血的政治；战争不等于一般性的政治行动，它是政治斗争的最高形式。战争有自身特殊的组织、特殊的方法、特殊的形式，即军队及其指挥系统、战略战术、攻防进退的交替运用等。人们如果不能正确地认识和掌握这些特殊性并加以有效运用，即使是正义战争也难以取得胜利。

（二）经济因素

政治是经济的集中表现，战争的政治目的基础在于经济利益。经济因素是人类社会发展的最基本动因，也是战争这种社会矛盾的最基本动因。战争的产生、发展和消亡，植根于生产力和生产关系的矛盾运动。一场具体的战争，往往是由经济利益的冲突所引起，最终追求的还是经济利益。经济力量是战争的物质基础。兵员的数量与质量，武器装备的种类和水平，军队的组织结构和作战方式，军队的费用和物资消耗，战争的进程和结局等，都依赖于经济条件，依赖于人力、物力和财力的支持。战争越现代化，对经济的依赖性就越大。

（三）军事因素

战争是敌对双方军事力量的较量，军事力量是直接决定战争胜负的因素。军事力量包括军事实力和军事潜力。军队是主要的军事力量，战争是由军队和其他武装力量进行的。军队建设水平的高低、战斗力的强弱，是影响和制约战争胜负的最基本、最直接的因素。兵员素质高、武器装备精良、体制编制合理、组织指挥得当，就易于取得战争的胜利。强胜弱败是战争的一般规律。军队的组成因素主要是人和武器装备，而人又是决定因素。弱者要战胜强者，必须充分发挥人的因素的作用，掌握先进的军事思想和实施正确的战争指导，扬长避短，以便战胜对方。战争随着武器装备的发展而发展，军队进行现代战争，必须加强自身的现代化建设，不断提高信息化条件下的作战能力，以适应信息时代战争的要求。

精良的武器装备

（四）科学技术因素

战争形态的演变与战争力量的强弱都受到科学技术的制约。科学技术是战争发展变化的重要推动力量。科学技术的重大突破并优先运用于战争，必然引起武器装备、军队组织结构和作战方式的变革，战争的形态、规模、强度、范围等随之发生变化。科学技术是决定战斗力强弱并影响战争胜负的重要因素。在军队战斗力诸要素中，武器装备是军事技术的物化形式，武器与人员的结合方式也受到科学技术发展水平的制约。特别在信息化条件下，科学技术在战争中的含量越来越大，在构成战斗力的诸要素中所占比例越来越高，对战斗力诸要素的提升作用越发突出，军队战斗力的增长在很大程度上正是通过科学技术的进步并运用于军事实现的。

（五）地理环境因素

地理环境是战争的一种客观条件。战争都是在一定的时间、空间进行的，不仅受地貌、气候、水文、植被等自然地理环境的制约，而且受人文地理环境的影响。地理环境可影响到作战形式、规模、效果等。战争受地理环境的制约可在战争实践中对地理环境加以利用或改造。现代科学技术和武器装备的发展，特别是全天候、全方位、机动能力强的高效能新式武器装备的出现，使地理环境对战争的影响出现了弱化趋势，但战争受地理环境的制约仍是客观规律。

（六）主观因素

战争是客观的物质力量较量，又是主观的精神力量抗争。军事、政治、经济、科技、地理、国际关系等诸条优势，为战争的胜利提供了客观的物质基础，但要把可能变为现实，必须把客观因素与主观努力结合起来，充分发挥主观因素即人的主观能动性，才能引导战争向着有利于己方的方向发展，争取战争的胜利。在战争中，人们不能超越客观条件许可的限度企求战争的胜利，但可以在客观条件许可的范围内充分发挥主观能动性作用，为克敌制胜创造条件。发挥主观能动性作用的关键在于对战争的主观认识要与战争的客观实际相符合，科学地认识战争，驾驭战争的发展变化，正确地指导和实施战争。"知彼知己，百战不殆"，揭示了人们在战争中发挥主观能动性的基本规律。要正确地指导战争，就要正确地发挥主观能动性，使战争的主观指导始终和战争的实际情况相一致，才能将战争引向胜利的彼岸。

三、战争的发展历程

战争的发生、发展经历了久远的历史过程。

（一）原始社会后期的战争

人类在原始社会母系氏族时期已出现原始形态的部落与部落之间的战争。那时，人们在以血缘关系为纽带的共同体组织内生产和生活。在部落组织外部，人们在从事采集狩猎或原始农业活动中，或由于天灾、人口增殖等原因引起的部落迁徙过程中，为了争夺赖以维持生存的土地、河流、山林等自然资源，出现了部落组织之间的冲突乃至战争。战争的组织由氏族部落全体成年男子组成，作战武器是生产活动中使用的石制、木制、骨制工具，即所谓"以石为兵""弦木为弧，剡木为矢"。进入父系氏族时期，战争越来越多地嬗变为掠夺土地、财物和奴隶的手段。战争加速了原始社会的瓦解，促进了私有制、阶级和国家的形成。

（二）奴隶社会时期的战争

战争伴随着国家的形成不断完备和发展。奴隶社会既有奴隶与奴隶主的尖锐对立，又有新生的奴隶制政权与旧氏族部落势力的对抗，还有奴隶主之间的斗争，后期则出现了新兴封建势力与维护奴隶制旧势力的冲突。这些矛盾的发展，便形成了奴隶制时代的众多战争。奴隶社会进行战争的军队主要有车兵和步兵，后期出现了水军。军队成员来自贵族和平民的子弟，奴隶只能充作军中杂役。武器为冷兵器，早期有木石的，后来便以铜制兵器为主。战争样式主要是车战和步战，也有水战或海战。野战主要是敌对双方组成密集阵型，依靠冲杀格斗决定胜负。筑城技术在战争中得到一定发展，城池、关隘要塞的攻防作战已相当普遍。

奴隶社会出现了许多总结战争经验的理论著述。中国商代的甲骨文已有较多战争活动的记载。西周及春秋时期的古籍《尚书》《周易》《诗经》《军政》《军志》《左传》等都记述了战争活动，提出了一些反映战争规律的理论。特别是孙武所著的《孙子兵法》，提出了许多至今仍具有强大生命力的驾驭战争的理论原则。古希腊和古罗马的一些历史著作，记载了希波战争、伯罗奔尼撒战争、亚历山大东征等战争情况，蕴含着一定的战争理论。

（三）封建社会时期的战争

封建社会的主要矛盾是地主阶级和农民阶级的矛盾，同时还存在地主阶级内部的矛盾，以及国家之间、民族之间的矛盾，这些矛盾的发展便导致了这一时期的各种战争。封建社会的战争规模已有很大发展，这既是社会经济和人口发展的结果，同时还与兵源的扩大有关。军队的构成有陆军和水军（海军），陆军中除车兵被逐步取代外，主要是步兵和骑兵，骑兵在战争中常起重要的作用。铁制的冷兵器是军队的基本装备。10世纪，中国将火药应用于军事以后，战争即进入火器与冷兵器并用的时代。作战方式主要有围绕攻城略地或守城卫土而进行的骑战和步战，快速机动、远程奔袭、迂回包围等战法大发展。筑城守备、攻城技术战术及工程部队也有所发展。

知识链接

冷兵器

冷兵器是不带有火药、炸药或其他燃烧物，在战斗中直接杀伤敌人，保护自己的近战武器装备。广义的冷兵器指冷兵器时代所有的作战装备。冷兵器的发展经历了石器时代、青铜时代和铁器时代三个阶段。冷兵器按材质分为石、骨、蚌、竹、木、皮革、青铜、钢铁等兵器；按用途分为进攻性兵器和防护装具，进攻性兵器又可分为格斗、远射和卫体三类；按作战方式分为步战兵器、车战兵器、骑战兵器、水战兵器和攻（守）城器械等；按结构形制分为短兵器、长兵器、抛射兵器、系兵器、护体装具、战车、战船等。火器时代开始后，冷兵器已不是作战的主要兵器，但因具有特殊作用，故一直沿用至今。

中国封建社会战争频仍，积累了丰富的战争经验，推动了战争理论的繁荣。兵学著作《吴子兵法》《孙膑兵法》《尉缭子》《司马法》《六韬》《三略》《李卫公问对》等，重点阐述战争观、战争指导法则及战争力量建设，提出了许多至今仍具有重要价值的理论观点，丰富和发展了战争理论。中世纪欧洲的战争理论著作为数不多,《将略》和《战争艺术》内容涉及战争力量建设、编成及战法运用等。

(四)资本主义社会时期的战争

17世纪中叶以来,随着生产力的发展和资产阶级革命的发生,欧洲、美洲一些国家打破了封建制度的束缚,先后进入资本主义社会。资本主义在确立和发展过程中出现了一系列社会矛盾,如资产阶级要求打破旧制度旧秩序与封建主维护旧制度旧秩序的矛盾,资产阶级国家对外侵略和殖民掠夺同被侵略被掠夺国家的矛盾,资产阶级国家之间为争夺世界势力范围而产生的矛盾等,这些矛盾的发展经常导致战争。随着封建制度的瓦解,资本主义机器大工业的建立和发展,加速了社会经济和科学技术的发展,推动了军事技术的进步,为战争的发展变化提供了必要条件。铁路、轮船的出现,增强了军队的后勤补给和机动力;枪炮等武器装备的不断改进,增大了射程和毁伤力;装甲列车、装甲战舰的出现和工程技术的发展,促进了军队作战能力的增强。资本主义国家实行义务兵役制,采用正规的军、师、旅、团、营、连编制,制定统一的操典、教范和号令,建立起庞大的陆军和海军。陆军中有步兵、骑兵、炮兵、工兵和辎重兵等。军队还建立了各级司令部和总参谋部。海军由舰队、基地、陆战队组成独立进行海上作战的体系。蒸汽铁甲舰逐步取代木帆船,并开始装备大口径远射程线膛火炮。战争形态由此演变为热兵器战争。一些战略家从不同侧面对战争力量建设和运用进行阐述,初步探索了新的战争理论,并在着重总结拿破仑战争经验的基础上,提出了较为系统的战争理论。

19世纪末至20世纪初,各主要资本主义国家先后从自由资本主义发展到垄断资本主义,进入帝国主义阶段。垄断资产阶级对广大劳动人民剥削的加深,帝国主义列强对殖民地人民掠夺和压迫的加剧,国际垄断资本集团之间争夺的激化,帝国主义国家经济、政治发展的不平衡和重新瓜分世界的斗争,使资本主义世界矛盾重重,阶级、民族和国家之间矛盾尖锐复杂,因而爆发了一系列战争。其中,第一次世界大战和第二次世界大战的规模、强度和影响,在世界战争史上是空前的。第二次世界大战中,不但使用了大量的火炮、坦克、飞机、军舰等现代武器装备,还首次使用了导弹、原子弹和雷达技术。战争从热兵器战争发展到机械化战争,战争空间由陆地、海洋扩大到空中。大规模战争包括一系列战役行动,合同作战成为基本的作战样式,战争的破坏性、残酷性空前增大,战争理论也获得了长足发展,出现了空中战争论、机械化战争论以及总体战、闪击战等新的战争理论。

第二次世界大战后,形成了分别以美国、苏联为首的两大集团相互对抗的国际战略格局。两大集团的对抗与争夺,使人类社会笼罩在世界大战乃至核战争的阴影下。世界大战、核战争虽未发生,但局部战争和武装冲突频仍。20世纪50年代至70年代中期,与工业时代的大规模和集约化生产方式相适应,战争形态仍表现为机械化战争,但火力战的强度、机动战的速度、攻坚战的能力等都较第二次世界大战有了明显提高,战争的立体性、总体性和破坏性等有了很大增强。70年代中期以来,随着新技术革命在世界范围内蓬勃兴起,计算机技术、精确制导技术、航天技术、生物技术、新材料技术和洋海技术等愈来愈广泛地运用于军事领域,推动着战争形态新的演变。主要特点是战争行动节奏加快,战争力量的对抗表现为敌对双方体系与体系的较量,战争空间由陆地、海洋、空中向外层空间、电磁领域延伸和发展,前方后方界线模糊,军事和非军事融为一体,制陆权、制海权、制空权、制信息权和制天权交互为用,空地海天一体的机动战、电子—火力瘫痪战、海空封锁战、特种作战、精确作战等成为主要作战方式。这些特点集中地反映在海湾战争、科索沃战争、阿富汗战争、伊拉克战争和利比亚战争中,显示出战争已由机械化战争开始向信息化战争过渡和嬗变。在战争理论上,一些军事大国提出了核战争理论、特种战争理论、低强度冲突理论、高技术局部战争理论、信息化理论等,代表作有《核武器与对外政策》《高边疆——新的国家战略》《军事战略》等。

空海一体战

相关链接:
美国制定空地一体战构想

(五)无产阶级革命战争

无产阶级和资产阶级是同时产生、利益根本对立的阶级,资产阶级的残酷经济剥削和政治压迫,迫使无产阶级多次发动武装起义。1871年的巴黎公社起义,是无产阶级用武力推翻反动统治、建立无产阶级专政的首次尝试。无产阶级登上政治舞台,在战争理论上同样有自己的卓越表现。马克思、恩格斯运用辩证唯物主义和历史唯物主义研究战争,探索战争的本质和规律,深刻地阐明了无产阶级的战争观,阐述了无产阶级关于军队的学说和武装起义的理论,为被压迫阶级、被压迫民族的革命战争创立了科学的理论,为人类科学地研究和解决战争与军队问题奠定了坚实的理论基础。列宁深刻地分析了帝国主义的特点及其发展不平衡的规律，指出帝国主义是现代战争的根源，科学地阐明了战争与革命、战争与和平的基本原理，论述了无产阶级对待正义战争和非正义战争的态度，提出了利用帝国主义链条上的薄弱环节，变帝国主义战争为国内战争的口号，并最终实现了社会主义革命的胜利。列宁发展了马克思主义的战争理论，在实践上为无产阶级依靠革命战争取得并巩固国家政权提供了成功的范例。斯大林继承和实践了列宁关于无产阶级革命战争的理论，在领导苏联人民反法西斯的卫国战争中作出了重大贡献。

（六）中国人民革命战争

中国共产党领导的新民主主义革命的胜利，结束了中国半殖民地半封建社会的历史。以毛泽东为代表的中国共产党人，把马克思列宁主义普遍原理与中国革命的实际情况相结合，在1927年大革命失败后，选择了在农村发动革命，以农村包围城市，最后夺取全国政权的道路，先后进行了土地革命战争、抗日战争和解放战争。中国人民革命战争是一场新型的人民战争，在广度和深度上超过以往所有的革命战争。经过长期的革命战争，中国共产党领导人民，以劣势装备打败了优势装备的敌人，赢得了战争的胜利。中华人民共和国成立后，中国人民又进行了抗美援朝战争和历次边境自卫作战，为维护世界和平作出了积极贡献。在长期的革命战争中，中国共产党人以马克思列宁主义的战争理论为指导，汲取了中华民族丰富的战争理论遗产和西方资产阶级战争理论精华，集中人民群众的智慧，创立了符合中国革命战争规律的、以人民战争理论为核心内容的毛泽东军事思想。毛泽东军事思想深刻地阐明了科学的战争观和方法论，创造性地提出了人民战争及其战略战术理论，为取得中国革命的胜利提供了科学的思想武器，成为20世纪最具特色最有影响的革命战争理论。

在新的历史条件下，邓小平坚持毛泽东军事思想的指导地位，准确地把握了和平与发展的时代主题，科学地分析了国际形势的变化，确定国防和军队建设指导思想实行战略性转变，强调坚持积极防御的战略方针，创造性地回答了现代条件下人民战争的重大理论和实践问题，丰富和发展了毛泽东人民战争理论。在国内外形势发生重大变化和世界军事革命迅猛发展的新时期，江泽民以与时俱进、开拓创新的精神，确定新时期军事斗争准备的基点，由应对一般条件下的局部战争转到打高技术条件下的局部战争，努力完成机械化和信息化建设的双重历史任务，提出了国防和军队建设跨世纪发展的宏伟目标，为马克思主义的人民战争理论宝库增添了新的时代内容。

进入21世纪，根据中国国防环境出现阶段性变化的实际，紧紧围绕做好军事斗争准备问题，胡锦涛提出了一系列国防和军队建设的重要思想。特别是科学发展观的提出，对包括国防建设在内的国家建设事业发展全局具有重大的指导意义。坚持科学发展观能够有效地推动中国国防和军队建设又好又快的发展，提高人民军队应对危机、维护和平、遏制战争、打赢战争的能力，确保中国人民解放军履行好新阶段的历史使命。党的十八大以来，根据国际国内形势的新变化新特点，习近平主席提出努力建设一支听党指挥、能打胜仗、作风优良的人民军队，是党在新时代的强军目标，为新的历史条件下做好人民战争准备进一步指明了方向。

第二节　新军事革命

军事革命是军事领域各个方面、各个层次发生根本性变化的一种社会现象，是社会变革的重要组成部分。军事革命的时机通常与社会生产力的发展状况和生产关系的变化相联系，并往往在社会变革中发挥先导作用。这场军事革命是以人类技术时代（社会）形态转型，亦即由工业时代（社会）向信息时代（社会）过渡为主要动因，以高技术特别是信息技术的发展为直接动力，以信息为"基因"，以信息化建设和"系统集成"为主要手段，为争夺21世纪国际战略格局中的有利地位为根本目的，把适应打机械化战争的工业时代的机械化军队，建设成适应打信息战或信息化战争的信息时代的信息化军队的过程。

一、新军事革命的内涵

新军事革命是指当代军事领域内军队组织体制建设训练和军事技术、战争形态、军事理论、作战方式、后勤保障等方面在整体上同时发生的根本性变化。其基本内容包括：军事技术革命、武器装备革命、军事理论革命和军事组织体制革命。其基本目标为：建立小型、高能量的信息化作战力量，实施有区别的精确的作战。其中，建立小型、高能量的信息化作战力量，是现代科学技术高度发展的物化的结果，也是人类一种具有划时代意义的主观要求；实施有区别的精确的作战，既是新技术革命的最终成果的表现形式，又是新军事革命追求的根本目标。新军事革命已成为塑造信息时代的新式装备、新型军队、新型战争等新的战争机器和新的战争机制，以及各国谋求未来战争主动权和维护世界和平的时代命题。

新军事革命的内涵十分丰富。但是军事革命受政治、经济、科技、军事、文化、民族、地理等因素的影响，受自然科学、技术科学、社会科学的影响，又由于各个国家的军事发展、文化底蕴和人的思维方式不同，因此，不同的国家和军队在不同的历史条件下对军事革命的认识也不尽相同。

苏联人最早为新军事革命定义。他们在1982年就认为，新军事革命是"因科学技术进步和生产力发展而使武器、军队、军队训练、进行战争和实施战斗行动方法等发生根本变革的一种概念"，之后，阐述新军事革命概念、内涵的文论纷纷问世。例如，以色列史学家可里沃尔德认为，新军事革命涉及"武器装备、军事训练、军队编制和军事学说的变革"。美国新军事革命倡导者安得鲁·马歇尔认为，军事革命是指作战概念和战争发生重大变化的一个特殊历史时期。美国军事战略家克雷派尼维奇认为："代表新军事革命特征的四个要素是：技术的变化、军事系统的发展、作战理论的创新，以及组织结构的调整。"美国未来学家托夫勒强调，武装部队从技术到编制、战略、战术训练、条令和后勤等各个层次都同时发生变化，即是军事革命。托夫勒还认为，真正的军事革命应体现在三个方面：第一，它应改变军事领域的方方面面，包括作战方法、武器装备、体制编制、教育训练等，从而改变整个战争形态；第二，这些变化不应只发生在一个国家的军队，而应发生在许多国家的军队；第三，更重要的是，它应改变战争同社会的相互关系，即社会的变化带动战争形态的变化。

二、新军事革命的发展演变

军事领域是社会形态的一个重要组成部分，军事革命是社会变革在军事领域的反映，受社会发展规律的支配。20世纪四五十年代，以信息技术为核心的高技术群的飞速发展，人类社会由工业社会向信息社会过渡。50年代末，世界上出现集成电路，微电子技术开始渗透到人类社会生活和生产的各个领域，以信息技术、生物技术、新材料技术、新能源技术、空间技术和海洋技术为基础的新技术革命蓬勃兴起。新技术革命的成果如光纤技术、激光技术、红外技术、束能技术、人工智能技术、精确制导技术、超导技术、隐身技术等在军事领域的广泛运用，特别是微电子技术在军事领域的运用，引起军事技术的深刻变化，促进了武器装备的更新和变革，一场以信息技术为龙头的新军事革命悄然兴起。70年代，在美国、苏联和北约军队中，作战平台和武器系统计算机化，开始了军事信息革命的第一阶段：军事传感技术革命。后来，以指挥控制、情报探测为内容的确保信息畅通的C^3I系统在军事上的运用，标志着军事信息革命进入第二阶段。70年代末80年代初，美国军方唐·斯塔利将军等，通过总结越南战争和第四次中东战争的经验，提出"空地一体战"理论，标志着传统战争观念和作战理论开始变革。在"以理论牵引技术"的思想指导下，唐·斯塔利等制订了与"空地一体战"理论相适应的武器装备发展、体制编制调整和教育训练改革计划。80年代开始，世界主要国家开始充分运用军事技术成果，新武器系统逐渐装备部队，军事作战理论和体制编制开始发生明显变化。

1991年爆发的海湾战争，表现出与以往战争不同的特点，显示出未来信息战争的雏形，标志着"军事领域发生的根本性变革的时代"已经到来。海湾战争前，军事领域进行的这场新军事革命，以军事技术革命为主体，是新军事革命的初级阶段。这一阶段，军事技术发展对军事技术革命和军事革命起了主导作用。海湾战争后，世界上的一些主要大国，根据海湾战争反映出的新特点，为了谋求在未来世界战略格局中的有利地位，占领世界军事斗争的制高点，纷纷对军事战略进行调整，创造新的军事理论，制定新的战略战术，以新的军事理论指导军事技术和武器装备的发展，完善技术含量高的作战体系，通过模拟对抗训练和演习，实现理论的先导作用，推动新军事革命进入高级阶段。进入21世纪后，世界新军事革命开始加速发展，目前正在以更快的速度向更广泛的领域加快发展，进入了全面质变阶段。

三、新军事革命的主要内容

新军事革命的主要内容包括以下四个方面。

（一）军事技术革命

军事技术革命是指军事技术在发展过程中出现了全局性的新的重大突破，并促使军事领域发生质的变革，多表现为有划时代特征的高新技术群的出现。人类伴随近代工业的发展，大体经历了三次划时代的军事技术革命。第一次是近代火器技术上的重大突破，火药、弹丸、火帽一体和线膛技术的发明，使战争进入火器为主的时代；第二次是近代动力机械技术上的重大突破，蒸汽机、内燃机、电动机的发明，使坦克、飞机、军舰相继问世，战争进入机械化兵器为主的时代；第三次是核技术、火箭技术上的重大突破，使原子弹、战略导弹大量制造，战争进入核战背景的时代。目前正在进行的军事技术革命是信息技术革命，使战争跨进了信息兵器为主的时代。

（二）武器装备革命

新军事技术的出现，必然导致新武器装备革命的发生，以军事信息技术为核心的军事高技术群，正在并且必将使武器装备发生时代性的变革，即由机械化兵器发展为高技术信息化兵器。武器装备革命是指武器装备在发展过程中出现的全局性的根本变革。这种变革的主要原因是军事技术发生了重大突破。这种变革的标志是：出现了前所未有的新武器装备，并由此改变了作战样式和战争形态。近代枪炮的出现，改变了冷兵器战争形态；飞机、坦克、军舰的出现，改变了近代火器战争形态；原子弹的出现，改变了常规战争形态；精确制导武器、C^4ISR 系统的出现，改变了机械化战争形态。

相关链接：

C^4ISR 系统

（三）军事理论革命

军事理论革命是指在军事技术和武器装备革命的推动下，军事理论出现的全局性的根本变革。军事理论革命主要包括战争理论和军队建设理论两个方面的变革。战争理论革命重点是战争形态、战争样式、战略指导等方面的根本变革。例如，从冷兵器战争理论到热兵器战争理论、从机械化战争理论到信息化战争理论的转变，都是军事理论上的根本变革。军队建设理论革命重点是军队建设模式上的根本变革。主要包括武器装备、编制体制、教育训练、人才培养、后勤保障等方面内容的根本变革。军事理论革命对于作战指挥、军队建设和新军事革命有重大的指导与推动作用。

（四）体制编制革命

体制编制革命是指军队结构形式及其制度出现的全局性的根本变革。它主要包括组织指挥体制、兵力结构、兵力规模及法规制度等方面内容的根本变革。体制编制革命的总原则是与战争形态、军队建设模式的变革相适应。打什么样的战争，就建设什么样的军队，确立什么样的体制编制。例如，机械化战争形态的确立，必然要求军队建立机械化军种、兵种部队，确立机械化指挥体制及其相应的法规制度。体制编制革命是新军事革命的重要内容和必然结果。

第三节 机械化战争

机械化是工业时代社会生产力和军队战斗力水平的主要标志。18世纪之后，随着近代科技革命所导致的工业革命的兴起，蒸汽机和内燃机的发明，将人类带入工业时代，为军队的机械化创造了物质和技术基础，引发了以机械化为核心的军事革命，催生了机械化战争。

第四章 现代战争

一、机械化战争的内涵

人类进入文明时代以后，长期处于以农业为经济基础的农耕文明阶段。这一时期战争的主要形态是冷兵器战争，有限的人力和畜力则是战争中使用冷兵器的主要能量形式。而在以运用火药为主要标志的热兵器出现后，战争形态和人类社会的发展都出现了越来越多的变化。随着近代经济和工业革命的发展，人类社会进入到工业化阶段。生产力的飞速发展带来了人类社会巨大变化的同时，也改变了战争的模式。机械化战争开始成为19世纪以来战争的主要表现形态。

关于机械化战争的概念，各国军事界有不同的解释。一般来说，机械化战争是指18世纪晚期蒸汽机和内燃机问世以后，人们以具有机械能、化学能的武器为主，以兵团和军种联合作战为基本方式进行的战争。这种战争与此前战争形态的最主要差别在于：进行战争的平台大量增加了，近代工业化的产物——机械化装备是武器的主角。更具能量的机械能和化学能取代了生物形态的人力和畜力而成为战争当中运用的主要能量，同时"火力"也开始取代"兵力"成为战争取胜的新要素。

与人力和畜力相比，机械化装备对环境的适应能力，对力量的投送能力、运输能力等都出现了空前的飞跃。因此，战争的形态也出现了巨大的变化。机械化技术用于战争后，战争进程的步伐大大加速，战场范围得到迅速扩展，战争的破坏力度也有了空前的增加。同时，机械化战争对物质条件的依赖和消耗也出现了大幅度的增长，只有工业力量强大的国家才能进行大规模的机械化战争。

二、机械化战争的特点

机械化战争的特点包括以下内容：

（1）具有高速机动能力的飞机、坦克、军舰成为作战的主要装备。

（2）战争中军队的进攻能力大大增强，打破了防御的优势。由于坦克等装备的使用，使得依靠战壕进行坚守防御的优势不复存在，极大地改变了军队的作战方式。

（3）战场范围扩大，情况变化急剧。机械化装备的大量运用，军队的火力、突击力、机动力和整体作战能力空前增强，导致作战行动由陆地、海洋向空中扩展，前方与后方的界限模糊，战场情况瞬息万变，力量对比转化迅速，攻防转换频繁。

（4）立体作战、纵深作战成为重要作战方式。作战行动在多层次、全方位展开。陆空联合对战役布势全纵深的火力突击、大纵深迂回穿插和奔袭作战增多。

（5）合同作战、联合作战迅速发展。以陆军为主，诸军种、兵种协同配合的合同作战逐渐发展为诸军种联合作战，作战威力大为提高。

（6）破坏力强，消耗巨大。机械化武器装备对弹药、油料和其他物资的需求极大，武器装备损坏率高，人员伤亡增加，破坏严重，更加依赖于强大的经济、充足的人力物资、顺畅的交通运输和良好的后勤保障。

（7）对参战人员的素质要求不断提高，战场上保障人员大量增加。

三、机械化战争的代表性战例

机械化战争的典型战例为索姆河战役。

1916年初，根据协约国确定的战略方针，英法联军计划在索姆河及其支流昂克尔河地区发动大规模进攻，彻底击溃法国北部德军。索姆河地区属丘陵地带，地形起伏不平，森林和村庄星罗棋布。德军在该地区构筑有三道阵地，主阵地为阶梯式堑壕和坑道工事，前沿阵地敷设多道铁丝网。守军是德第2集团军13个师（后增至67个师），防御纵深7～8千米。英法联军投入39个师（后增至86个师，其中英军54个师）、3500门火炮和300多架飞机。7月1日晨，经7天炮火准备后，英第4集团军从马里库尔至埃比泰恩25千米正面向巴波姆方向实施主要突击，由英第3集团军第7军在其左翼采取保障行动；法第6集团军从罗西耶尔以北索姆河两岸向佩罗讷方向实施辅助突击。当日，法军和英军右翼突破德军第一道阵地，但左翼英军为德军坑道工事所阻。英军采用密集队形冲击，遭敌枪炮火力杀伤，损失近6万人。7月2—3日，英军右翼和法军攻占德军第二道阵地，法军一度占领巴尔勒、比阿什等德军防御要地。因联军为离心方向进攻，且组织协同不力，进展迟缓，使德军得以迅速调集援兵，加强索姆河上游地区的防御。至7月中旬，联军仅向前推进数千米，未达成战役突破。此后，双方不断增加兵力，作战行动变成了一场消耗战。9月3日，英法联军以56个师的兵力再次发动大规模进攻，深入德军防御纵深2～4千米。9月15日，英军使用49辆坦克（实际参战仅18辆）配合步兵进攻，占领德军第三道阵地的若干重要支撑点。这是战争史上第一次使用坦克。9月下

索姆河战役

旬至 11 月中旬，联军步坦协同发动两次进攻，均未取得决定性突破。

此役，联军以损失 61.5 万人（英军 42 万人、法军 19.5 万人）的巨大代价，夺占德军 240 平方千米的阵地，牵制了德军对凡尔登的进攻；德军损失 65 万人，被迫收缩防线，在西线暂时转入战略防御。此役表明，进攻一方即使兵力占优势，但若逐次投入兵力，仍难以达到突破对方纵深防御的战役目的。

相关链接：
二十世纪战争解密之索姆河战役

第四节　信息化战争

早在 2500 年前，中国著名军事家孙子就提出了"知彼知己，百战不殆"的战争名言，强调了信息在作战中的作用，但那时获取并利用信息的手段还比较原始，主要依靠人，使用间谍。随着科学技术特别是信息技术的发展，在战争中，信息的手段发生了质的变化，有人提出了"信息化战争"的概念，并认为，进行信息化战争，夺取制信息权将会取代制空权，成为未来作战的第一重要步骤。信息化战争将取代机械化战争，成为未来战争的基本形态。信息化战争指的是发生在信息时代，以信息为基础，以信息化武器装备为战争工具的战争。

一、信息化战争的基本内涵

信息是现代战争成败的主导因素，准确获得战场信息并把信息及时用于决策和控制，就能主导战争。信息时代的战争，战争体系中各单元、各系统都依赖信息和信息系统的支持。没有及时充足的敌情、我情、战场环境信息，在战场上就会变成"瞎子"和"聋子"，注定挨打和失败。

信息化战争，在现阶段又称核威慑下的信息化战争，它是以远程核武器的巨大破坏力为威慑手段，以信息化武器为主要工具，以信息为主导，集陆、海、空、天、电为一体的战争。信息化战争的最大特点是在陆、海、空、天、电一体化的战场上，使用信息化武器，进行"非接触作战""非线式作战"和"非对称作战"。信息化战争的焦点是争夺制信息权。信息化战争是信息时代的产物。信息化战争的出现，使建设信息化军队，打赢未来信息化战争成为世界军事发展的方向。

二、信息化战争的基本特征

随着信息时代的到来和信息技术在军事上的广泛运用，以信息为基础的信息化战争，作为一种新的战争形态正在逐步取代机械化战争。信息化战争是信息起主导作用的战争，是使用信息、信息化武器装备进行的战争，它具有与以往任何战争形态所不同的显著特点。

（一）武器装备信息化

冷兵器战争的主导兵器是金属武器装备；热兵器战争的主导兵器是以化学能为基础的火枪火炮；机械化战争的主导兵器是飞机、坦克、军舰等机械化武器装备；而信息化战争的主导兵器则是信息化兵器，准确地说是以信息技术为主导的武器装备。在信息化战争中，对作战手段、作战思想和战争进程起主导作用的军事技术是信息技术。战场的指挥依赖于以微电子技术、通信技术和计算机技术为核心的指挥控制系统；侦察、监视、战场评估需要各种先进的电子、光学传感设备；突击兵器更离不开各种以信息技术为支撑的精确导引技术。信息化战争的几乎所有兵器都是信息技术兵器、信息主导的兵器，或称之为信息化兵器。用在各种兵器中的信息技术装备方面的经费也在兵器总价值中占有很大份额，曾有人把信息化战争中的兵器比喻成"装载电子信息设备的容器"。信息化技术主导武器装备是信息化战争的一大特征。

（二）战场空间多维化

伴随着战争形态的不断发展，战场空间维数也在不断增加。作战空间的拓展随着科学技术和武器装备的发展而不断变化。例如，由于飞机和航空技术的发展，由陆、海平面战场发展为陆、海、空三维一体的立体战场；由于航天技术的发展，又由陆、海、空战场发展为陆、海、空、天四维一体的战场；由于信息技术的发展，现代战场又由陆、海、空、天战场发展为陆、海、空、天、信息等多维空间一体的战场。信息化战争战场呈现出大纵深、高立体、全方位的特征，除了陆、海、空、天战场不断扩大外，还将会出现网络战场、数字化战场、虚拟战场等新的战场，信息空间、电磁空间、网络空间、心理空间等也成为斗争更为激烈的领域。电磁空间的电子战将会成为"兵马未动，电子战先行"的作战首选行动。总之，随着科学技术的发展，作战空间多维化的特征将更加突出。

第四章 现代战争

知识链接

作战空间多维化，投送方式更加综合立体

信息布满陆、海、空、天、电、网等作战空间，成为最活跃、最积极的战斗力要素。正是由于信息发挥出前所未有的作用，作战空间领域的扩大化、指挥控制的实时化和目标打击的精确化已是不争的事实。信息化技术兵器射程涵盖几十千米到数千千米的距离；作战既可对正面之敌发起，也可在敌后方进行。伊拉克战争中，双方直接交战地域总面积只有44.18万平方千米，但作战活动范围十分广阔，战场信息覆盖的地域面积高达几千万平方千米。由此可见，信息化作战已极大地突破了传统战场范围，作战空间呈现出维度增多、范围扩大等趋势。无论战争规模大小，各种作战要素都将在一个多维、全纵深的广阔战场上进行有机聚合，构成一个相互关联、相互耦合的联合作战系统。这就势必需要采取灵活机动、综合立体的战略投送方式，即实施空地一体、海空一体、水（海）陆一体、空天一体、管（道）箱（集装箱）一体的投送，充分发挥军民现有投送保障潜力，实施军民深度融合建设、军民一体化保障，从总体上提高战略投送效能，以适应信息化作战需要。

（三）作战形式非接触非线式化

出现非接触非线式的崭新作战样式，是以信息技术为核心的高技术武器装备发展带来的必然结果，是武器装备打击距离增大、精度增高、作战平台远程机动能力增强、C^4ISR系统广泛运用于作战的必然反映。它是敌对双方在不接触的情况下，利用信息系统和远程作战武器在防区外实施打击的作战样式。在信息化战争中，由于兵力兵器分布在陆、海、空、天这个广阔战场上，由信息网络联为一体，打击的目标覆盖敌方全纵深，很难像以往战争那样划出清晰的战线，作战空间、作战形式呈现出非线性特征。非线式作战是远程精确打击、非接触作战的必然结果，是信息化战争所表现出的一种客观形态。

从近期几场局部战争看，非接触非线式作战已走上战争舞台。这种作战形式的主要特征是"全纵深展开、多方向多手段实施远程攻击、精确打击"。非接触非线式作战具有全纵深作战、震慑力大、易攻难守、攻主动防被动、伤亡代价小等优点。这种作战形式是指挥人员依靠天空和太空等远距离侦察信息系统和远程作战武器，在遥远的战场之外指挥控制战争，利用远程航空兵和巡航导弹部队为作战的主体力量，对敌方军事指挥控制系统及政治经济等目标进行打击。非接触非线式作战着重于使敌方作战体系瘫痪。精心选择支撑敌作战体系的"节点"进行打击,是实现非接触非线式作战的重要举措。只有这样,才能使敌作战体系瘫痪,彻底丧失其抵抗意志。

(四)作战力量一体化

作战力量向一体化、整体化趋势的发展是科学技术发展在军事领域的体现。信息技术的发展正在把各个作战系统连接成一个"一体化"的整体。"一体化"就是通过信息化、网络化把人的智能,软杀伤和硬打击融为一体,就是在战争中利用信息技术把作战力量的各个部分,各个层次、各种要素快速、便捷、高效地联成一体,使作战力量成为一体化的整体对抗力量与敌作战,从而决定战争的胜负。其特征是作战的决策指挥和战略、战役、战术行动高度融合;人与武器装备的结合空前紧密;战斗部队、支援部队、勤务保障部队紧密合成、协调行动;诸军兵种高度合成、联合作战;指挥、控制、通信、计算机、情报和侦察、监视,杀伤紧密结合成 C^4KISR 系统。

未来的作战不是单个作战兵器的对抗,也不是作战单元与单元的对抗,而是将各种作战兵器、各种作战单元、各种作战要素综合为一体的体系对抗,体系对抗将成为信息化战争作战的基本特征。在信息化战争中,新型的作战系统将取代原有的以军种为基本单元的力量构成模式,未来作战就是要把信息技术、武器装备、情报侦察、指挥控制、后勤保障等形成一体化作战体系。在信息化战场的支持下,作战力量将由战场感知系统、网络通信系统、指挥控制系统、打击系统、支援保障系统五大分系统构成,这五大分系统是未来战场作战力量的构成模式。在作战中完全可以打破军种界限,根据不同的作战任务,按照五个大系统的要求,进行模块化编组,形成高效、精干的整体力量进行作战。在未来信息化战争中,只有依靠一体化的整体力量,才能获得胜利。

相关链接:
联合作战——世界军事体系主流方向

三、信息化战争的代表性战例

信息化战争的代表性战例是伊拉克战争。

2003年发生的伊拉克战争,信息化程度又向前跨进了一大步。其信息化弹药已占总弹药数量的80%以上,空地一体化的非线式作战特征已非常明显,特别是数字化部队首次投入到地面作战中,标志着继海、空、天高度信息化之后，地面力量的信息化进程正在加快，多维全面的信息化战场基本形成。

伊拉克战争开始之前，美军就有针对性地发射了多颗卫星，总共有包括70多颗军用卫星在内的100多颗卫星参与到伊拉克战争中，这些卫星担负了大部分的信息侦察、信息传输和信息导航任务，成为信息化战场的主要节点。美军80%以上的情报是靠卫星获取的，90%以上的通信是靠卫星来完成的，80%以上的精确制导武器是靠卫星来制导的。伊拉克战争中，美英联军以太空卫星为依托，构成了一张覆盖全球的信息网络，一个适应信息化战争需要的信息化战场已初步形成。

伊拉克战争中的电子战主要表现为GPS干扰和电磁脉冲武器攻击。美军的许多常规炸弹，加上GPS引导设备后，就成为极为精确的智能炸弹，美军80%以上的精确制导武器都离不开GPS制导，伊军有限的GPS干扰手段，在一定程度上削弱了美英联军精确打击的效能，从这次战争情况看，GPS对抗将成为电子战中越来越重要的一个领域。另外，美军还使用了电磁脉冲武器攻击伊拉克电视台和其他电子设备。心理战是这场战争中信息战的重头戏，运用传媒对伊拉克高层及民众的心理实施攻击，确实起到了重要作用。美军在需要决战的区域几乎实现了不战而胜，与心理战的成功运用有很大关系。随着战争信息化进程的进一步加大，以攻击敌方的认识和信念系统来降低敌方的作战能力，瓦解敌方的作战意志的信息战行动，将会越来越多地出现，并发挥更大的作用。

在信息技术不断融入军事领域的过程中，几种传统战争力量的发展是不平衡的。空中、海上力量进展较快，而地面力量相对缓慢。自铁甲战舰，飞机应用于军事以来，电子信息技术就一直是海上、空中作战平台及其武器系统的重要技术组成部分。经过多年发展，现代空中、海上力量的电子信息技术成分所占的比重大幅度提高，促使空战、海战的信息化程度快速跃升。比如，在普通军用飞机中，电子技术成本已占50%，而先进的B-2隐形飞机中，机载计算机有200余台，电子技术成本已高达60%以上。现代局部战争表明，由于海、空力量的信息化程度较高，空中、海上作战方式已经发生了很大的变化，电子战、导弹战等超视距的远距离多维力量联合攻击已成为基本的行动方式。也正是这些以信息程度很高的空中、海上作战为主导的局部战争，让人们感受到了战争形态的变化，信息化战争扑面而来。相对而言，地面作战力量的信息化步伐比较缓慢。一旦地面力量实现数字化，那么，陆、海、空、天等多维战争力量就全面实现了信息

伊拉克战争中的数字化部队

127

化，也就标志着全面信息化战争时代的到来。伊拉克战争中，全球唯一的数字化部队美军第4机步师开赴伊拉克战场，尽管没有进行大规模作战，但数字化地面部队投入实战的时代已经到来。美英联军的其他地面力量的信息化程度也非常高，第3机步师在开战第二天就突飞猛进，孤军深入，在天气恶劣的情况下，没有遇到较大规模的抵抗，重要原因之一是他们拥有很强的信息感知能力，一旦发现需要摧毁的目标，就可以在10秒钟之内引导空中火力实施摧毁。地面部队的高度信息化，使得他们能够很好地与空中及太空的信息化作战行动协调一致，密切协调的空地一体非线式作战模式已明显地显现出来，"发现就意味着摧毁"已成为现实。

相关链接：
数字化士兵

四、战争形态发展新趋势

战争形态是指在相当长的一个历史时期里战争所表现出来的形状和稳定的运动状态。政治的性质、经济的状况和军事技术的水平决定着战争形态的发展变化。近年来，随着科学技术的突飞猛进、国际政治博弈的加剧、世界经济的跌宕起伏、宗教文化裂痕的扩展，当代战争形态呈现许多新的特点。

（一）信息力量的竞争将愈演愈烈

随着信息化社会的发展，信息作为战略资源的地位将更高，围绕信息资源获取、信息化军队建设和战略信息优势高地的竞争将愈演愈烈。各国将竞相投入更多的资金进行社会信息化基础设施的建设，竭力保持本国在信息化建设方面的优势。信息技术广泛运用于军事领域，直接推动了武器装备的飞跃式发展，甚至强制性地改变世界军队建设发展方向。以信息技术为核心的军事技术革命，引发了包括武器装备、军队编制、军事理论等方面的重大变革。信息技术成为局部战争中的主导技术，信息化武器装备成为战斗力的关键物质基础，基于信息系统的体系作战能力成为战斗力的基本形态，信息能力成为战斗力生成和释放的主导因素。各国在信息力量、信息方面的竞争将白热化。

（二）作战方式和战争形态将不断变化

作战样式是战争形态的重要表现形式。随着战争要素在各个领域的深化发展以及新要素的不断涌现，在传统作战样式基础上将会越来越多地涌现出新的作战样式，如无人作战、太空卫星战、网络攻防战等。在无人作战中，无人机、无人舰、机械战士、无人坦克等将会充斥战场，部分取代有人作战，战争的智能化程度大大提高。在太空卫星战中，为争夺制信息权和制天权，战争双方对卫星的攻防将会成为作战计划中的一个重要内容，卫星将是太空战中的重心。在网络攻防战中，战争双方将可能采用"硬摧毁"和"软杀伤"相结合的方式，夺取网络控制权。

（三）战争主体向多元化方向发展

在相同的价值观、文化认同及共同利益驱动下，新的超大团体组织不断涌现，恐怖主义组织、部落、海盗、贩毒集团、黑客组织、跨国集团等都可能是战争主体，成为战争的发动者。战争将不只是国家和各种武装集团之间的冲突，而是各种主体之间冲突的聚合。国家与国家之间的战争、国家与非国家行为体之间的战争、非国家行为体之间的战争将混合在一起。此外，由于军事技术知识的日益普及和武器的泛滥，发动战争的成本越来越低。一些非国家行为体可以比以往更方便地获得先进军事技术和武器装备，比如，随着3D打印技术的发展和普及，个人拥有枪支变得轻而易举。在互联网环境中，各种行为主体也可以更方便地传播理念、招募人员、筹措资金、下达指令等。

（四）战争的不对称表现日趋多样

在人类从机械化战争时代向信息化战争时代迈进的过程中，由于生产力发展水平不平衡，各战争主体之间的技术"代差"日益拉大，不同主体间进行战争的手段与方式的差异超过以往任何时代，由此导致战争中的非对称现象愈发突出。从已发生的几场高技术局部战争看，作战双方往往在战争体系、战争力量、战略资源、作战方式等方面具有多侧面的不对称性。无论对强者还是对弱者而言，非对称作战都将是未来的重要选择。可以预测，在信息化战争的发展中，不对称战争表现仍会存在，并更具多样性。

（五）作战时间持续延伸

在当前和未来一个时期，由于经济利益的相互交织特别是核武器的强大制约，使得有核国家之间的战争成为各方默认的禁区，因此，国家行为体之间发生大规模战争的可能性不大，正式授权的、法律意义上的战争不再是普遍现象。但是，由于政治矛盾而导致的武装冲突却会此起彼伏，未来战争将更多地表现为未被授权的、未经宣战的武装冲突，战争与和平的界限会越来越模糊。在大规模战争之外，一些大国积极利用多种战争手段追求自己的政治利益，"代理人战争"、介入内战、武装干涉、空袭、封锁等将成为其进行战争的主要方式，战争越来越变成"交易用的商品"，高度服从服务于政治交往。由于大国间的政治权力斗争往往具有结构性、根本性和深远性，因而由其产生的武装冲突往往会久拖不决。

思考题

1. 战争的发展历程包括哪些内容？
2. 新军事革命的主要内容是什么？
3. 机械化战争的特点是什么？
4. 信息化战争的基本特征包括哪些方面？
5. 简述战争形态发展的新趋势。

第五章　信息化装备

> **教学目标**
>
> 了解信息化装备的内涵、分类、发展及对现代作战的影响，熟悉世界主要国家信息化装备的发展情况，激发学生学习高科技的积极性，为国防科研奠定人才基础。

第一节　信息化装备概述

信息化装备是由多维一体化联合作战所使用的所有信息化兵器构成的多元一体化陆、海、空、网、电、信息及认知力量体系。

一、信息化装备的内涵

信息化装备，是指信息技术在装备技术构成中占主导地位，信息要素在作战行动中支配物质能量要素的效能发挥，具有较高信息获取、传输、处理、存储、共享、管理、分发、对抗能力及数字化、智能化、网络化和一体化水平的武器、武器系统和军事技术器材的统称。

信息化装备是一个历史发展的概念，不仅包括信息化阶段的信息战装备，也包括机械化阶段的电子战装备；不仅包括现阶段的信息作战装备，也应包括未来发展的信息作战装备。信息化装备是与信息化战争紧密相关的，在一定意义上说，提出信息化装备的概念，只是为了适应信息化战争的需要。从信息化装备的关系属性来看，发展信息化装备的核心在于造成"于一方有利的不平衡状态"，使得己方具有收集、处理和传送不间断信息流的能力，同时利用或阻止敌方实施相同的能力。信息化装备，不仅包括电子信息装备，也包括传统意义上的机械化装备（只不过更需要大量运用电子信息技术）。

二、信息化装备的分类

信息化装备大体可分为"软杀伤"和"硬摧毁"两大类。具有"软杀伤"能力的信息武器和信息装备统称为"软杀伤"型信息化装备，一般由三部分组成，即网络战武器、电子战武器及心理战武器。其中，网络战武器最主要的功能是对目标信息系统实施恶意攻击和毁伤，又被分为网络攻击应用武器和网络攻击基础武器两类。网络攻击应用武器的基本类型为"细菌""蠕虫""病毒""特洛伊木马""炸弹""后门"等；网络攻击基础武器是实施网络攻击的平台，从这个意义上讲，任何入网计算机和网络设备均可以成为网络战武器，主要有战场信息获取系统、传输系统、处理系统、对抗系统等，以信息传输系统为核心的计算机通信系统是其中最主要的。电子战武器以电子信息技术为主要特征，其基本功能是实施电子对抗。为了达到战争目的，所使用的电子战武器（系统）是形形色色、各式各样的。但归结起来主要包括电子侦察/反侦察武器（系统）、电子干扰/反干扰武器（系统）和电子支援系统。电子战武器可实现各种电子对抗，如通信干扰、信息阻塞、雷达干扰、远距离干扰、自卫干扰、遮盖性干扰、欺骗干扰、红外干扰、金属箔条、诱饵、水声对抗、光电对抗、导航对抗、反辐射攻击等。心理战武器是一种既古老又崭新的软杀伤型武器，主要用来摧毁敌方军队和民众及领导层的作战意志和破坏决策者的感知能力，心理战武器主要包括广播、电视、报刊、传单、集会、游行及计算机网络等。

在物理空间、信息空间和认知空间战场上，为达到信息化条件下"硬对抗"作战目的，所使用的各种武器装备被称为"硬摧毁"型信息化装备，它们主要包括动能武器、弹道导弹、巡航导弹、精确制导炸弹、精确制导鱼雷、反坦克导弹、自动火炮、精确制导水雷、反辐射武器、激光武器、高功率微波武器、离子束武器、电磁脉冲武器、生物炸弹、气象武器、地震武器、纳米武器、太阳武器、核生化武器，以及各种信息化综合武器平台（如电子化飞机、舰艇、坦克、直升机、无人机和导弹防御系统等）。

相关链接：
新时代杀戮武器——电磁轨道炮

三、信息化装备对现代作战的影响

信息技术的飞速发展和广泛应用，已经并正在军事领域引起一系列革命性的变化，其中最直接、最突出的变化是大量信息化装备登上了现代战争舞台，对作战行动产生了巨大的影响。概括起来，主要表现在侦察立体化、指挥控制智能化、目标打击精确化、防护综合化、反应快速化五个方面。

（一）侦察立体化

侦察立体化，通俗地讲就是"眼观六路、耳听八方"。在未来战争中，新型信息化装备将使战场更透明，可实现全球感知，实时进行远程指挥控制。从大洋深处到茫茫太空，布满了天罗地网式的侦察监视系统。水下的声呐能够隐蔽地寻找军舰和潜艇的踪迹；地面的传感器能够警惕地注视人员与车辆的动静；空中的侦察飞机能够同时监视高空、低空、地面、海上的各种活动目标。

（二）指挥控制智能化

由于现代高技术被大量地运用于战争，军队的指挥和对各种作战力量的控制水平呈现智能化的特征：计算机运算速度越来越快，大大加快了对各种信息的处理能力；网络技术的运用，使指挥由树状结构变为网状结构，因而更加快速和准确；传感技术和制导技术的综合运用，使武器装备的射程、威力、精度都几乎达到各自的极限；传感技术、计算机技术、网络技术和通信技术的综合运用，改变了战场评估和信息反馈的方式与质量，甚至变得可以自由地控制战争。因此，在现代战争条件下，交战双方的差距在很大程度上取决于其对作战力量的指挥控制水平。

（三）目标打击精确化

精确打击武器与精确信息支援系统有机结合，使得精确打击成为战争的重要样式。攻击精度越来越高、距离越来越远，精确打击在现代战争中的地位日益重要。在过去的战争中，要想在1000千米以外摧毁一个目标是根本不可能的，就是在100千米以外也需要耗费大量的弹药。而在非接触作战行动中，由于使用远程精确打击兵器，彻底改变了传统的打击方法，"定点清除"和"斩首"行动就是其典型代表。在求"精"的同时，借助军事高技术特别是智能化技术，未来战争也开始在"巧"字上下功夫。例如，对于人，是击毙好还是击伤好？对于物，是粉碎好还是击废好。随着时代的发展，人们已经开始重新审视这些古老而又崭新的话题。美国认为，要想最有效地削弱敌人的战斗力，致死不如致伤，致伤不如使其失能。这里讲的"失能"，既可以指武器，也可以指人员。这样的战争效费比更高,后遗症更大。

> 知识链接

"斩首"行动

海湾战争中,美军是这样对伊军发动攻击的:先摧毁了伊军指挥机构和地面防空系统,再摧毁其电力、能源、通信、桥梁、公路、机场等基础设施,最后才与伊军作战部队开始地面作战,摧毁其人员和军队。科索沃战争中这一特点体现得更加充分,南联盟军队基本上没有重大毁伤,北约就结束了战争。海湾战争和科索沃战争中的"斩首"行动主要是针对敌方的战略指挥控制系统,而1986年的利美冲突、2001年的阿富汗战争和2003年的伊拉克战争,则是直接针对敌方最高领导人进行精确打击,这样的打击体现了打敌要害、直接置敌于死地的战略思想。

(四)防护综合化

"保存自己,消灭敌人"是一切战争的共同原则。由于现代侦察、监视和探测手段具有全方位、全频谱、全天候、全时域的特点,进攻一方如果不能有效地保护自己,就可能出现"发难者先遭难"的结局。一架战斗机在重要地区300米以上高度飞行时,可能受到800~900部雷达的照射,其中可能有300~400部雷达以600~700个不同频率的波束进行搜索,有30~40部雷达进行跟踪。如果再加上光电探测设备的威胁,战场电磁环境必将更加复杂,这对飞机、导弹等进攻性武器是一个严峻的挑战。在这种情况下,防护的地位尤显重要。海湾战争中,F-117A飞机大出风头,且无一损伤,其奥妙之处,便是借助于外形设计和表面涂料,有效地实现了隐身,其雷达反射面只有0.1平方米,和一顶钢盔的外表面积大小差不多。

(五)反应快速化

美国"爱国者"防空导弹

"兵贵神速"历来是兵家的追求,但传统武器装备因受技术条件限制,常常"欲速则不达"。高技术武器装备在现代战争中的应用终使"兵贵神速"成真,实现了机动快、反应快、打击快和转移快。高技术武器从发现目标到攻击目标的反应时间也大为缩短。当前，计算机控制的火控系统，能在 96 秒内操纵 4 门火炮摧毁 35 个分离的目标，而传统武器摧毁这些目标需要 2 个小时。在信息化战争中，被发现就意味着被命中。对于现代防空系统的反应时间，更是以秒计时。例如，美国的"爱国者"、俄罗斯的"C-300"地空导弹系统的反应时间为 15 秒；我国的"红旗"系列地空导弹的反应时间为 15～20 秒。

第二节　信息化作战平台

信息化作战平台，即信息化武器及其载体的总称。它包括信息化的坦克与装甲车、火炮与导弹发射装置、飞机、舰艇等作战平台。信息化作战平台具有相互之间以及与指挥系统进行通信联络的数据链，以便于相互沟通信息，反映战场态势，接收作战命令；具有雷达、光电等传感器，用以探测敌方目标，为及时、精确的火力打击提供目标信息；具有侦察、干扰和敌我识别设备，用以增强平台的自卫能力和识别能力；具有导航定位设备，为平台提供位置和时间信息。

在信息化战争中，信息化作战平台与各种先进的打击系统结合在一起，可以极大地提高武器系统的综合作战效能，对取得战争的胜利具有举足轻重的作用。根据信息化战争的需要，现在世界各国尤其是军事大国和强国都非常重视发展作战平台，尤其是信息化作战平台，注重提高作战平台的信息化程度。信息化作战平台主要包括信息化陆上作战平台、信息化海上作战平台和信息化空中作战平台等。

一、信息化陆上作战平台

（一）信息化陆上作战平台的发展现状

信息化陆上作战平台主要包括坦克、步兵战车、装甲输送车、自行火炮车、导弹输送和发射车及指挥控制车辆等。陆上作战平台是陆上武器系统的基础，其数量和质量状况决定着陆上作战能力。在陆上武器中，主战坦克是主要的战斗兵器，可完成多种作战任务。

目前，陆上作战平台大都采用自行式车辆，且以履带式为主，少数采用轮式。世界主要国家的陆上作战平台以第三代为主，并呈现多代并存的局面。20 世纪 80 年代服役的装备仍将是主要国家军队装备的主体；90 年代初研制的新一代装备将逐步投入实战使用,并代表着 21 世纪初装备的先进水平,从而构成了多代并存、高中低档相结合的陆上主战装备体系。

20 世纪 90 年代中期以来,发达国家陆战平台仍以坦克为主,大体可分为四代。当前,美国陆军的陆上作战平台主要是以第三代的 M1A1 和 MIA2 为主,并有少量第二代和第四代主战坦克。英、法、德、俄等国的主战坦克仍呈现二、三代并存的局面,但第三代坦克所占比例正在增大,第二代坦克即将逐渐全部退役。德国的"豹"-2、美国 M-1A2、日本的"90"式、法国的"勒克莱尔"、俄罗斯的"T-90"等都是世界上最先进的主战坦克。

知识链接

99A 主战坦克

99A 主战坦克是中国最先进且完全信息化的主战坦克,实现了火力、机动力、防护力和信息力的综合协调发展。采用自行研制的 125 毫米滑膛炮,可发射尾翼稳定脱壳穿甲弹、破甲弹和榴弹等不同类型的坦克炮弹,还可发射激光制导炮射反坦克导弹系统。采用自动装弹机,使坦克乘员数量从 4 人减少到 3 人,并大大提高了坦克炮的战斗发射速率。动力装置采用先进的国产柴油发动机,最大输出功率 1200 马力,改进型进一步提升到 1500 马力。传动装置、操纵装置、机动装置等传动效率高、操纵灵活简便、启动快、加速快,高速行进时悬挂、减震效果好。炮塔的基础装甲为陶瓷复合装甲,在后续改进中又在炮塔正面和尾仓两侧的护栏上加装新型反应式装甲,进一步强化了装甲防护能力。炮塔后部安装了激光压制系统,可干扰敌方激光测距仪的工作或致盲敌方观瞄射手、步兵。安装了先进的车内自动灭火抑爆系统和"三防"系统,其自动灭火设备对车内火源的反应时间小于 0.1 秒。采用了先进的综合火控系统。

在信息化战争中,海、空军的装备越来越突出,在作战中的使用量也大大超过陆上作战装备。如在 42 天的海湾战争中,空袭整整进行了 38 天,陆军仅仅在最后的 100 小时才开进战场。而在科索沃战争中,以美国为首的北约虽然部署了陆上部队,但并未真正投入使用。这说明陆上作战平台的作用在下降,其主要原因在于作战效能不够,难以满足信息化战争条件下的战争需求。因此,陆军的装备必须不断地改革创新,要有新的发展,才能适应未来信息化战争的需求。这是信息化战争对陆上作战平台提出的新挑战。

（二）信息化陆上作战平台的发展趋势

21世纪，陆战武器装备的发展重点是提高信息力、火力、生存能力和战场机动能力，实现标准化、通用化和系列化。近年来，世界各国调整了陆上作战平台的发展进度，加快了对现有装备的改进和提高，其主要发展趋势如下。

1. 全面应用先进信息技术

近年来，美、英、法等发达国家都在先期概念演示验证的基础上开始研究下一代主战武器系统，正将资金从传统平台的研制转移到发展信息化装备平台上。新的主战系统将发展成为以网络为中心的"系统之系统"，即由侦察车辆、指挥控制平台、独立的火力压制系统、地面战斗与人员输送车辆以及用于支援作战的无人机等功能平台构成的大系统，集侦察、监视、目标搜索、火力打击、保障等功能于一体，如美陆军为"理想部队"研制的"未来作战系统"（FCS）。

在信息化方面，"未来作战系统"具有以下特点：一是结构网络化。该系统按照"网络中心战"理念构建，所有车辆都使用电子接口和软件。未来战斗系统网络不仅能使部队形成整体战斗力，而且能与联合部队、国家以及外国盟军的网络沟通，从而可以利用一切可以利用的信息资源，全面感知战场态势，大幅提高联合作战能力。二是广泛使用智能机器人。这些机器人包括无人驾驶飞行器，分为旅、营、连和排四级；分别用于侦察、排雷、运输和突击的无人驾驶车辆；集装箱式导弹发射系统；可以大面积部署的小型传感器和较大的可移动传感器；能够在空中用传感器自动寻找目标的无人值守聪明弹药。三是自动化水平高。系统中的非直火炮能够自动进行弹药装填，燃料、水和弹药的再补给也能自动进行，将所需物资装满整个炮车的时间只需5～12分钟。四是全面应用精确制导武器。除应用导弹外，该系统的炮弹将全面精确制导化。

2. 进一步提高机动性能

提高机动性能的重点是提高陆上作战平台的越野机动性、加速性和转向性。这些性能与平台的动力传动装置、操纵与悬挂系统的性能水平、单位功率、履带接地压力以及负重轮行程和发动机的加速性等有关。其中，动力装置的发展趋向：除继续改进增压、中冷柴油发动机外，燃气轮机的采用将逐步增多，功率有可能增至1500千瓦。还将进一步研究陶瓷绝热发动机，其与同功率的柴油机相比，体积与重量将减少40%，节约燃料30%。传动装置的发展重点为设计先进的综合推进系统，采用电子操纵，增大功率密度（单位体积功率），达到结构紧凑、传递功率大、操纵维修方便等目的。此外，液气悬挂使用增多，并有可能出现主动式悬挂系统。为进一步提高作战平台的战场机动性，还提出在平台上建立战场管理信息系统，安装显示器，供乘员阅读地图信息，配设导航仪，明确敌我配置态势等。

3. 进一步提高生存能力

较强的生存能力是保持战斗力必不可少的条件。由于现代探测技术的长足进步和精确制导技术的飞速发展，来自空中的威胁越来越大，对陆上作战平台的战场生存构成了严重威胁。因此，未来陆上作战平台将通过多种途径，全面系统地提高平台的防护性能。

进一步提高生存能力主要包括以下几个方面：一是采用隐身技术来提高防护能力；二是大量采用复合装甲提高车体的防护能力，重点是研究新型复合装甲、反作用装甲和主动防护系统；三是陆上作战平台的总体结构设计将有新的突破，主要是继续探索顶置火炮式坦克方案与遥控车组方案。

4. 发展系列化、通用化作战平台

系列化是根据某类产品或装备的使用需求和发展规律，按一定序列排列其主要性能参数和结构形式，有计划地指导产品的发展，以满足广泛需求的一种标准化方法。如美国陆军的M系列坦克装甲车，俄罗斯的T系列坦克等都是系列化的地面主战装备。

通用化是将现有的或正在研制的具有互换性特征的通用单元用于新研制武器系统的一种标准化方法。未来将把导弹和火炮综合在同一辆装甲车上，构成弹炮一体化武器系统，使坦克具有直射、间射和对空作战能力，"新型装甲作战平台（NCP）"装上不同的武器就可以使之成为主战坦克、步兵战车或防空系统。例如，美军未来近战车辆（FCCV）规划，提出了三个车族构想：坦克、步兵战车、骑兵战车（侦察用）三种车型；坦克与步兵战车合一的双用途车辆，另加一种骑兵战车；坦克、步兵战车、骑兵战车三者合一的多用途战斗车辆。

二、信息化海上作战平台

（一）信息化海上作战平台的发展历程

海上作战平台主要指在海洋进行战斗活动的舰艇，主要用于海上机动，进行战略核突袭，保护己方或破坏敌方的海上交通线，进行封锁或反封锁，参加登陆或抗登陆作战和打击攻击作战。信息化海上作战平台的技术复杂、知识密集，集中反映一个国家的工业水平和科技最新成就。信息化海上作战平台是指包括水面舰艇和潜艇在内的各种作战舰艇，是现代海军最主要、最基本的装备。

1. 水面舰艇

水面舰艇是海军编成中历史最悠久的兵种，而且在很长时间内曾经是海军

第五章　信息化装备

的唯一兵种。海军在维护海上交通线的安全、反潜、开展水雷战以及遂行日常的巡逻警戒、护渔护航等战斗勤务中，均离不开水面舰艇。在世界各国，水面舰艇无论是在吨位上，还是在装备的数量上，均占其海军编成中的第一位。信息化水面舰艇包括航空母舰、巡洋舰、驱逐舰、护卫舰、高速攻击艇、水雷战舰艇、两栖舰艇以及军辅船等。

（1）航空母舰。

第二次世界大战后，由于直升机和垂直/短距起降飞机、精确制导武器、自动控制技术、核动力等在舰船上的应用，航空母舰更加适应现代战争的需要，成为衡量一个国家海军是否强大的重要标志。第二次世界大战以来，美国一共发展了五级航空母舰，经过了从常规动力航空母舰到核动力航空母舰的发展历程，现被誉为水面舰艇之最的是美国海军"尼米兹"级航空母舰。苏联从"莫斯科"级直升机航空母舰到"基辅"级航空母舰，再到现在俄罗斯的"库兹涅佐夫"号航空母舰，走了一条坎坷的发展道路。法国根据战略需要和国力，由中型常规动力航空母舰"克莱蒙梭"级到中型核动力航空母舰"戴高乐"级，独创了一条中型航空母舰发展之路。英国在建造适合本国经济实力和作战需要的反潜航空母舰上，为其他经济实力不够强的国家开辟了一条轻型航空母舰的发展之路。意大利和西班牙就是沿着英国开辟的轻型航空母舰之路，依靠本国力量各建造了一艘轻型航空母舰。印度、巴西、阿根廷、泰国是发展中国家中难得的拥有航空母舰的国家。

知识链接

"山东"舰

中国人民解放军海军"山东"舰是中国首艘自主建造的国产航母，基于对苏联"库兹涅佐夫"级航空母舰、中国"辽宁"号航空母舰的研究，由中国自行改进研发而成，是中国真正意义上的第一艘国产航空母舰。2013年11月开工，2015年3月开始坞内建造，并于2017年4月26日下水。2019年12月17日，"山东"舰在海南三亚某军港交付海军。经中央军委批准，我国第一艘国产航母命名为"中国人民解放军海军山东舰"，舷号为"17"。山东舰立足国内自主设计建造，重点解决了航母总体设计、船体建造、主动力装备国产化研制等问题，提高了综合作战效能和综合保障水平。

（2）巡洋舰。

巡洋舰是一种比驱逐舰排水量大、武器多、威力强，在远洋作战中起骨干作用的大型军舰。第二次世界大战后，各国重新设计了为数不多的新型巡洋舰，如美国的"长滩"号、法国的"贞德"号等，并对老式巡洋舰进行了现代化改装。到20世纪60年代末和70年代初，先后出现了导弹巡洋舰和反潜巡洋舰，它们普遍装备直升机，有些采用了核动力装置，如美国的"班布里奇"号、"加利福尼亚"号等舰。20世纪70年代以来，由于大型号导弹驱逐舰的防空、反潜等的作战能力有的已接近导弹巡洋舰，因此促使后者更加趋向于增强其对海、对岸的突击能力，如苏联的"基洛夫"级、"光荣"级和美国的"提康德罗加"级导弹巡洋舰，除装备先进的防空、反潜武器系统外，还装备了更多、更新的反舰或对陆上目标攻击的导弹。

（3）驱逐舰。

驱逐舰是一种以导弹、火炮、鱼雷等为主要武器，具有多种较强作战能力的中型水面战斗舰艇。第二次世界大战后，驱逐舰最突出的特点是导弹和直升机成为它的主要武器，还出现了装有核动力装置的驱逐领舰。美、苏等海军大国20世纪70年代以来的发展重点是大型导弹驱逐舰，如美国的"斯普鲁恩斯"级、"阿利·伯克"级；苏联（俄罗斯）的"现代"级、"无畏"级等。

知识链接

"南昌"舰

2020年1月12日上午，中国人民解放军海军055型驱逐舰首舰"南昌"舰归建入列仪式在青岛某军港码头举行。"南昌"舰是我国自主研制的055型万吨级驱逐舰首舰，先后突破了大型舰艇总体设计、信息集成、总装建造等一系列关键技术，装备有新型防空、反导、反舰、反潜武器，具有较强的信息感知、防空反导和对海打击能力。"南昌"舰的入列，标志着海军驱逐舰实现由第三代向第四代的跨越。

（4）护卫舰。

护卫舰是以导弹、舰炮和反潜装备为主要武器的轻型战斗舰艇，是海军主要水面舰种之一。它一般比驱逐舰吨位小、武器弱、航速低，但机动性好，造价低。20世纪五六十年代，护卫舰在航速、武器和电子设备等方面有较快进展。现代护卫舰以导弹和直升机为主要武器，有的护卫舰已发展为小型驱逐舰，如美国海军的"诺克斯"级、"佩里"级；苏联海军的"克里瓦克"级等，其基本使命与驱逐舰无多大差异，只是反舰和防空的武器数量威力稍差，续航力小，但反潜能力一般都很强。

（5）两栖舰艇。

两栖舰艇用于运输和遣送登陆兵及其技术装备上岸的军舰，亦称登陆舰艇。由于第二次世界大战中产生了实施登陆的需求，美、英等国开始建造两栖舰艇，到战争结束时已经拥有各式登陆舰上千艘。冷战时期，登陆作战的需要和两栖作战战术研究的发展，导致了两栖战舰迅速发展。特别是20世纪70年代初以来，美国、苏联（俄罗斯）、法国、意大利、英国、荷兰、日本等国家都很重视开发和建造两栖舰艇，如美国的两栖通用攻击舰（LHA）"黄蜂"级等。

2. 潜艇

潜艇是一种既能在水面航行，又能潜入水下，并且能够在一定深度范围内进行机动作战的战斗舰艇。由于信息技术等各种高技术在潜艇上的运用，使现代潜艇的战术技术性能和作战能力有了显著的提高。现代潜艇包括弹道导弹核潜艇、攻击型核潜艇和常规潜艇。

（1）弹道导弹核潜艇

弹道导弹核潜艇是指装备弹道导弹的核潜艇。所装备的导弹通常称为潜艇发射的弹道导弹或潜地弹道导弹。美国于1959年建成了世界上第一艘弹道导弹核潜艇，起步最早，技术水平最先进。至今美国已发展了四级弹道导弹核潜艇，目前在役的只有"俄亥俄"级潜艇18艘。苏联（俄罗斯）于20世纪50年代中期开始发展弹道导弹核潜艇，大约和美国同期起步，先后发展了九级弹道导弹核潜艇，现有四级38艘在役，约占世界现役弹道导弹核潜艇总数的1/2。英国、法国以及中国也拥有一定数量的弹道导弹核潜艇。

（2）攻击型核潜艇

攻击型核潜艇是采用核动力装置推进，以鱼雷和战术导弹作为进攻性武器的核潜艇。美国发展攻击型核潜艇起步最早，技术水平始终居世界领先地位。从1954年第一艘攻击型核潜艇——"鹦鹉螺"号服役开始，美国已发展了六级批量生产的攻击型核潜艇，分别为"鳄鱼"级、"鲤鱼"级、"长尾鲨"级、"鳄鱼"级、"洛杉矶"级、"海狼"级，正在打算发展新一级攻击型核潜艇。20世纪50年代中期以来，苏联（俄罗斯）已建造N级、V级、"阿尔法"级、"鲨鱼"级、"北德文斯克"级五级攻击型核潜艇。英国、法国及中国也研制了一定数量的攻击型核潜艇。

（3）常规潜艇

常规潜艇是由常规动力推进的一种既能在水面航行，又能在水下隐蔽活动的战斗舰艇。近年来，局部冲突时有发生，常规潜艇在局部战争中有明显优势。各国海军十分重视常规潜艇的发展，德国、法国、俄罗斯、意大利、瑞典、荷兰、日本等老牌潜艇建造国争先推进新一代常规潜艇的开发，以增强海上军事实力。

（二）信息化海上作战平台的发展趋势

1. 水面舰艇向大吨位远续航力和提高综合作战能力方向发展

随着高新科技的发是和海上作战的需要，水面舰艇将向着大吨位远续航力和提高综合作战能力的方向发展，使之在现代海战中充分发挥"基本兵种"的作用。根据目前掌握的资料分析，水面舰艇的发展将主要集中于以下几个方面：一是研制新型导弹发射装置，提高水面舰艇的作战能力。各种类型的舰载导弹，是水面舰艇的主要攻防武器。导弹的携带数量是构成水面舰艇作战能力的主要因素。水面舰艇以往采用的臂式发射架、箱式发射架等，较为笨重，需占用较大空间，战斗使用也不够简便，限制了舰艇携带导弹的数量。随着导弹垂直发射技术的研制成功，新型导弹发射装置将采用"井"式结构，可使每艘舰所携带的各型舰载导弹达到上百枚，从而极大地提高海上作战能力。二是采用新型动力装置，提高水面舰艇的机动能力。动力装置是水面舰艇的"心脏"，其性能决定了水面舰艇的机动能力。与航空兵器相比较，水面舰艇的机动能力差是一个十分明显的弱点。采用新型动力装置，提高水面舰艇的机动能力，是水面舰艇发展的一个重要方向。目前，水面舰艇采用的动力装置有核动力装置、蒸汽轮机动力装置、内燃机（主要是柴油机）动力装置和燃气轮机动力装置。其中，燃气轮机动力装置是一种新型动力装置，越来越多地在各型水面舰艇上采用。为了弥补燃气轮机耗油量大的缺陷，各型水面舰艇往往是把燃气轮机和其他发动机组成联合动力装置，通常采用的联合方式是柴燃联合装置和全燃联合装置。三是研制新船型。船型是一种船舶区别于其他不同类型船舶的特征综合。开展对船型的研究，探索适合建造各种水面舰艇的新船型，对水面舰艇的发展具有深远的战略意义。研究适合水面舰艇的船型，其目的和要求是：提高水面舰艇的机动能力；提高水面舰艇的隐蔽性；提供更大的空间，以装载更多的武器装备。根据资料分析，正在探索、研究的新船型有多种。其中，引起关注的主要有半潜型和深V型三体舰。四是采用隐形技术，提高水面舰艇的隐蔽性。机动能力低，隐藏性差，易被发现和遭到攻击，是水面舰艇的主要弱点。提高水面舰艇的隐蔽性，实质上就是提高水面舰艇的生存能力。随着隐形技术的发展和在水面舰艇上的广泛应用，这个弱点可望得到解决。当前水面舰艇所采用的隐形技术主要有两个方面：一是尽可能地减少雷达波的反射面积；二是采用降噪技术，将舰艇的主机与舰壳相隔离，舰壳的振动大为减轻，明显地降低了噪声。

	2. 潜艇向着提高水下机动能力、水下搜索目标能力、水下攻击能力和隐身能力等方向发展

	随着高技术的广泛运用，潜艇将向着进一步提高水下机动能力、水下搜索目标能力、水下攻击能力和隐身能力等方向发展。一是提高潜艇水下机动能力。提高潜艇水下状态的水平机动能力和垂直机动能力，历来受到人们的高度重视，主要包括：增大常规动力潜艇的水下航速和水下续航力；提高核潜艇在浅水海区的机动性能；增大潜艇的下潜深度。二是提高潜艇水下搜索目标能力。提高潜艇在水下状态时隐蔽地搜索目标能力，能有效地提高潜艇的作战能力和防御能力，是潜艇发展的重要目标之一。改进潜望镜的性能，能有效提高潜艇在潜望深度搜索海面目标和空中目标的能力，因此要积极发展多用途潜望镜。提高潜艇搜索水下目标的能力，其主要途径是增大潜艇声呐的探测距离，为此，除了采用各种先进技术提高声呐性能外，还应从潜艇装备的其他方面加以改进，如降低潜艇本身的噪声，为声呐搜索目标创造一个安静的环境，从而增大声呐搜索目标的距离。三是提高潜艇水下攻击能力。这是潜艇装备发展的主要趋势。潜艇水下机动能力、水下搜索目标能力、导航定位精度和武器效能的提高以及降低潜艇噪声等，都能直接或间接地提高潜艇水下攻击能力。为提高飞航导弹潜艇水下攻击能力，除了进一步提高潜射飞航式导弹的抗干扰能力和命中概率以外，还将增大潜艇飞航式导弹水中段的航程。这种能保持发射艇位置的隐蔽性，缩短在空中飞行的时间，使对方可用于抗击导弹的时间更为仓促，有利于提高潜艇飞航式导弹的命中概率，从而提高飞航导弹潜艇的水下攻击能力。四是提高潜艇隐身能力。这是今后潜艇发展的一个重要趋势。潜艇噪声直接关系到潜艇的隐蔽性，并影响声呐对目标的探测效果，对艇员的健康也有不利的影响。因此，降低潜艇噪声成为发展潜艇装备的主要内容之一。隐身技术的另一个体现是艇体吸声材料涂层，它可以吸收对方主动声呐波，使波不能被反射或减少其反射。各国在这方面取得了一定的进步，现在许多潜艇都涂有吸声材料。事实说明，今后发展的方向将不再是一味降低噪声，而是朝"隐身潜艇"的方向发展。此外，潜艇还将向进一步提高反潜自导鱼雷的防御能力以及提高综合控制水平方向发展。

三、信息化空中作战平台

	信息化空中作战平台是空军最主要、最基本的装备，也是海军和陆军的主

要兵器之一，可以装载各种导弹、机炮、航弹、制导炸弹和电子战装备。它的机动性能好，突防能力强，能出其不意地发起攻击，给敌人以毁灭性的打击，有效地支援地面和海上的作战行动。信息化空中作战平台的数量和质量将对未来信息化战争的各个方面产生重大的影响。

（一）信息化空中作战平台的发展历程

信息化空中作战平台作为空空和空地作战的主要技术装备和运载工具，主要有战斗机、轰炸机、直升机、反潜巡逻机、侦察机、军用运输机、预警机、电子对抗飞机、中加油机和军用教练机等。

1. 战斗机

战斗机又称歼击机，按其承担的主要任务可分为对空作战和对地攻击两大类：前者由格斗机（又称空中优势战斗机）和截击机组成；后者由战斗轰炸机（我国称歼击轰炸机）和攻击机（我国称强击机）组成。从 20 世纪 50 年代出现第一代超声速战斗机，到现在已经发展到第四代。第四代战斗机隐身特性、超声速巡航和超声速机动性更为突出，其代表机型有 F-22 等。

知识链接

歼-20 战斗机

歼-20 战斗机是中国成都飞机工业（集团）有限责任公司为中国人民解放军研制的第四代（按照中国、欧美战斗机划分标准为第四代，按照俄罗斯战斗机代次划分标准则为第五代。）双发重型隐形战斗机，用于接替歼-10、歼-11 等第四代空中优势战机。歼-20 采用了单座、双发、全动双垂尾、DSI 鼓包式进气道、上反鸭翼带尖拱边条的鸭式气动布局。机头、机身呈菱形，垂直尾翼向外倾斜，起落架舱门为锯齿边设计，机身以深黑色涂装，而歼-20（2012）采用类似于 F-22 的高亮银灰色涂装。侧弹舱采用创新结构，可将导弹发射挂架预先封闭于外侧，同时配备国内最先进的新型格斗导弹。2011 年 1 月 11 日在成都实现首飞。2016 年 11 月，歼-20 飞机在第 11 届中国国际航空航天博览会（中国航展）上进行飞行展示，这是中国自主研制的新一代隐形战斗机首次公开亮相。2018 年 2 月 9 日，歼-20 开始列装空军作战部队。

2. 轰炸机

轰炸机是专门用于对地面、水面（下）的目标实施轰炸的飞机，是航空兵实施空中突击的重要力量。轰炸机按遂行任务的范围分为战略轰炸机和战术轰炸机。战术轰炸机因其自卫能力和机动性能差，从 20 世纪 50 年代中期起，各国已不再研制，而被战斗轰炸机所取代。20 世纪八九十年代，美国研制成功的 B-2 隐形战略轰炸机，是当代性能水平最高的轰炸机，主要靠隐身实现高空或低空突防，其雷达反射截面只有 0.1 平方米。

知识链接

美国 B-2 隐形轰炸机

轰炸机的典型代表是美国 B-2 隐形轰炸机，集当代高技术于一身，是世界上第一种重型隐形轰炸机。为达到隐身目的，该机外形与传统的飞机完全不同，采用先进的翼身融合的飞翼构形。没有明显机身，没有垂直尾翼，整架飞机呈扁平流线型，就像是由两只大机翼对接而成。机翼前沿从机头到翼尖是一条直线，成后掠角 33 度的锐角，上下是拱弧形固定式结构，后缘成 W 形。机体采用吸收雷达波的蜂窝状结构，主要使用复合材料，机体外表材料和涂层可以减少雷达波的反射和热辐射。飞机前沿及翼尖有介质层覆盖在能够散射波的锯齿状结构上。发动机进气道为 S 形，两个 V 形尾喷口置于机翼上，而且距离机翼后缘较远，从而大幅度减少了发动机及进气道的雷达反射波，雷达天线置于机舱内，武器全部挂在弹仓内，无外挂武器。上述技术措施使飞机的雷达反射面积只有 0.001～0.1 平方米，与一只小鸟相当。B-2 隐形轰炸机机翼展 52.43 米，机长 21.03 米，机高 5.18 米。最大速度为马赫数 0.8，实用升限 15240 米，最大航程 12231 千米，进行一次空中加油大于 18530 千米，两次加油可到达全球各地。

3. 运输机

军用运输机是运送人员、武器装备和其他军用物资的飞机，用以实施空运、空降和空投，以保障地面部队实施空中快速机动。按运输能力分为战略运输机和战术运输机。第二次世界大战结束后，美国成了军事运输机制造领域的领头羊，先后制造了 C-74 "环球霸王"、C-130 "大力士"、C-124 "环球霸王" 2、C-133 "货机霸王"、C-141A、C-5A "银河" 等军用运输机。苏联也生产了安-8、安-12、安-22 "安泰" 军用运输机。美国在 20 世纪 90 年代推出了属于第五代的 C-17A "环球霸王" 3 型战略军用运输机。俄罗斯则发展了安-70 新一代军用运输机。

4. 直升机

直升机是依靠发动机带动旋翼产生升力和推进力的航空器。随着直升机技术的日益成熟，直升机的种类、型号也在不断发展，形成了一个庞大的直升机家族。按照用途可将直升机分为武装直升机、运输直升机和战斗勤务直升机三种类型。目前，军用直升机正在向第四代隐形直升机方向发展。美国陆军正在研制的 RAH-66 "科曼奇"侦察、攻击及空战直升机就是第四代直升机的典型代表。

知识链接

直-20 通用直升机

直-20 通用直升机是一款战术型武器装备，采用单旋翼尾桨、低位后置平尾构型，采用低阻气动外形、高性能旋翼气动布局总体设计；其首次装备我国自主研制的旋翼防除冰系统，一举打破美欧俄等国的技术封锁，解决直升机飞上青藏高原的最大难题；它也是我国首次应用电传飞控系统等多项先进技术的国产直升机，填补了我国直升机的多项空白，完成了从第三代到第四代的跨越，使得中国直升机首次迈入国际一流行列。此外，直-20 不仅有陆航版，还进一步发展出海军航空兵版本，有效增强海军反潜能力。

5. 预警机

预警机是集情报探测、通信导航、电子对抗、信息传输于一体的大型综合电子信息装备，预警机最早出现在第二次世界大战后期。目前，国外预警机的发展大致经历了三代，并正在向第四代相控阵雷达预警机的方向发展。20 世纪 80 年代中期以来，美国、以色列、瑞典、荷兰等国，竞相发展第四代新型相控阵雷达预警机，即用电扫描相控阵天线雷达取代机械扫描旋转天线雷达，这是预警机雷达体制发展中的重大革新。目前，以色列的"费尔康"、瑞典的"梅特罗 3"、荷兰的"极乐鸟"等相控阵雷达预警机都已研制成功，美国空军、海军和海军陆战队正在分别研制波音 747-200 型、S-3 型和 V-22 型相控阵雷达预警机。

知识链接

"鹰眼"预警机

E-2C"鹰眼"预警机是美国格鲁曼公司为美国海军研制的舰载预警机。1971年1月20日原型机首飞，1973年开始服役，主要用于舰队的防空预警和空中作战的指挥引导。E-2C参加过中东战争、海湾战争、科索沃战争和伊拉克战争等多次局部战争。该机采用悬臂式梯形上单翼4垂尾布局，为减少在航空母舰上的停放空间，外翼可旋转90度向后折起；前三点起落架，机身后部有着舰拦阻钩；圆盘状雷达天线罩设在后机身上部。乘员5人，分别为正驾驶员、副驾驶员、作战情报官、雷达操纵员和空中控制员。动力装置为2台T-56-A-427涡轮螺旋桨发动机，最大功率2×3803千瓦。机上配备有高分辨率AN/APS-145雷达，对飞机探测距离超过556千米，扫描范围达965万立方千米，能同时跟踪2000个目标，引导40架飞机作战。另外，机上还装有卫星导航系统、座舱显示系统、通信设备。翼展24.56米，机长17.60米，机高5.58米，机翼面积65.03平方米；空机质量18363千克，最大起飞质量24687千克，最大平飞速度626千米/时，巡航速度480千米/时，实用升限11275米；转场航程2854千米，活动半径320千米，续航时间6小时15分，起飞滑跑距离439米。

（二）信息化空中作战平台的发展趋势

随着信息技术不断发展，空中作战平台的信息化水平进一步提高，其发展趋势有如下几点。

1. 更加注重多用途作战能力

今后战斗机发展都要求多用途化，在设计研制时就提出明确需求。因此，战斗机在无须改型的情况下，自身就兼有很强的对地攻击能力；若进行专门的改进，则对地攻击能力更强。"一机多用"或"一机多型"将成为战斗机发展的标准模式。同时，战斗机与攻击机的界限也将越来越模糊。

未来运输机通过功能模块的变更与替换，或经过适当改装，变成多用途飞机，如能成为救护伤病员，并可进行手术治疗的空中医院；成为歼击机、强击机、歼击轰炸机补充燃料的空中加油机，以及充当轰炸机的替补；成为隐蔽性较好的侦察机、空中预警机、携载和发射无人机的母机等。如在研的"平台型运输机"具有一般运输机的各大系统，具备基本飞行功能，可按"战术—技术"要求或"使用—技术"要求完成特殊运输任务。应用了模块设计，即在该运输机上安装各种功能的方舱,以达到各种布局的变化,实现一机多型、一机多用。

2. 更加强调隐身性能

现役的战斗机 F-22、轰炸机 B-2A、战斗轰炸机 F-117A 等都具备了良好的隐身性能。目前,美国、俄罗斯正在研制的新一代作战飞机都十分强调隐身性能。美国军方考虑研制的军用运输机具有隐形特点,能向战区运送部队和军事装备,以及大规模毁灭性武器。新一代直升机将采用现代化的传感器和先进的复合材料技术以及各种吸波材料涂层,使其雷达反射截面、红外特征值减小,提高其隐身性能。

3. 不断改进现役空中作战平台

战略轰炸机技术复杂,研制、采购和使用维护费用极为昂贵,一般中小国家无力涉足。美国现已装备有世界上最先进的轰炸机,目前尚无研制新一代轰炸机的具体计划。俄罗斯现装备的轰炸机,虽然数量略超过美国的装备数,但性能与技术水平稍逊于美国轰炸机,但苦于经济困境,至少在相当一段时间内俄罗斯无力顾及发展新型轰炸机。因此美、俄现役轰炸机至少还将服役三四十年之久。在此期间,将主要是对现役轰炸机不断改进、改型。

为适应未来战争的需要,许多国家(地区)和组织正在着手对他们的预警飞机进行改进。美国和英国目前正在实施 E-3 预警飞机雷达系统改进计划,通过提高脉冲多普勒雷达灵敏度、采用高可靠性新型处理机和重新修改软件等,提高探测跟踪小目标和隐身目标的能力。美国、埃及、以色列、日本、新加坡等国和中国台湾先后着手进行 E-2C(E-2T)预警飞机的改进计划。

4. 无人作战平台向实用化方向迈进

无人机的造价低,隐蔽性能好,生存能力强,而且不受人的生理条件限制,在现代战争中有广泛的用途。采用高技术研制新型无人机将是空中作战平台今后发展的一个重要方向。自主式无人机和遥控机器人无人机除继续执行战场监视、侦察、电子对抗、通信中继、战场运输、气象监测和模拟假目标等任务外,还可执行空战和对地攻击任务,其作用将越来越大。

近年来,随着各种平台、推进、导航和控制系统以及传感器技术的飞速发展,加上无人机在阿富汗战争中的出色表现,推动了世界各国,尤其是美国无人作战平台的革新和发展。美国将继续加大对无人机的投入,同时将"捕食者""全球鹰"和"无人作战飞机"(UCAV)作为美国国防部的重点发展型号。

5. 提高电子对抗能力

除专用的电子对抗飞机外,一般的作战飞机自卫电子对抗设备将进一步发展。除进一步扩大频宽、增大有效辐射功率外,还将发展以电子计算机为核心的自适应系统。这种系统能在复杂的电磁环境中截获、分析和处理各种电磁信号,并根据这些信号反映出的威胁类型和程度自动选择对抗措施。

第三节 综合电子信息系统

综合电子信息系统是指由多个信息系统综合集成的,为诸军种、兵种联合作战提供信息作战能力的一体化大型军事信息系统。它是对各军种、兵种所使用的信息系统进行的综合设计、综合集成和综合运用,是信息系统和指挥系统、武器系统、保障系统的黏合剂,是武器装备形成体系的纽带,是保障陆军、海军、空军和战略导弹部队等各军种遂行联合作战指挥和信息战的主要手段,是指挥控制、情报侦察、预警探测、导航定位、通信和信息战、电子战等要素多层次、大范围、综合一体化的大系统,也是增强军队整体作战能力和信息作战能力的倍增器。

一、指挥控制系统

(一)指挥控制系统的基本概念

指挥控制系统是支撑指挥员及其指挥机关对所属部队及武器系统进行指挥控制的系统。指挥控制系统是综合电子信息系统的核心组成部分,是实现各项作战业务和指挥控制手段自动化的信息系统,是综合电子信息系统的核心,在作战过程中辅助指挥员对部队和主战兵器实施指挥控制。指挥控制系统具有较强的信息收集与处理、信息传递、信息检索、信息显示、辅助决策、武器控制、系统监控和适时报告运行状态与安全保密等功能。指挥控制系统包括指挥组织、信息处理系统及各种设备,并用通信系统把它们联为一体,其主要部分有指挥组织各成员席位与工作台、各种显控设备、服务器、视频指挥系统等。

(二)指挥控制系统的发展趋势

1. 指挥控制系统一体化

指挥控制系统一体化是实现一体化联合作战的基础,其发展的一个重要的方向是实现从传感器到武器平台的一体化。通过将情报侦察系统与作战指挥、电子对抗和火力武器等系统和平台联为一体,最大限度地满足指挥和作战的情报需求,使打击行动具备实时和近实时性,从而提高火力打击的效率,在现代战争中具有重要地位,发挥了举足轻重的作用。指挥控制系统一体化主要包括以下几个方面：一是战略、战役和战术信息系统一体化，以战役、战术为主；二是全军指挥自动化系统一体化，建设信息栅格服务；三是指挥系统与武器平台一体化，实现从传感器到射手的快速打击。

2. 指挥控制系统智能化

错综复杂的电子对抗和信息对抗环境，迫使军事电子信息装备朝着智能化方向发展。随着新型高能计算机、专家系统、人工智能技术、智能结构技术、智能材料技术等的出现和广泛应用，指挥控制系统装备智能化将成为现实。指挥控制系统装备智能化主要表现在以下几个方面：一是态势感知透明化，增强对战场态势的感知能力；二是指挥决策智能化，提高决策的正确性和指控的准确性、灵活性，提高作战效能；三是作战协同网络化，实现作战活动自我同步，提高兵力协同和武器装备协同作战能力。

3. 指挥控制系统组织运用高效化

随着军队信息化建设和指挥控制系统的发展完善，指挥控制系统的组织运用呈现出高效化的发展趋势，主要体现在以下几个方面：一是将以模块化、可部署指挥所为中心，组织整体保障，进一步提高指挥控制系统适应部队高度机动要求的组织调整能力；二是随着机动指挥控制系统越来越依托无基站的无线网络，将使战场频谱管理和网络管理进一步得到加强。频谱管理呈现出从单一功能、频段向多功能、全频段，从满足某一特殊需要向面向联合作战权威频谱管理发展，注重嵌入式等频谱管理的系统和模块的研制，加强战场频谱网络化管理和智能化辅助决策技术研究，提升频谱管理的共享能力的发展趋势。网络管理呈现出不断提高网络的安全路由交换能力、可控可管能力、动态组网和顽存能力、子网随遇接入能力、即插即用能力和端到端通信服务能力的发展趋势。

（三）指挥控制系统的战例应用

1991年的海湾战争中，美军利用当时的 C^3I 系统实现了有效的联合作战，在战争中发挥了重要作用，但同时也暴露了兼容性差、互通性和信息共享能力差等缺陷。海湾战争结束后，美军加大了对 C^3I 系统的建设投入，并不断发展，形成了 C^4ISR 系统。在科索沃战争、阿富汗战争和伊拉克战争中，美军通过 C^4ISR 系统实现了作战部队和各级指挥机构甚至国家指挥当局的连续高速联络，做到了信息实时共享与行动的协调同步，并大大提高了作战效率，其打击链所需时间由海湾战争时的100分钟缩短至阿富汗战争的20分钟左右，基本实现了发现即摧毁。

二、预警探测系统

（一）预警探测系统的基本概念

预警探测系统是综合电子信息系统的重要组成部分。它的主要功能包括及时发现目标、稳定跟踪目标、位置预测和报告、准确识别目标、作战效果评估。即将担负不同任务的预警探测资源联合形成一个能够探测远、中、近距，兼顾高、中、低空以及空间、海面目标，具备全时域、全空域作战能力的预警系统在尽可能远的警戒距离，及时、准确地探测到来袭目标；通过多源信息的综合集成，完成从目标的发现到连续的跟踪，为指挥系统提供可靠、准确的预警信息；在发现和跟踪目标的同时，可根据目标的运动方向和速度等信息，对目标的位置进行预测，以便更好地、及时地跟踪目标，并将目标的位置信息报给相关的指挥机构，以便后者及时作出指挥决策，并预测攻击的线路，引导拦截武器；综合目标特征信息，判定目标属性，给出结果和可信度，为指挥控制提供依据；综合多种技术手段，对战斗效果进行评估，将评估结果报告给指挥系统供决策。

预警探测系统主要由传感器系统、预警信息处理系统和预警信息传输系统三部分构成。其中，传感器系统负责搜集信息；预警信息处理系统负责对传感器系统获取的信息进行综合处理，形成供指挥用的情报信息和武器系统的引导信息；预警信息传输系统将传感器系统、预警信息处理系统和指挥控制系统链接起来。预警探测系统按作用可分为战略、战役和战术预警探测系统；按目标种类可分为防空、反导弹、防天、反舰（潜）和陆战等预警探测系统；按传感器平台可分为陆基、海基、空基和天基预警探测系统。

（二）预警探测系统的发展趋势

1. 发展机载与星载大空域监视、多功能相控阵雷达预警探测系统

根据军事需求，只有多功能的相控阵雷达才能集搜索、跟踪、武器控制于一体，也只有与升空平台结合，才有监视全空域的能力，对来袭的超低空目标提供必要的预警距离、反应时间和引导拦截的能力。为了提高距离分辨力达到飞机尺寸的量级，完成分辨飞机架数的任务，将普遍应用带宽10兆赫兹的发射信号。要提高角度分辨力以便对目标成像，必须采用机载合成口径雷达体制。

2. 发展对隐身目标挑战的预警探测系统

美国把隐身技术称为一张技术王牌，它的成功引起世界各国军事界和科技界的震惊，认为它是对雷达最严重的挑战。这使得传统的单基地、窄频带信号、常规体制的微波雷达的探测距离缩短到原来的18%，使得大部分防空的预

警探测系统失效。因此，雷达技术必须进行革命性飞跃，才能克服隐形飞机的威胁。对抗隐身目标挑战的预警探测系统的措施将是：增加雷达的有效辐射功率与天线口径乘积和灵敏度；采用宽频带的频率较低的雷达，甚至采用多频段的雷达；发展多基地雷达；改进短波超视距离雷达的可用性与灵敏度。

3. 发展功能综合化的预警探测系统

21世纪初，战争的形式是密切依靠信息和高技术的、以精确打击军事目标为主的立体化战争。预警探测系统和雷达的任务是全空域监视、快速的反应能力、精细的目标分类和识别。要将多部雷达的功能综合于一部雷达之中，需要采用更高级技术才能实现。机载相控阵雷达可以完成局部战区范围内高、低空兼顾的综合探测能力，又可以综合各种合成口径（常规形式的、斜视形式的、聚束照射形式的）、逆合成孔径雷达的功能，将是完成上述任务的近期目标。卫星载的固态相控阵雷达可以在整个战场（跨度几千千米）内完成这些任务，并指挥控制武器系统进行作战。这是21世纪预警探测系统和雷达功能综合化的目标。

4. 发展与其他电子信息系统一体化的预警探测系统

在综合电子信息系统中，与预警探测系统关系密切的还有通信、导航、电子对抗与指挥控制中心等电子系统，将它们一体化，是提高整个系统效率、可靠性、快速反应能力、生存能力等的关键。例如，机载微波相控阵雷达可以用分时处理办法来执行导航雷达的功能；雷达可与可见光、激光、红外、毫米波、电子战支援设备组成多传感器的、高质量的一体化预警探测系统；雷达和电子对抗装备的一体化，可以有效地提高雷达在现代战争中的生存能力。

（三）预警探测系统的战例应用

海湾战争中，美国使用了众多的预警探测系统和情报侦察系统，对伊拉克实施了多种信息战进攻，最终使伊拉克的飞机和防空武器几乎完全丧失战斗力，只能放下武器，宣告失败。战争过程中有多架E-3A空中预警指挥飞机昼夜监视伊拉克上空的各种目标，并指挥空中作战；E-8A联合监视和目标攻击雷达系统从空中精细地观测地面目标，为各军种提供攻击地面目标的信息。美国在这次战争中使用了100余颗通信、侦察等各类卫星。在42天的战争中，以美国为首的多国部队依靠指挥、控制、通信、计算机和情报系统的情报处理和辅助政策，平均每天指挥2600架次飞机攻击以百计的伊方目标，多次摧毁伊拉克的指挥中心和通信枢纽，对伊方的雷达和无线电通信施放干扰或进行摧毁。有人风趣地比喻这场战争是"硅片战胜了钢铁"。

三、导航定位系统

（一）导航定位系统的基本概念

导航是引导飞机、舰船、车辆或人员（统称为运载体）准确地沿事先规定的路线准时地到达目的地的过程，为实现导航所发展起来的技术称为导航技术。定位是确定物体或点在规定的坐标系中位置的过程，定位借助于导航系统完成。导航系统为运载体的驾驶人员或自动驾驶设备提供运载体的实时位置。航行中的运载体根据实时位置和时间，便可以导出当前的偏航距、应航航向、待航距离和待航时间，从而对运载体进行操控，实现对运载体的引导。所以实时位置是导航系统引导运载体航行最基本的信息。随着导航技术的发展，导航系统除了为运载体提供实时位置信息之外，还提供速度、航向、姿态与时间等信息。导航系统一般可分为自主式导航系统（包括惯性导航系统、多普勒导航系统等）、他备式导航系统、卫星导航系统、组合导航系统等。随着近代科学技术的飞速发展，导航系统得到了广泛应用。导航和定位系统在国民经济和现代战争中的作用越来越大。

（二）导航定位系统的发展趋势

1. 向多系统组合式导航方向发展

世界各国、各地区和组织纷纷建立自己的卫星导航定位系统，我国的"北斗"导航、欧盟的"伽利略计划"就在此列。可以预料，未来几年内将会出现多种系统同时并存的局面，这为组合导航技术的发展提供了条件。通过对全球定位系统（GPS）、"北斗"、"格罗纳斯"、"伽利略"等信号的组合利用，不但可提高定位精度，还可使用户摆脱对一个特定导航星座的依赖，可用性大大增强，多系统组合接收机有很好的发展前景。

2. 向差分导航方向发展

使用差分导航技术，既可降低或消除影响用户和基准站观测量的系统误差。包括信号传播延迟和导航卫星本身的误差，还可消除人为因素造成的误差。随着全球定位技术的发展，差分导航将得到越来越广泛的应用，将应用于车辆、船舶、飞机的精密导航和管理，大地测量、航测遥感和测图，地籍测量和地理信息系统（GIS），航海、航空的远程导航等领域。其本身也会从目前的区域差分向广域差分、全球差分发展，其导航精度将从近程的米级、分米级提高到厘米级，从远程的米级提高到分米级。

(三)导航定位系统的战例应用

1991年1月17日,美国以打击伊拉克入侵科威特为名发动海湾战争,其前期的空袭行动,即"沙漠风暴"被看作是第一场"星球大战",GPS在这次行动中崭露头角,让人们开始了解它非凡的力量。按照计划,美军的GPS完全部署好,一共需要发射24颗卫星,而至少需要8颗卫星才能保证覆盖整个海湾地区。"沙漠风暴"行动开始的时间非常巧,几乎就是空军部署完成第一个GPS星座的同一天。在海湾战争爆发之前的16个月时间里,空军先后发射了8颗导航卫星。1990年8月2日,就在第8颗卫星从佛罗里达州的卡纳维拉尔角发射升空的这天,伊拉克入侵了科威特。在空袭行动的最初几分钟内,一支名为"诺曼底"的直升机分队开始执行先期攻击任务。这支攻击部队由陆军AH-64"阿帕奇"武装直升机和空军MH-53特种直升机组成。在MH-53的引导下,整个攻击分队利用夜幕作掩护,采用低空飞行的方式,突破了伊军防线,一举摧毁了敌军早期在伊沙(特)边界上布置的两个预警雷达营,取得了"完美"的战果。

明眼人看出了此次行动背后的玄机。原来参加此次攻击行动的空军飞行员和陆军航空兵在研究任务方案时,仔细分析了两种直升机的性能特点:MH-53没有装备武器,因此不具备攻击能力,但是装备了高精度的GPS导航设备;而AH-64火力虽强大,但是它的飞行导航和目标定位精度非常低,再加上平坦的沙漠地区缺少参照物,因此它很难在夜间发现敌军目标。因此,美军将MH-53辅助行动,依靠它装备的高精度GPS导航设备,为"阿帕奇"配上了"眼镜",而且从某种程度讲,这个"眼镜"的精度足以和"显微镜"媲美。两种直升机取长补短,充分利用了GPS的优势,发挥了超出预想的战斗力。这次任务的成功完成,具有非常重要的意义。因为它打开了伊军防线,使得后续一波接一波对敌军腹地的大规模轰炸任务能够顺利实施,也确保了其他作战飞机的安全。

第四节 信息化杀伤武器

信息化杀伤武器是指在物理空间、信息空间和认知空间战场上,为达到信息化条件下"硬"对抗作战目的,所使用的各种"硬杀伤"型信息化装备。本节重点介绍新概念武器、精确制导武器和核生化武器的发展趋势和战例应用。

第五章 信息化装备

一、新概念武器

（一）新概念武器的基本概念

新概念武器是指在工作原理和杀伤机理上有别于传统武器、能大幅度提高作战效能的一类新型武器。这种新型武器在设计思想、系统结构、总体优化、材料应用、工艺制造、部署方式、作战样式、毁伤效果等方面都不同于传统武器，其研究和应用将为未来高科技战争带来革命性的影响和变化。目前，正处于探索和发展中的典型新概念武器，主要有定向能武器、动能武器、声波武器、气象武器、基因武器和计算机病毒武器等。这些新概念武器为武器装备的发展开辟了崭新的领域，在一定程度上代表了未来武器装备的发展方向。

（二）新概念武器装备的发展趋势

信息化武器装备体系的重要成员之一是新概念武器。目前，美国、俄罗斯等正在研制的新既念武器主要有以下三类。

1. 定向能武器

定向能武器主要包括激光武器、微波武器和粒子束武器。当前，美国是激光武器发展总体水平最高的国家，与美国水平最为接近的是俄罗斯，其次还有法、英、德等国。从它们对于激光武器的研发和应用，可看出这类新概念武器有如下发展趋势：机载激光武器被纳入战区弹道导弹助推段防御系统，快速形成携带激光武器作战机群已成为一种趋势；反卫星激光卫星越来越重要，其跟踪与摧毁在轨卫星的高功率光束传输技术已成为研究重点，研发有效摧毁低轨卫星的高能激光武器系统是重要发展方向；战术激光武器将向紧凑化、通用化和普及化的方向迅速发展。微波武器对于现代战争与作战有重要作用及对未来战争的很好应用前景，决定了它将快速发展并具有以下发展趋势：微波武器将以精确制导武器或无人作战飞机作为优选武器平台，这是因为微波武器很可能作为未来压制敌空袭的最优先战术应用，因此精确制导武器和无人作战飞机必将成为最有效的作战平台；微波武器及其系统的关系器件将继续向小型化、高效率、高功率的方向发展，因为只有这样，才能为微波武器（系统）实用化与运载平台的有机结合奠定坚实基础。目前粒子束武器技术还未成熟，有的还处于探索甚至攻关阶段，但是，随着对粒子束武器的深入研究、试验和实践，它终将会成为未来空天一体信息化作战的高效进攻／防御武器，作为高速拦截武器，用于对付飞机、导弹和卫星等目标，或用于主动识别中段弹道导弹的真假弹头。

2. 动能武器

动能武器主要包括动能拦截弹和电磁发射武器。它依靠高速运动的弹头或弹头碎片摧毁目标。美国、俄罗斯、英国、法国和以色列等都在发展动能拦截弹。自20世纪30年代以来，美国已研制出第一代动能拦截弹，正在研制第二代产品，并开始发展第三代技术。电磁发射武器是动能武器中的新秀，是利用电磁能或电热化学能产生推力，使弹丸或其他有效载荷获得动能的武器，主要包括电热炮和电磁炮。电磁炮与普通火炮相比，具有射速快精度高、射程远动能大、抗电子干扰强、隐蔽性好和毁伤效果好的显著优点。美、英、法等国在此方面居世界前列，特别是美国研发的电磁炮不仅性能好，而且已经投入实践使用。目前，俄罗斯、以色列、德国、日本等都在加紧研发电磁炮。电热炮（ETC）亦称电热化学炮或电热发射器。电热炮研发开始于20世纪80年代中期，是一种利用电能转换为热能，使推进剂燃烧产生高温、高压气体，发射超高速弹丸的动能武器。电热炮具有弹丸初速高、威力大、射程远、可控射程、反应快等突出特点。美国是世界上最早研发电热炮的国家，并一直处于技术领先地位。电热炮是一种具有强劲发展势头的动能武器，其军事应用前景广阔，可用于天基反导系统、防空系统、反装甲武器、改装常规火炮等。

3. 非致命武器

非致命武器是指为达到使作战人员和武器装备失能并使附带破坏最小化而专门设计的武器系统，又称为失能武器或非杀伤性武器，主要包括超级润滑剂、材料脆化剂、超级腐蚀剂、超级胶黏剂、动力系统熄火弹、激光致盲武器、次生武器、化学失能剂等。非致命武器虽然已经发展了很多门类，但仍然是一个较新的武器种类。一些人对非致命武器存在认识误区，认为它们并不重要，这种观点是极端错误的。加强这类武器的研究，无论是对于确保国家的安宁，还是用作军事用途，都有巨大的意义。军事专家预言，未来十年，非致命武器将广泛用于战场。

（三）新概念武器的战例应用（以非致命武器为例）

相对于传统致命武器，非致命武器在减少持久伤害以及附带伤害方面有着无可比拟的优势，可以广泛应用于维和、防暴、反恐行动中。世界各地的军队正在越来越多地寻求非致命武器，以减少使用传统弹药所造成的毁灭性后果。非致命武器可以在多种情况下使用，但重要的是，它们很少造成持久的损伤或财产损失。这对于"攻心"战至关重要，因为在这种军事行动中，赢得当地居民的支持是必不可少的。

伊拉克和阿富汗战争的实践表明，未来城市作战环境将异常复杂，士

第五章　信息化装备

兵与平民混杂一处，难以区分。为了取得胜利并减少附带杀伤，非致命武器成为军队的主要装备之一，像胡椒喷剂、橡皮子弹、激光致盲器、高功率扩音器或强光灯等均可纳入其范畴。军用非致命武器不仅能在近距离使敌人及其装备暂时失能，还能对可疑人员或车辆实施"非杀伤性远程阻击"（限制其行动能力等），直至判明其身份。五角大楼已组建"联合非致命武器委员会"，负责研究各类非致命武器。在其指导下，美国海军陆战队驻勒吉恩基地的一个连已接受了验证相关装备的任务。此外，美国陆军也列装了能产生强光和巨响的 M98 非杀伤性榴弹（射程 150 米），可用于哨所警告、人群驱散等行动。

美国军方对于非致命武器的兴趣不断增长，这种趋势也反映在目前正在为其开发的几种新技术。美国海军陆战队已部署了能够使人精神涣散的光学装置，这是一种可以令人眼花缭乱的激光器。另一种有效的非致命武器部署在军事和执法行动中，这是一种声波冲击装置，该设备工作时可以产生高达 150 分贝的声音，尖锐的声响会让人耳感刺痛，用于驱散人群可发出清晰的语音信息，还可用作高音喇叭。

二、精确制导武器

（一）精确制导武器的基本概念

精确制导技术是指直接命中概率超过 50% 的制导武器，是信息化装备的典型代表，已成为信息化条件下局部战争中使用最多的武器。可以说，精确制导武器已成为现代高技术战争的标志性武器和基本火力，也将成为决定战争胜负的重要因素。

（二）精确制导武器的发展趋势

精确制导武器发展和使用的情况表明，进攻性精确制导武器正在向自主式、"发射后不管"方向发展，抗电磁干扰能力逐步增强，制导精度不断提高，防御性精确制导武器将具备全方位保护、分层拦截能力，并且有力地推动着精确制导武器向远程化、系列化、多用途、低成本、智能化方向发展。

1. 采用复合制导提高打击精度

导弹的制导方式主要有惯性制导、无线电制导、红外制导、激光制导和雷达制导等。不同类型导弹通常使用的制导方式有所不同。弹道导弹和打击低速目标的巡航导弹将惯导作为首选，为提高命中精度，多采用惯性制导+GPS 中制导+末制导（红外成像、图像匹配）等，精度可达 80%。防空导弹主要使用指令制导、半主动寻的制导，加末制导的复合制导。复合制导进一步提高精确制导武器的打击精度,且可以全天候、昼夜作战,实现对目标的精确打击。

2. 远程化

为适应未来高科技战争的需要,美军把 3500 千米的纵深区域划入战区范围。为了实现战区纵深精确打击,作为现代战争中空袭主要手段和"杀手"武器的战术弹道导弹、巡航导弹及空地导弹,将增大射程;防御性精确制导武器为实现远距离拦截入侵目标,也将增大射程,致使精确制导武器迅速地向远程化方向发展。战术弹道导弹射程已从 500 千米以内发展到 1000 千米以上,并正在向 2500～3000 千米方向发展;巡航导弹射程正在向 300 千米远的方向发展;空地导弹射程正在由近程 75 千米增加到 100 千米,并正在向 400～600 千米方向发展;防空导弹射程已从几十千米增大到 100 千米,并正在向 1000 千米发展。

3. 系列化

进入 20 世纪 90 年代以来,国际形势发生了重大变化,世界格局呈现多极化和动态变化的态势。各国都纷纷重新调整自己的国际发展战略,武器装备发展系列化的特点更加明显。以防空导弹为例,由于新型导弹的经费高、周期长、风险大,因此美、俄等军事大国在防空导弹领域都选择了"基本型系列化"发展道路,都以一种主战型地空导弹为基本型,如美国重点研制"爱国者"、俄罗斯重点研制 C-300,并在此基础上发展系列化。

4. 低成本

精确制导武器在现代局部战争中扮演了主要角色,从历次战争的使用情况来看,有增加的趋势。未来高技术条件下的局部战争的主要形式是敌对双方利用精确制导武器在陆、海、空、天领域的激烈对抗,战争的持续性和精确制导武器在空袭与反空袭、进攻与防御中密集使用,要求参战的武器装备必须具有一定的规模和数量。要想达到持久性作战的目的,必须想方设法降低精确制导武器的成本,这也与一个国家发展新型武器系统的标准有关,这个标准首先是经济的承受能力,然后是性能,如"战斧"巡航导弹每枚约 75 万～120 万美元,而现在设计研制的"战术战斧"单价为 57.5 万美元。

5. 智能化

未来战争的战场环境越来越复杂,精确制导武器要在极短的时间内将目标摧毁,仅仅依靠人工引导已不可能,必须使制导武器具有某种人工智能,在陆上能区分出坦克、卡车、火炮等不同目标,在空中能区分不同类型的飞机,在海上能区分不同类型的舰船,如美国已经在论证人工智能的"黄蜂"机载反坦克导弹,这种导弹能在距目标很远的飞机上发射,到目标上空能自动俯视战场,搜索、发现、识别敌坦克,然后各子弹头分散攻击不同的目标并攻击其要害部位和薄弱环节。

（三）精确制导武器的战例应用

20世纪90年代以来，世界上发生了数次高技术条件下的局部战争或武装冲突，而反映这些局部战争或武装冲突高技术水平的突出例证，就是精确制导武器得到大量而广泛的运用。通过几个典型战例，可以发现精确制导武器在战争中发挥着不可替代的重要作用。当年美军轰炸越南清化大桥的战例就预示着精确制导武器将成为战场的主角。从1965年4月3日起，美军曾出动了数百架次飞机，投了数千吨炸弹，发射了包括"小斗犬""大斗犬"空地导弹等各种类型的武器，结果却始终未能将桥炸断，反而损失了十几架作战飞机。到20世纪60年代末，美军把一批新一代武器运往越南战场，其中包括新型的"灵巧炸弹"，即电子光学制导炸弹和激光制导炸弹。1972年5月13日，14架F-4各带一枚"灵巧炸弹"飞向清化大桥。炸弹全部命中目标，清化桥被拦腰斩断。到海湾战争，精确制导武器的威力就越发神奇。在美军攻击伊拉克一个发电站时，美军侦察发现该发电站主体外侧还修建有一堵高墙，采取普通攻击手段只能破坏这堵高墙而无法对发电站主体构成致命打击。但这丝毫没有难倒精确制导武器。美军首先发射了一枚"斯拉姆"导弹在高墙上炸开了一个大洞，十几分钟后又发射了一枚该型导弹。这枚导弹在飞行数十千米后，就像长了眼睛一样穿过炸开的大洞直接命中了墙后的发电站主体。从这些战例中，可以认为精确制导武器在战争中将发挥着举足轻重的作用。

三、核生化武器

核生化武器是核武器、生物武器、化学武器的统称，是大规模毁伤性武器。

（一）核武器

1. 核武器的基本概念

核武器是利用重原子核自持链式裂变或（和）轻原子核自持聚变反应，瞬时释放出巨大能量而产生爆炸，对目标实施大规模杀伤破坏的武器。

核武器由核战斗部及其承载壳体等组成。它与投掷发射系统和指挥控制系统等使核武器形成作战能力的各系统共同组成核武器系统。核战斗部的主体是核爆炸装置，简称核装置，由核部件、炸药部件、火工品和其他构件组成。另外，还有核点火部件（中子源），可以设置在核装置内部，有的只可以设置在核装置外部。这些部件与引爆控制系统等一起组成核战斗部，装入承载壳体，即构成核弹。核武器投掷发射系统由运载工具、投射装置及各种辅助设备等组成。核武器指挥控制系统由指挥、控制、通信和情报等分系统组成。

随着核武器技术的发展，核武器种类日益增多，可从不同角度进行分类：按核装置原理结构，可分为原子弹、氢弹和特殊性能核弹，后者包括中子弹、弱剩余放射性弹等；按投掷发射系统，可分为核导弹、核炮弹、核炸弹、核鱼雷、核地雷等；按作战使用，可分为用于打击战略目标、执行战略任务的战略核武器和用于打击战役战术目标的战术核武器；按威力大小，可分为高威力核武器（百万吨梯恩梯当量级）、中等威力核武器（数十万吨梯恩梯当量级）和低威力核武器（万吨梯恩梯当量级及以下），但其界限并不严格。

2. 核武器的发展趋势

（1）核武器技术将继续发展。目前，美国、俄罗斯的核弹头及其运载工具已相当成熟，但核技术和关键技术仍在不断发展，如核武器的设计技术、材料技术、引爆控制技术、安全技术、加工制造技术、长期存储技术及管理技术等，发展这些技术的方法正迅速向现代化高新技术手段转化，而且效率更高、保密性更强。主要呈现在如下三个方面：一是通过计算机仿真试验，完善和发展核技术；二是赋予和平利用核能以特定任务。"民为军用"是部分核大国在现今发展核技术的辅助手段；三是顶住国际压力，执意发展核武器技术。

（2）核武器作战性能进一步提高。今后，核武器威力多数在数十万吨梯恩梯当量级，但作战性能将进一步提高，主要体现在以下四个方面：一是命中精度更高，具有打击硬目标的能力；二是突防能力增强；三是抗核加固技术进一步提高；四是灵活反应能力得以提高。

（3）核大国正在研制"第四代核武器"。金属氢武器是目前可以想象到的威力最大的化学爆炸物，反物质武器是其中一种，美国已将其列为国家重点研究项目。除美国在费米国立加速器实验室进行这项研制工作外，法国和瑞士合建的欧洲核研究中心，以及俄罗斯的高能物理研究所，目前都在加速进行反物质的研究和生产。但无论如何，第四代核武器尚未达到实用化程度。初步实验证明，这种武器具有能量密度高、爆炸威力大（1克反物质的爆炸能量相当于普通炸药的上百亿倍，比原子弹、氢弹威力大得多），且附带杀伤效应较小，有"长久干净"超级炸弹之称的突出特点，因此可作常规武器运用，具有极其重大的军事应用前景。不过，设计与制造反物质武器存在着难以解决的两大问题：一是反物质的获取；二是反物质的安全储存。

为了适应未来核威慑条件下的信息化战争，军事大国特别是美国、俄罗斯两国的核武器发展大体分为以下两个方面：一是战略弹道导弹是当前威慑力最大的核武器，其发展趋势为大幅增强突防能力；提高生存能力；提高命中精度；减少型号，战术核武器和潜射核武器将会加强。二是战术弹道导弹具有射程远、威力大、精度高、使用灵活及能在短时间形成密集火力等特点，它在核武器家族中有着不可替代的地位和作用，仍然备受军事大国的青睐，其发展趋势为采用多种类型弹头，提高作战使用的灵活性；追求高机动性，提高生存能力；缩短反应时间，适应瞬息万变的战场态势；减少型号，制造精品。

3. 核武器的战例应用

1945年5月8日，第二次世界大战的罪魁祸首德国法西斯宣布无条件投降。7月26日，美国、英国和中国三国发表"波茨坦宣言"，敦促日本迅速无条件投降，但日本政府置之不理。为迫使日本迅速投降，1945年8月6日8时15分，美军一架B-29轰炸机飞临日本广岛市区上空，投下一颗代号为"小男孩"的原子弹。"小男孩"是一颗铀弹，长3米，直径0.7米，内装60公斤高浓铀，重约4吨，梯恩梯当量为1.5万吨。炸弹在距地面580米的空中爆炸，在巨大冲击波的作用下，广岛市的建筑全部倒塌，全市24.5万人口中有7.815万人当日死亡，死伤总人数达20余万，城市化为一片废墟。这是人类历史上首次将核武器用于实战，广岛成为第一座遭受原子弹轰炸的城市。

（二）生物武器

1. 生物武器的基本概念

生物武器是以生物战剂杀伤有生力量和毁坏植物的武器，又称细菌武器。包括装有生物战剂的炮弹、航空炸弹、火箭弹、导弹和航空布洒器、气溶胶发生器等。生物武器可使大量人员、牲畜发病或死亡，也可大规模毁伤农作物，从而削弱敌方的战斗力，破坏其战争潜力。

生物武器的特点包括以下几个方面：一是面积效应大。根据世界卫生组织顾问组的报告，一架飞机所载核、化、生武器的杀伤面积分别为：一枚百万吨梯恩梯当量核武器为300平方千米，15吨神经性毒剂为60平方千米，10吨生物战剂则达数千平方千米。二是具有传染性。许多生物战剂如鼠疫杆菌、霍乱弧菌等不断从病人体内排出，感染周围健康人，在人群中造成流行，不断扩大流行面积。三是生物专一性。生物武器只能伤害人、畜和农作物等，不能破坏武器、装备和建筑物等无生命物质。用它攻击农作物和牧区，具有很大的后效应。四是没有立即杀伤作用。生物战剂进入人体后，必须经过一定的潜伏期才能发病。它不能使被攻击者立即停止战斗活动，一般不宜作为战术武器使用。五是受自然因素影响大。生物战剂是活的微生物或具有生物活性的大分子物质，在自然界作用持续时间比较短，武器的储存时间也比一般武器短。使用条件受自然因素影响大，如雨天、大风时都不能使用。六是成本较低。生产条件比较简单，所用原料容易获得。

2. 生物武器的发展趋势

未来生物武器的研制技术将进一步提高威力，主要包括以下几个方面：一是利用分子生物学新技术改造生物战剂，提高其毒力和稳定性。二是生物武器攻击目标可能转向以大面积单一作物种植区和牧场为主，破坏战争潜力，造成长期后效应。三是生物武器应用于局部战争和恐怖袭击的可能性将大大提高。

3. 生物武器的战例应用

第一次世界大战期间，德国军队使用了鼻疽和炭疽杆菌等生物战剂。第二次世界大战期间，侵占中国的日本军队曾建立了细菌战实验室，并多次在中国的一些地区用飞机投撒污染鼠疫杆菌的跳蚤等生物战剂，造成当地鼠疫流行，人员发病死亡。20世纪50年代，美军在朝鲜战争中，对朝鲜北部和中国东北地区使用细菌武器达数百次之多，引起了当地居民鼠疫、霍乱病的发生。生物战不仅给受害国人民带来巨大灾难，殃及后代，而且对人类及自然界产生无法挽回的甚至是毁灭性的破坏。

（三）化学武器

1. 化学武器的基本概念

化学武器是以毒剂的毒害作用杀伤有生力量的武器器材的总称。包括毒剂及装有毒剂的化学炮弹、化学航空炸弹、化学火箭弹、导弹化学弹头、化学地雷、化学航空布洒器、毒剂气溶胶发生器以及装有毒剂前体的二元化学弹药等。化学武器在使用时，借助于爆炸、热气化或空气阻力等作用，将毒剂分散成蒸气、气溶胶和液滴、微粉等状态，作用于人体造成伤亡或使之暂时失去战斗力，以达到削弱对方有生力量、干扰对方军事行动的目的。1948年联合国安全理事会常规军备委员会通过决议，将化学武器列为大规模杀伤性武器。

化学武器按毒剂的分散方式可分为爆炸分散型，如各种化学弹药、化学地雷；热力分散型，如各种毒烟发生器；布洒型，如航空布洒器。

化学武器与常规武器相比，其特点包括以下几个方面：一是杀伤途径多。如呼吸道吸入中毒、皮肤吸收中毒、食用染毒食物和水经消化道摄入中毒等。二是杀伤范围广。化学炸弹杀伤面积一般比同口径普通炮弹的杀伤面积大几倍至几十倍，并有空间杀伤效应。三是杀伤作用时间长。化学武器的杀伤作用一般可延续几十分钟甚至几十天。四是使用选择性大。化学武器种类多，可根据不同的军事目的选用致死性或失能性、暂时性或持久性化学武器。五是使用效果有不确定性。气象、地形等因素对化学武器的使用效果影响很大。

2. 化学武器的发展趋势

（1）研制新型化学毒剂。20世纪70年代以来，有化学攻击能力的国家，其军队装备的毒剂主要是沙林、梭曼、维埃克斯、芥子气、氢氰酸等，其中神经性毒剂是主体。为了增强毒性和改进其使用性能，有些国家还研究了毒剂的混合使用、胶粘化和微包胶等技术。随着化学、毒物与毒理学、分子生物学等学科的发展，天然毒素、合成毒物、高效药物等高毒性、高活性物质的军事应用得到了广泛研究，研究范围包括具有致死、麻痹、瘫痪、皮肤伤害、失能等作用的毒物，以及能穿透防护器材的新毒剂。

（2）完善毒剂的使用技术和使用手段。完善毒剂的使用技术包括毒剂微包技术、气溶胶分散技术、多种毒剂配伍使用技术等。完善毒剂的使用手段包括发展密集型和远程化学战剂投送系统等。

（3）发展二元化学武器。所谓二元化学武器，是相对一元化学武器提出的更新性化学武器概念。一元化学武器由于直接将毒剂装填在导弹或炮弹中，在运送和储存方面有较大风险。而二元化学武器则是将相对无毒或者低毒的两组或两种化学物质分别装载在弹体内隔墙的两边或者两个不同的容器中，在弹体飞行过程中隔墙破裂或爆炸，两种制剂依靠弹体旋转作用力或者内置的搅拌装置发生快速化学反应，生成毒剂，对目标进行打击。这种反应过程一般低于10秒钟。二元化学武器的优势在于可以大量生产和储存，并可以保障这一过程的安全性。相对一元化学武器而言，二元化学武器降低了弹药腐蚀渗漏所带来的毒性，也减小了对存储环境风险和危害。目前美国、俄罗斯均已装备二元沙林和二元维埃克斯化学弹药，今后一方面研制新的二元化学武器，另一方面将对其现有二元化学弹药进行改造，提高性能和使用效果。

3. 化学武器的战例应用

人类使用人工合成的化学武器始于第一次世界大战。1915年4月22日下午5时许，就在日落西山时，守卫伊普尔的协约国军队突然发现一种黄绿色的烟雾，外表"像是寒夜笼罩在水草地上的那种烟雾"，随风慢慢飘动，向法军第45后备师的堑壕蔓延。那是德军从5700多个金属容器中释放出来的氯气。堑壕里不知所措的士兵们顿时觉得的眼睛、鼻子和喉咙好像被酸性物质烧灼似的，不断有人倒下，痛苦地扭曲着身体直至死去，幸存者则抓住喉咙四散奔逃。在这次毒气战中，英法联军1.5万人中毒，其中5000人死亡。第一次世界大战首次见证了化学武器的使用。到了战争的最后一年，50%的德国炮弹都充了毒气。同样，英、法、俄、美也相继大量使用毒气等化学武器，其中英国、法国以牙还牙率先使用了路易斯毒气。从1917年7月起，化学战达到高潮，几乎每次战役都使用化学武器，直到1918年第一次世界大战结束，交战双方频繁使用刺激性、窒息性、糜烂性毒剂,动用毒剂54种,总施放量12.15万吨,导致127.9万军民中毒,其中9.1万人死亡,约占整个战争伤亡人数的4.6%。

思考题

1. 信息化装备的内涵是什么?
2. 信息化作战平台包括哪些内容?
3. 信息化作战平台的发展趋势是什么?
4. 指挥控制系统主要包括哪些内容?
5. 预警探测系统由哪几部分组成?
6. 信息化杀伤武器包括哪些内容?

下 篇

军事技能

第六章　共同条令教育与训练

教学目标

了解中国人民解放军新颁布的三大条令的基本内容，养成良好的军事素养，增强组织纪律观念，培养学生基本军事素养和顽强拼搏的过硬作风。

第一节　共同条令教育

一、军队颁布共同条令的意义

中国人民解放军的共同条令，即《中国人民解放军内务条令》（以下简称《内务条令》）、《中国人民解放军纪律条令》（以下简称《纪律条令》）、《中国人民解放军队列条令》（以下简称《队列条令》），人们习惯把它们称为"三大条令"，也被统称为"共同条令"。

共同条令是我军的基本法规，是我军革命化、正规化、现代化建设的重要依据，是正规化管理的基石，是全体官兵的共同准则。上一代共同条令自2010年发布以来，由于军队建设和管理出现了许多新情况新变化，致使条令的一些内容已不适应客观实际需要，必须紧跟全军推进国防和军队现代化建设步伐进行修订完善。新修订的共同条令，是全面贯彻习近平强军思想的重要举措，党的十八大以来，习近平主席总揽全局，开创了国防和军队建设的新时代，形成了习近平强军思想，为实现党在新时代的强军目标，全面建成世界一流军队提供了科学指南。共同条令作为全军一体遵循的基础性法规，其作用不仅在于为军人的行为提供规范，为部队日常管理提供依据，更重要的还在于为坚持人民军队的性质宗旨，确保军队建设坚定正确的政治方向提供保证，必须紧跟习主席思想步伐，坚决贯彻落实习近平强军思想。修订共同条令是适应国防和军队改革的迫切需要。经过大刀阔斧全面深化改革，我军重塑领导指挥体系，重构规模结构和力量编成，重建法规制度体系，形成了"军委管总、战区主战、军种主建"的新格局。部队领导指挥关系、机构设置、岗位职责、管理方式等发生重大变化，共同条令需要跟进予以体现；修订共同条令是解决部队管理现实矛盾问题的必然要求。新时代，我军管理工作所处的环境条件和历史方位发生深刻变化，特别是战争形态和作战样式出现新演变，军队使命任务有了新拓展，官兵成分结构和思想行为方式呈现新情况，一些法规制度滞后于部队实践，存在无法可依、令出多门、标准不一等矛盾问题，部队反映比较强烈，迫切需要通过修订共同条令来解决和规范。

二、新修订的共同条令的指导思想和原则

新修订的共同条令，坚持以习近平新时代中国特色社会主义思想为指导，全面贯彻习近平强军思想，坚持党对军队绝对领导的根本原则和制度，全面深入贯彻军委主席负责制，贯彻新形势下军事战略方针，贯彻全面从严治军要求，适应时代之变、改革之变、战争之变，着眼实现党在新时代的强军目标、全面建成世界一流军队，着力固化党的军事指导理论最新成果、深化国防和军队改革全新成果、正风肃纪制度机制创新成果，使新一代共同条令成为高举旗帜、维护核心的条令，成为全面从严治军、转变治军方式的条令，成为解决突出矛盾、回应官兵关切、具有时代特色、便于操作执行的条令。

（一）坚持以习近平强军思想为根本遵循

习近平强军思想，是以习近平同志为核心的党中央在指导强军事业伟大实践中孕育的科学思想体系，揭示了强军制胜的根本规律，闪耀着马克思主义思想方法的光辉，是指引强军事业发展进步的科学指南。新一代共同条令坚持把习近平强军思想作为"魂"和"纲"，将其核心内容写入条令，以军队基本法规的形式固化下来，作为国防和军队建设的根本遵循，作为全军官兵最重要最核心的思想武装和行为准则。运用习近平新时代中国特色社会主义思想尤其是习近平强军思想，重塑内务建设、纪律建设、队列生活的指导思想和原则，将政治建军、改革强军、科技兴军、依法治军和聚焦备战打仗的要求固化为军人职责和战备、训练、工作、生活秩序的具体制度规定。这样规范，从军队建设基本法规层面确立了习近平强军思想的根本指导地位，将其精神实质和基本要求转化、固化为制度规范，是新一代共同条令最大的亮点和最突出的贡献，有利于更好地贯彻落实习近平强军思想，更好地加强官

兵的理论武装。

（二）强化备战打仗鲜明导向

习近平主席强调，军队是一个战斗队，是为打仗而存在的。要牢固树立随时准备打仗思想，始终坚持用打仗的标准搞建设抓准备，推动全军形成"能打仗、打胜仗"的正确导向；要用是否有利于生成提高部队战斗力来检验工作成效，不能为能打仗、打胜仗作贡献，一切都无济于事。如何看待和评价新一代共同条令，不是简单看修改了多少、增加了多少甚至删除了多少，而是要看是不是深入贯彻了习近平强军思想，是不是真正立起了备战打仗的鲜明导向。新一代共同条令着眼塑造"打仗型"军队，在《内务条令（试行）》总则中专门增写"聚焦备战打仗"条目，在"军人职责"条款中，增加"不怕牺牲、提高打仗本领、冲锋在前、忠诚勇敢"等内容；新增军事训练管理章节，明确军人应当严格执行通用体能训练标准；前移"作训服"在"军人着装"一章的规范位置；强化警卫执勤的实战化要求，弱化其"礼仪"功能。在《纪律条令（试行）》中充实作战研究、战法创新以及参加维和、反恐、护航等方面的奖励条件，完善相关处分条款。明确战时受奖附加待遇高于平时，并适当下放战时奖惩的权限。在《队列条令（试行）》中大幅增加誓师大会、凯旋等备战打仗和执行非战争军事行动相关的仪式种类。这些规定，突出了军队备战打仗的主责主业，立起了"以战牵管、为战抓管"的鲜明导向，充分体现了军队时刻准备打仗的核心要求，有利于进一步强化全军官兵的打仗意识，更好地培育战斗精神。

（三）落实全面从严治军要求

习近平主席强调，从严治军是建设强大军队的铁律。治军之道，得之于严，失之于松。抓依法治军从严治军的关键是要在作风纪律建设上下功夫、见成效。军队要有军队的样子，军营要有军营的样子，军人要有军人的样子。新一代共同条令坚决贯彻习主席从严治军重要指示，坚持用全面从严的要求审视规范对象和内容，逐章逐条逐款进行修改完善。坚持标准从严、初始即严。比如，对军队纪律内容作出集中概括和系统规范，强化官兵纪律意识。坚持全程从严、一严到底。比如，严格礼节礼仪、军容风纪、配套着装、对外交往和禁酒等方面的规定，进一步规范新时代军人的日常行为举止。坚持全员从严、不留死角。比如，新增免职人员、转业（退休）待安置人员、单独参加社会活动人员、赴国（境）外执行任务人员等的管理规范，实现人员管理全覆盖。坚持执纪从严、违纪必究。比如，充实违反政治纪律、违规选人用人、重大决策失误、训风演风考风不正、监督执纪不力等处分条件；加大了对擅离部队行为的处罚力度。这些规定，坚持正面引导、疏堵结合、宽严相济的管理理念，体现了一代军人的样子和一支军队的里子的辩证统一，有利于全程全域全员从严要求的贯彻落实，有利于保持部队正规的战备、训练、工作和生活秩序。

（四）维护广大官兵合法权益

习近平主席强调，军人是最崇尚荣誉的，在这方面要拿出一些实际举措。要结合深化改革，加紧从政策制度层面研究解决，建立体现军事职业特点、增强军人职业荣誉感自豪感的政策制度体系，让军人成为全社会尊崇的职业。新一代共同条令在强调军人职责和义务规范的同时，还对军人权益保障作出更加人性化的制度设计。如完善休假及补休制度，提高休息日和节假日连队人员外出比例，放宽已婚军官和士官离队回家住宿的条件，明确女军人怀孕和哺乳期间住宿办法，赋予军人非因公外出着军装或者便装的自主决定权，取消移动电话使用的限制条件，新增军人健康保护的内容，允许一些仪式可以邀请军人亲属参加等。这些规定，是新一代共同条令的重要改点，充分体现了对广大官兵的关心关爱，有利于增强军人职业荣誉感和家庭成就感，有利于增强军事职业吸引力，进而激发广大官兵的内生动力，更好凝聚军心、稳定部队、鼓舞士气。

（五）塑造一流军队的良好形象

党的十九大提出全面建成世界一流军队的伟大目标，吹响了人民军队以必成信念、铿锵步伐向着新时代进军的伟大号令。一流军队不仅是一个力量概念，也是一个形象要求。新一代共同条令坚决贯彻落实党的十九大决策部署，着眼进一步激励官兵士气、展示我军良好形象，激发爱国爱军热情，按照建设世界一流军队的标准和要求，充实完善听党指挥、能打胜仗、作风优良的日常管理内容，优化设计奖励项目和纪念章授予条件，新增誓师、组建、凯旋、迎接烈士等仪式，修改细化阅兵时机、阅兵队形及动作要求。这些规定，充分体现了全面建成世界一流军队的时代要求，有利于极大地激发官兵士气，有利于更好地展示我军威武之师、文明之师、和平之师的良好形象。

（六）适应新体制新职能新使命

习近平主席强调，要坚持立法同改革相衔接，抓紧做好法规制度"立改废释"工作，缩短新法旧法之间的"过渡期"。对一时来不及修改的法规制度，要抓紧明确暂行规则，使新组建机构运行一开始就有章可循。遵照习主席指示，结合国防和军队改革仍处于进行时的实际，在等不得又急不得的情况下，中央军委决定新一代共同条令采用"试行"的方式颁布全军施行，便于对条令进行动态地修订完善。新一代共同条令既总结升华体制改革成果，又对接新的政策制度，作了适应国防和军队改革新体制新职能新使命的制度安排。比如，按照改革后军队人员构成变化调整军人职责规范模式,增加火箭军军旗内容,对军队文职人员管理、执行海外任务部(分)队内务建设等作出授权性规范,重新明确奖惩权限设置及承办部门,调整队列生活基准单位等。此外,还根据体制编制改革和政策制度的新变化,对机构名称、人员称谓、权限安排等作了相应调整和修改。这些规定,充分体现了实事求是、与时俱进、求真务实的思想方法和工作方法,有利于增强制度规范的时代性科学性,也有利于维护新一代共同条令的严肃性权威性。

相关链接:
"新标准"上线!我军共同条令修订颁布

三、新修订的共同条令简介

(一)《中国人民解放军内务条令(试行)》简介

《中国人民解放军内务条令(试行)》[以下简称《内务条令(试行)》]是全军建立和维护良好的内外关系以及正规的内部秩序,履行职责,培养优良作风和进行行政管理的依据。

《内务条令(试行)》,于2018年3月22日中央军委常务会议通过,自2018年5月1日起施行。该条令共有总则,军人宣誓,军人职责,内部关系,礼节,军人着装,军容风纪,与军外人员的交往,作息,日常制度,日常战备,军事训练和野营管理,日常管理,国旗、军旗、军徽的使用管理和国歌、军歌的奏唱以及附则15章325条;并有中国人民解放军军旗式样、中国人民解放军军徽式样、中国人民解放军军歌、报告词示例、军服的配套穿着和标志服饰的佩戴、标志服饰的缀钉方法、宿舍物品放置方法、基层单位要事日记式样、外出证式样、军人发型示例10项附录。

《内务条令(试行)》,明确了内务建设的指导思想和原则,坚持政治建军、改革强军、科技兴军、依法治军,聚焦备战打仗,着眼新体制新要求,调整规范军队单位称谓和军人职责,充实日常战备、实战化军事训练管理内容要求;着眼从严管理科学管理,修改移动电话和互联网使用管理、公车使用、军容风纪、军旗使用管

整理内务

理、人员管理等方面规定，新增军人网络购物、新媒体使用等行为规范；着眼保障官兵权益，调整休假安排、人员外出比例和留营住宿等规定，新增训练伤防护、军人疗养、心理咨询等方面要求。

（二）《中国人民解放军纪律条令（试行）》简介

《中国人民解放军纪律条令（试行）》[以下简称《纪律条令（试行）》]是规定军队纪律的条令，是全军维护和巩固纪律的依据。

《纪律条令（试行）》，于2018年3月22日中央军委常务会议通过，自2018年5月1日起施行。该条令共有总则，纪律的主要内容，奖励，表彰，纪念章，处分，特殊措施，控告和申诉，首长责任和纪律监察，附则10章262条；并有三大纪律、八项注意，个人奖励登记（报告）表，单位奖励登记（报告）表，处分登记（报告）表，行政看管审批表，行政看管登记表，士官留用察看审批表，控告、申诉登记表8项附录。

《纪律条令（试行）》，围绕听党指挥、备战打仗和全面从严治军，提出了政治纪律、组织纪律、作战纪律、训练纪律、工作纪律、保密纪律、廉洁纪律、财经纪律、群众纪律、生活纪律10个方面纪律的内容要求；充实思想政治建设、实战化训练、执行重大任务、科技创新等奖励条件；新增表彰管理规范，对表彰项目、审批权限、时机等作出规范，同时取消表彰与奖励挂钩的相应条款；充实违反政治纪律、违规选人用人、降低战备质量标准、训风演风考风不正、重大决策失误、监督执纪不力等处分条件；调整奖惩项目设置、奖惩权限和承办部门，增加奖惩特殊情形的处理原则和规定。

（三）《中国人民解放军队列条令（试行）》简介

《中国人民解放军队列条令（试行）》[以下简称《队列条令（试行）》]是规定部队和单个军人队列动作的条令，是全军队列训练和队列生活的依据。

《队列条令（试行）》，于2018年3月22日中央军委常务会议通过，自2018年5月1日起施行。该条令共有总则，队列指挥，队列队形，单个军人的队列动作，分队、部队的队列动作，分队乘坐交通工具，国旗的掌持、升降和军旗的掌持、授予与迎送，阅兵，仪式，附则10章89条；并有队列口令的分类、下达的基本要领和呼号的节奏，队列指挥位置示例，标兵旗的规格，符号4项附录。

《队列条令（试行）》，着眼进一步激励官兵士气、展示我军良好形象、激发爱国爱军热情，新增誓师、组建、凯旋、迎接烈士等14种仪式，规范完善各类仪式的时机、场合、程序和要求；调整细化阅兵活动的组织程序、方队队形、动作要领；调整队列生活的基准单位和武器装备操持规范，统一营门卫兵执勤动作等内容。

第二节　单个军人的队列动作

队列动作是对单个军人和部队所规定的队列训练、队列生活和日常生活的制式动作。队列动作训练是加强组织纪律性、培养战斗力的一种必要形式。

一、立正、跨立、稍息

（一）立正

立正是军人的基本姿势，是队列动作的基础。军人在宣誓、接受命令、进见首长和向首长报告、回答首长问话、升降国旗、迎送军旗、奏唱国歌和军歌等严肃庄重的时机和场合，均应当立正。

口令：立正。

要领：两脚跟靠拢并齐，两脚尖向外分开约60度；两腿挺直，小腹微收，自然挺胸；上体正直，微向前倾；两肩要平，稍向后张；两臂下垂自然伸直，手指并拢自然微曲，拇指尖贴于食指第二节，中指贴于裤缝；头要正，颈要直，口要闭，下颌微收，两眼向前平视。参加阅兵时，下颌上仰约15度。

立正

（二）跨立

跨立即跨步站立，主要用于训练、执勤和舰艇上分区列队等场合，可以与立正互换。

口令：跨立。

要领：左脚向左跨出约一脚之长，两腿挺直，上体保持立正姿势，身体重心落于两脚之间；两手后背，左手握右手腕，拇指根部与外腰带下沿或者内腰带上沿同高；右手手指并拢自然弯曲，拇指贴于食指第二节，手心向后。携枪时不背手。

（三）稍息

口令：稍息。

要领：左脚顺脚尖方向伸出约全脚的三分之二，两腿自然伸直，上体保持立正姿势，身体重心大部分落于右脚；携枪（筒）时，携带的方法不变，其余动作同徒手；稍息过久，可以自行换脚，动作应当迅速。

二、行进间转法

（一）齐步、跑步向右（左）转

口令：向右（左）转——走。

要领：左（右）脚向前半步（跑步时，继续跑2步，再向前半步），脚尖向右（左）约45度，身体向右（左）转90度时，左（右）脚不转动，同时出右（左）脚按照原步法向新方向行进。

半面向右（左）转走，按照向右（左）转走的要领转45度。

（二）齐步、跑步向后转

口令：向后转——走。

要领：左脚向右脚前迈出约半步（跑步时，继续跑2步，再向前半步），脚尖向右约45度，以两脚的前脚掌为轴，向后转180度，出左脚按照原步法向新方向行进。

转动时，保持行进时的节奏，两臂自然摆动，不得外张；两腿自然挺直，上体保持正直。

三、坐下、蹲下、起立

（一）坐下

1. 徒手坐下

口令：坐下。

要领：左小腿在右小腿后交叉，迅速坐下（坐凳子时，听到口令，左脚向左分开约一脚之长；女军人着裙服坐凳子时，两腿自然并拢），手指自然并拢放在两膝上，上体保持正直。

2. 携便携式折叠写字椅坐下

要领：当听到"放凳子"的口令，左手将折叠写字椅提至身前交于右手，右手反握支脚上横杠，左手移握写字板和座板上沿，两手协力将支脚拉开；而后上体右转，两手将折叠写字椅轻轻置于脚后，写字板扣手朝前，恢复立正姿势；当听到"坐下"的口令，迅速坐在折叠写字椅上。

使用折叠写字椅的靠背或者写字板时，应当按照"打开靠背"或者"打开写字板"的口令，调整折叠写字椅和坐姿；组合使用写字板时，根据需要确定组合方式和动作要领。

3. 背背囊（背包）坐下

要领：听到"放背囊（背包）"的口令，两手协力解开上、下扣环，握背带；取下背囊（背包），上体右转，右手将背囊（背包）横放在脚后，背囊（背包）正面向下，背囊口向右（背包口向左）；按照口令坐在背囊（背包）上。携枪（筒）放背囊（背包）时，先置枪（架枪、筒），后放背囊（背包）。

（二）蹲下

口令：蹲下。

要领：右脚后退半步，前脚掌着地，臀部坐在右脚跟上（膝盖不着地），两腿分开约 60 度（女军人两腿自然并拢），手指自然并拢放在两膝上，上体保持正直。蹲下过久，可以自行换脚。

（三）起立

口令：起立。

要领：全身协力迅速起立，左脚取捷径靠拢右脚（蹲下时，右脚取捷径靠拢左脚），成立正姿势或者成持枪、肩枪（筒）立正姿势。

班用机枪架枪和 40 火箭筒架筒时，起立后取枪、筒。

携背囊（背包）起立时，当听到"取背囊（背包）——起立"的口令后，按照放背囊（背包）的相反顺序进行。

携便携式折叠写字椅起立时，当听到"取凳子——起立"的口令后，按照放折叠写字椅的相反顺序进行。

四、行进间队列动作

（一）行进

行进的基本步法分为齐步、正步和跑步，辅助步法分为便步、踏步、移步和礼步。

1. 齐步

齐步是军人行进的常用步法。

口令：齐步——走。

要领：左脚向正前方迈出约 75 厘米，按照先脚跟后脚掌的顺序着地，同时身体重心前移，右脚照此法动作；上体正直，微向前倾；手指轻轻握拢，拇指贴于食指第二节；两臂前后自然摆动，向前摆臂时，肘部弯曲，小臂自然向里合，手心向内稍向下，拇指根部对正衣扣线（着海军藏青色春秋常服、冬常服时，拇指根部对正双排扣中间位置），并高于春秋常服或者冬常服最下方衣扣约5厘米（着夏常服、水兵服时，高于内腰带扣中央约5厘米；着作训服时，与外腰带扣中央同高），离身体约30厘米；向后摆臂时，手臂自然伸直，手腕前侧距裤缝线约30厘米。行进速度每分钟116~122步。

2. 正步

正步主要用于分列式和其他礼节性场合。

口令：正步——走。

要领：左脚向正前方踢出约75厘米，腿要绷直，脚尖下压，脚掌与地面平行，离地面约25厘米，适当用力使全脚掌着地，同时身体重心前移，右脚照此法动作；上体正直，微向前倾；手指轻轻握拢，拇指伸直贴于食指第二节；向前摆臂时，肘部弯曲，小臂略成水平，手心向内稍向下，手腕下沿摆到高于春秋常服最下方衣扣约15厘米处（着夏常服、水兵服时，高于内腰带扣中央约15厘米处；着作训服时，高于外腰带扣中央约10厘米处），离身体约10厘米；向后摆臂时左手心向右，右手心向左，手腕前侧距裤缝线约30厘米。行进速度为每分钟110~116步。

正步

3. 跑步

跑步主要用于快速行进。

口令：跑步——走。

要领：听到预令，两手迅速握拳（四指蜷握，拇指贴于食指第一关节和中指第二节），提到腰际，约与腰带同高，拳心向内，肘部稍向里合。听到动令，上体微向前倾，两腿微弯，同时左脚利用右脚掌的蹬力跃出约85厘米，前脚掌先着地，身体重心前移，右脚照此法动作；两臂前后自然摆动，向前摆臂时，大臂略垂直，肘部贴于腰际，小臂略平，稍向里合，两拳内侧各距衣扣线约5厘米；（着海军藏青色春秋常服、冬常服时，两拳内侧各距双排扣中间位置约为5厘米）；向后摆臂时，拳贴于腰际。行进速度为每分钟170~180步。

4. 便步

便步用于行军、操练后恢复体力及其他场合。

口令：便步——走。

要领：用适当的步速、步幅行进，两臂自然摆动，上体保持良好姿态。

5.踏步

踏步用于调整步伐和整齐。

停止间口令：踏步——走。

行进间口令：踏步。

要领：两脚在原地上下起落（抬起时，脚尖自然下垂，离地面约15厘米；落下时，前脚掌先着地），上体保持正直，两臂按齐步或跑步摆臂的要领摆动。

6.移步（5步以内）

移步用于调整队列位置。

（1）右（左）跨步。

口令：右（左）跨 × 步——走。

要领：上体保持正直，每跨1步并脚一次，其步幅约与肩同宽，跨到指定步数停止。

（2）向前或者后退。

口令：向前 × 步——走；后退 × 步——走。

要领：向前移步时，应当按照单数步要领进行（双数步变为单数步）。向前1步时，用正步，不摆臂；向前3步或5步时，按照齐步走的要领进行。向后退步时，从左脚开始，每退1步靠脚一次，不摆臂，退到指定步数停止。

7.礼步

礼步用于纪念仪式中礼兵的行进。

口令：礼步——走。

要领：左脚向正前方缓慢抬起，腿要绷直，脚尖上翘，与腿约成90度，脚后跟离地面约30厘米，按照脚跟、脚掌顺序缓慢着地，步幅约55厘米，右脚照此法动作；上体正直，两臂下垂自然伸直、轻贴身体（抬祭奠物除外）；手指并拢自然微曲，拇指尖贴于食指第二节，中指贴于裤缝。行进速度为每分钟24～30步。

礼步

相关链接：

第六批在韩志愿军遗骸在沈阳安葬，礼兵护送棺椁鸣枪致敬

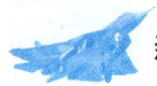

(二）立定

口令：立——定。

要领：齐步、正步和礼步时，听到口令，左脚再向前大半步着地，脚尖向外约30度，两腿挺直，右脚取捷径迅速靠拢左脚，成立正姿势。跑步时，听到口令，再跑2步，然后左脚向前大半步（两拳收于腰际，停止摆动）着地，右脚取捷径靠拢左脚，同时将手放下，成立正姿势。踏步时，听到口令，左脚踏1步，右脚靠拢左脚，原地成立正姿势；跑步的踏步，听到口令，继续踏2步，再按照上述要领进行。

（三）步法变换

步法变换，均从左脚开始。

（1）齐步、正步互换，听到口令，右脚继续走1步，即换正步或齐步行进。

（2）齐步换跑步，听到预令，两手迅速握拳提到腰际，两臂前后自然摆动；听到动令，即换跑步行进。

（3）齐步换踏步，听到口令，即换踏步。

（4）跑步换齐步，听到口令，继续跑2步，然后换齐步行进。

（5）跑步换踏步，听到口令，继续跑2步，然后换踏步。

（6）踏步换齐步或者跑步，听到"前进"的口令，继续踏2步，再换齐步或者跑步行进。

五、敬礼、礼毕和单个军人敬礼

（一）敬礼

敬礼

敬礼分为举手礼、注目礼和举枪礼。

1. 举手礼

口令：敬礼。

要领：上体正直，右手取捷径迅速抬起，五指并拢自然伸直，中指微接帽檐右角前约2厘米处（戴卷檐帽、无檐帽或者不戴军帽时微接太阳穴，约与眉同高），手心向下，微向外张（约20度），手腕不得弯曲，右大臂略平，与两肩略成一线，同时注视受礼者。

2. 注目礼

要领：面向受礼者成立正姿势，同时注视受礼者，并目迎目送，右、左转头角度不超过 45 度。

3. 举枪礼

举枪礼用于阅兵式或者执行仪仗任务。

口令：向右看——敬礼。

要领：右手将枪提到胸前，枪身垂直并对正衣扣线，枪面向后，离身体约 10 厘米，枪口与眼同高，大臂轻贴右胁；同时左手接握表尺上方，小臂略平，大臂轻贴左胁；同时转头向右注视受礼者，并目迎目送，右、左转头角度不超过 45°。

（二）礼毕

口令：礼毕。

要领：行举手礼者，将手放下；行注目礼者，将头转正；行举枪礼者，将头转正，右手将枪放下，使托前踵轻轻着地，同时左手放下，成持枪立正姿势。

（三）单个军人敬礼

要领：单个军人在距受礼者 5～7 步处，行举手礼或者注目礼。

徒手或者背枪时，停止间，应当面向受礼者立正，行举手礼，待受礼者还礼后礼毕；行进间（跑步时换齐步），转头向受礼者行举手礼，并继续行进，左臂仍自然摆动，待受礼者还礼后礼毕。

携带武器（除背枪）等不便行举手礼时，不论停止间或者行进间，均行注目礼，待受礼者还礼后礼毕。

六、脱帽、戴帽、整理着装与宣誓

（一）脱帽

口令：脱帽。

要领：立姿脱帽时，双手捏帽檐或者帽前端两侧，将帽取下，取捷径置于左小臂，帽徽朝前，掌心向上，四指扶帽檐或者帽墙前端中央处，小臂略成水平，右手放下。坐姿脱帽时，双手捏帽檐或者帽前端两侧，将帽取下，置于桌（台）面前沿左侧或者膝上，使帽顶向上、帽徽朝前，也可以置于桌斗内。

（二）戴帽

口令：戴帽。

要领：双手捏帽檐或者帽前端两侧，取捷径将帽迅速戴正。

携枪（筒）时，用左手脱、戴帽。需夹帽时（作训帽除外），双手捏帽檐或者帽前端两侧，取捷径将帽取下，左手握帽墙（女军人戴卷檐帽时，将四指并拢，置于下方帽檐与帽墙之间），小臂夹帽自然伸直，帽顶向左，帽徽向前。

（三）整理着装

整理着装

整理着装，通常在立正的基础上进行。

口令：整理着装。

要领：两手（持自动步枪时，将枪夹于两腿间）从帽子开始，自上而下，将着装整理好（必要时，也可以相互整理）；整理完毕，自行稍息；听到"停"的口令，恢复立正姿势。

（四）宣誓

口令：宣誓。宣誓完毕。

要领：听到"宣誓"的口令，身体保持立正姿势，右手握拳取捷径迅速抬起，拳心向前，稍向内合；拳眼约与右太阳穴同高，距离约10厘米；右大臂略平，与两肩略成一线；高声诵读誓词。

听到"宣誓完毕"的口令，将手放下。

知识链接

军人誓词

军人誓词，也可称作入伍誓词，在军队条令中正式称作军人誓词，是指公民入伍后在被批准成为正式军人时，面向军旗或军徽（没有授予军旗的单位使用军徽）立正右手握拳上举进行军人宣誓时的言辞和誓言，是对自己肩负的神圣职责和光荣使命做出坚决履行的郑重承诺和保证。

军人誓词如下："我是中国人民解放军军人，我宣誓：服从中国共产党的领导，全心全意为人民服务，服从命令，忠于职守，严守纪律，保守秘密，英勇顽强，不怕牺牲，苦练杀敌本领，时刻准备战斗，绝不叛离军队，誓死保卫祖国。"

第三节　分队的队列动作

分队的队列动作分为集合、离散，整齐、报数，出列、入列、行进、停止，方向变换等内容。通过队列动作的学习，养成良好的组织纪律观念、积极协作的意识和令行禁止的战斗作风。

一、集合、离散

（一）集合

集合，是使单个军人、分队、部队按照规范队形聚集起来的一种队列动作。集合时，指挥员应当先发出预告或者信号，如"全连注意"或者"×排注意"，然后，站在预定队形的中央前，面向预定队形成立正姿势，下达"成××队——集合"的口令。所属人员听到预告或者信号，原地面向指挥员成立正姿势；听到口令，跑步到指定位置面向指挥员集合（在指挥员后侧的人员，应当从指挥员右侧绕过），自行对正、看齐，成立正姿势。

1. 班集合

口令：成班横队（二列横队）——集合。

要领：基准兵迅速到班长左前方适当位置，成立正姿势；其他士兵以基准兵为准，依次向左排列，自行看齐。

成班二列横队时，单数士兵在前，双数士兵在后。

口令：成班纵队（二路纵队）——集合。

要领：基准兵迅速到班长前方适当位置，成立正姿势；其他士兵以基准兵为准，依次向后排列，自行对正。

成班二路纵队时，单数士兵在左，双数士兵在右。

2. 排集合

口令：成排横队——集合。

要领：基准班在指挥员前方适当位置，成班横队迅速站好；其他班成班横队，以基准班为准，依次向后排列，自行对正、看齐。

口令：成排纵队——集合。

要领：基准班在指挥员右前方适当位置，成班纵队迅速站好；其他班成班纵队，以基准班为准，依次向右排列，自行对正、看齐。

3. 连集合

口令：成连横队——集合。

要领：队列内的连指挥员或者基准排，在指挥员左前方适当位置，成横队迅速站好；各排和连部成横队，以连指挥员或者基准排为准，依次向左排列，自行对正、看齐。

口令：成连纵队——集合。

要领：队列内的连指挥员或者基准排，在指挥员前方适当位置，成纵队迅速站好；各排和连部成纵队，以连指挥员或者基准排为准，依次向后排列，自行对正、看齐。

口令：成连并列纵队——集合。

要领：队列内的连指挥员或者基准排，在指挥员左前方适当位置，成纵队迅速站好；各排和连部成纵队，以连指挥员或者基准排为准，依次向左排列，自行对正、看齐。

4. 营集合

营集合，通常规定集合的时间、地点、方向、队形、基准分队以及应当携带的武器、器材和装具等事项。

各连按照规定，由连队值班员整队带往营的集合地点，随即向基准分队取齐，然后，跑步到距主持集合的营值班员5～7步处报告人数，营值班员整队后，向营首长报告人数；也可以由连首长整队带往集合地点，直接向营首长报告。例如，"营长同志，×连应到××名，实到××名，请指示。"

营长以口令指挥集合时，参照"（一）集合"的有关规定实施。

5. 旅集合

旅集合，参照营集合的规定实施。

（二）离散

离散，是使列队的单个军人、分队、部队各自离开原队列位置的一种队列动作。

1. 离开

口令：各营（连、排、班）带开（带回）。

要领：队列中的各营（连、排、班）指挥员带领本队迅速离开原列队位置。

2. 解散

口令：解散。

要领：队列人员迅速离开原列队位置。

二、整齐、报数

(一) 整齐

整齐,是使列队人员按照规定的间隔、距离,保持行、列平齐的一种队列动作。整齐分为向右(左)看齐和向中看齐。

口令:向右(左)看——齐。向前——看。

要领:基准兵不动,其他士兵向右(左)转头(持枪时,听到预令,迅速将枪稍提起,看齐后自行放下;持120反坦克火箭筒时,听到预令,左手握提把,右手握握把,提起发射筒,看齐后自行放下),眼睛看右(左)邻士兵腮部,前四名能通视基准兵,自第五名起,以能通视到本人以右(左)第三人为度;后列人员,先向前对正,后向右(左)看齐;听到"向前——看"的口令,迅速将头转正,恢复立正姿势。

口令:以×××为准,向中看——齐。向前——看。

要领:当指挥员指定"以×××为准(或者以第×名为准)"时,基准兵答"到",同时左手握拳高举,大臂前伸与肩略平,小臂垂直举起,拳心向右;听到"向中看——齐"的口令后,其他士兵按照向左(右)看齐的要领实施;听到"向前——看"的口令后,基准兵迅速将手放下,其他士兵迅速将头转正,恢复立正姿势。

一路纵队看齐时,可以下达"向前——对正"的口令。

(二) 报数

口令:报数。

要领:横队从右至左(纵队由前向后)依次以短促洪亮的声音转头(纵队向左转头)报数,最后一名不转头;数列横队时,后列最后一名报"满伍"或者"缺×名";连集合时,由指挥员下达"各排报数"的口令,各排长在队列内向指挥员报告人数,如"第×排到齐"或者"第×排实到××名"。

报数

必要时,连也可以统一报数。

要领:连实施统一报数时,各排不留间隔,要补齐,成临时编组的横队队形。报数前,连指挥员先发出"看齐时,以一排长为准,全连补齐"的预告,而后下达"向右看——齐"口令，待全连看齐后，再下达"向前——看"和"报数"的口令，报数从一排长开始，后列最后一名报"满伍"或者"缺×名"。

三、出列、入列

单个军人和分队出列、入列，通常用跑步，5步以内用齐步，1步用正步，或者按照指挥员指定的步法执行；然后，进到指挥员右前侧适当位置或者指定位置，面向指挥员成立正姿势。

（一）单个军人出列、入列

1. 出列

口令：×××（或者第×名），出列。

要领：出列军人听到呼点自己姓名或者序号后应当答"到"，听到"出列"的口令后，应当答"是"。

（1）位于第一列（左路）的军人，按照本条上述规定，取捷径出列。

（2）位于中列（路）的军人，向后（左）转，待后列（左路）同序号的军人向右后退1步（左后退1步）让出缺口后，按照本条的上述规定从队尾（纵队时从左侧）出列；位于"缺口"位置的军人，待出列军人出列后，即复原位。

（3）位于最后一列（右路）的军人出列，先退1步（右跨1步），然后，按照本条有关规定从队尾出列。

2. 入列

口令：入列。

要领：听到"入列"口令后，应当答"是"，然后，按照出列的相反程序入列。

（二）班（排）出列、入列

1. 出列

口令：第×班（排），出列。

要领：听到"第×班（排）"的口令后，由出列班（排）的指挥员答"到"，听到"出列"的口令后，由出列班（排）的指挥员答"是"，并用口令指挥本班（排），按照本条的有关规定，以纵队形式从队尾（位于第一列的班取捷径）出列。

2. 入列

口令：入列。

要领：听到"入列"的口令后，由入列班（排）指挥员答"是"，并用口令指挥本班（排），以纵队形式从队尾（位于第一列的班取捷径）入列。

四、行进、停止

横队和并列纵队行进以右翼为基准，纵队行进以左翼为基准（一路纵队行进以先头为基准）。

（一）行进

指挥员应当下达"×步——走"的口令。听到口令，基准兵向正前方前进，其他士兵向基准翼标齐，保持规定的间隔、距离行进。纵队行进时，排、连通常成三路纵队，也可以成一、二路纵队。行进中，需要时，用"一二一"（调整步伐的口令）、"一二三四"（呼号）或者唱队列歌曲，以保持步伐的整齐和振奋士气。

（二）停止

指挥员应当下达"立——定"的口令。听到口令，按照立定的要领实施，分队的动作要整齐一致；停止后，听到"稍息"的口令，先自行对正、看齐，再稍息。

五、方向变换

方向变换，是改变队列面对的方向的一种队列动作。

（一）横队和并列纵队方向变换

停止间，通常是左（右）转弯或者左（右）后转弯，必要时可以向后转。

停止间口令：左（右）转弯，齐（跑）步——走，或者左（右）后转弯，齐（跑）步——走；向后——转，齐（跑）步——走（当需要向后转走时，应当先下"向后——转"的口令，待方向变换后，再下"齐步——走"或者"跑步——走"的口令）。

行进间口令：左（右）转弯——走，或者左（右）后转弯——走。

要领：一列横队方向变换时，轴翼士兵踏步，并逐渐向左（右）转动；外翼第一名士兵用大步行进并同相邻士兵动作协调，逐步变换方向（愈接近轴翼者，其步幅愈小），其他士兵用眼睛的余光向外翼取齐，并保持规定的间隔和排面整齐，转到90度或者180度时踏步并取齐，听口令前进或者停止。

数列横队和并列纵队方向变换时，第一列轴翼士兵停止间用踏步、行进间用小步，外翼士兵用大步行进，保持排面整齐，边行进边变换方向，转到90度

185

或者180度后，听口令前进或者停止；后续各列按照上述要领，保持间隔、距离，取捷径进到前一列转弯处，转向新方向跟进。

（二）纵队方向变换

停止间，通常是左（右）转弯，或者左（右）后转弯，必要时可以向后转。

停止间口令：左（右）转弯，齐（跑）步——走，或者左（右）后转弯，齐（跑）步——走；向后——转，齐（跑）步——走（按照横队和并列纵队向后转走的方法实施）。

行进间口令：左（右）转弯——走，或者左（右）后转弯——走。

要领：一路纵队方向变换，基准兵在左（右）转弯时，按照单个军人行进间转法（停止间，左转弯走时，左脚先向前1步）的要领实施，在左（右）后转弯时，用小步边行进边变换方向，转到90度或者180度后，照直前进；其他士兵逐次进到基准兵的转弯处，转向新方向跟进。

数路纵队方向变换时，按照数列横队和并列纵队方向变换的要领实施。

思考题

1. 新修订的共同条令包括哪些内容？
2. 单个军人的队列动作有哪些？
3. 分队的队列动作包括哪些内容？
4. 出列、入列的动作要领是什么？
5. 行进、停止的动作要领是什么？

第七章　射击与战术训练

> **教学目标**
>
> 了解并熟悉轻武器的基本知识、战斗性能，掌握射击动作要领，进行体会射击；了解战斗班组攻防的基本动作和战术原则，培养学生良好的战斗素养。

第一节　轻武器射击

本节重点介绍81式自动步枪、95式自动步枪的基本常识、射击原理、操作方法。

一、轻武器性能、构造与保养

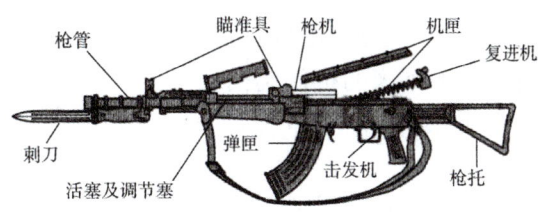

（一）81式自动步枪

81式自动步枪是一种近距离消灭敌人的自动武器，既可对400米距离内的单个人员目标实施有效射击，也可集中火力射击500米距离内的集团目标，弹头飞行至1500米处仍有杀伤力。该枪使用7.62毫米的子弹，既可进行半自动射击（打单发），又可进行自动射击（打连发），还可发射枪榴弹。弹匣可装30发子弹，当弹匣的最后一发子弹发射出去时，滑机退回到后面挂机。该武器在100米距离上，使用56式普通子弹，可穿透6毫米的钢板、15厘米厚的砖墙、30厘米厚的土层或40厘米厚的木板。

81式自动步枪主要由十大部件组成，即刺刀、枪管、瞄准具、活塞及调节塞、机匣、枪机、复进机、击发机、弹匣和枪托，另有一套附品：擦拭杆、铳子、鬃刷、附品盒、通条、油壶、背带和弹匣袋等。

相关链接：
81式自动步枪

（二）95式自动步枪

95式自动步枪是我国自行研制的新一代5.8毫米班用枪族的武器之一，它与所用的弹药、瞄准镜、刺刀及下挂式榴弹发射器构成武器系统。它采用了无托结构，具有长度短、重量轻、射击精度好、造型美观，便于操作等特点。95式自动步枪的口径为5.8毫米，全枪长为746毫米，全枪重为3.3千克，弹匣容量为30发，有效射程为400米，表尺射程为500米，直射距离为370米。

（三）保养

保养好武器装备，必须做到"两勤""四不"，即勤检查、勤擦拭，不碰摔、不生锈、不损坏、不丢失。

检查武器外部是否有污垢、锈痕和碰伤，尤其是准星和表尺是否弯曲和松动；检查枪膛内是否有污垢、生锈和损伤；检查各机件运行是否灵活，有无锈痕和损坏，要特别检查击针；检查附品是否齐全完好，子弹有无锈蚀、凹陷、裂缝和松动。

正常情况下，每周至少擦拭一次。实弹射击后应用油布将武器认真擦拭干净并上油，在以后的三四天内每天擦拭一次，训练、演习后，应用干布和油布进行擦拭。擦拭后，可将武器放在通风干燥处晾干，严禁火烤和曝晒。

擦拭前，应分解武器。分解前必须验枪。按顺序和要领进行，不要强敲硬卸；分解下来的机件应按次序放在干净的物体上；除所规定的分解内容外，不准分解其他机件。

二、射击基本原理

射击，是指射手（或武器操作人员）利用轻武器（发射装置），经过瞄准将子弹（弹药）射向目标的动作或行动。射击原理揭示了射击的基本规律和方法。射击基本原理是关于科学运用射击武器，将射弹射向目标并获得最佳射击效果的基础理论。学习和了解轻武器射击的基本原理，是熟练掌握轻武器射击技能的基础，对提高射击技能具有特别重要的作用和意义。

（一）发射与后坐

1. 发射及其过程

发射是指火药气体压力将弹头从膛内推送出去的现象。发射的全过程是：击针撞击子弹底火，使起爆药发火；火焰通过导火孔引燃发射药，产生大量火药气体，在膛内形成很大的压力，迫使弹头脱离弹壳，沿膛线旋转加速前进，直至推出枪口。

2. 后坐

后坐是指武器发射时，枪身向后运动的现象。

（1）后坐的形成。发射药燃烧时，产生的气体同时作用于各个方向，作用于膛壁周围的压力被膛壁所抵消；向前作用于弹头后部的压力推送弹头前进；向后作用于弹壳底部的压力经过枪机传给整个武器，使武器向后运动，形成后坐。武器的后坐和弹头的运动是同时开始的。在弹头脱离枪口瞬间，大量的火药气体随弹头后部从膛内向外喷出，形成了反作用力，使武器后坐更加明显。

（2）后坐对命中的影响。后坐对单发（连发首发）射击的命中影响极小。因为弹头在膛内运动的时间极短（约千分之一秒），并且枪比弹头重得多（冲锋枪、半自动步枪400倍以上），所以弹头在脱离枪口以前，枪的后坐距离只有1毫米多。而且是正直向后运动，加之衣服和肌肉的缓冲，射手是感觉不出来的。射手感觉到的后坐，主要是弹头在脱离枪口的瞬间，火药气体猛烈向枪口外喷出形成的反作用力造成的。此时，弹头已脱离枪口。因此，后坐对单发（连发首发）射击的命中影响极小。

后坐对连发射击的命中有一定的影响。因为连发射击时，第一发子弹发射后，由于枪的明显后坐变动了原来的瞄准线，所以对第二发以后的射弹命中有一定的影响。但只要射手据枪要领正确，适应连发武器射击时后坐的规律，就能减小后坐对连发命中的影响，提高射击精度。

（二）弹道及其实用意义

弹道是指弹头运动中，其重心所经过的路线。弹头脱离枪口后，如果没有重力和空气阻力的作用，它将保持其获得的速度，沿着发射线无止境地匀速飞行。实际上弹头脱离枪口在空气中飞行时，同时受到重力和空气阻力的作用，使弹道不能成为一条直线。

弹道的基本要素包括以下方面：①起点：枪口中心点（外弹道开始点）；②枪口水平面：通过起点的水平

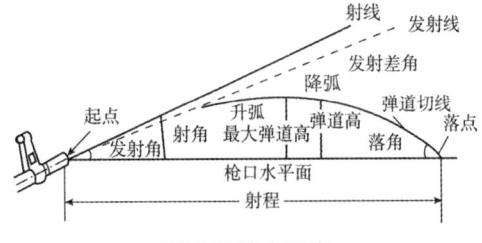

弹道的基本要素

面；③射线：发射前枪轴线的延长线；④射角：射线与枪口水平面所夹的角；⑤发射线：发射瞬间枪轴线的延长线；⑥发射角：发射线与枪口水平面所夹的角；⑦发射差角：射线与发射线所夹的角；⑧升弧：由起点到弹道最高点的弹道；⑨降弧：由弹道最高点到落点的弹道；⑩弹道高：弹道上任何一点到枪口水平面的垂直距离；⑪最大弹道高：弹道最高点到枪口水平面的垂直距离；⑫射程：起点到落点的水平距离；⑬落角：落点的弹道切线与枪口水平面的夹角；⑭弹道切线：与弹道弧线任何一点相切的直线；⑮落点：弹道降弧终止的点（外弹道结束点）。

弹道的实用意义还涉及危险界、遮蔽界和死角等问题。懂得了危险界、遮蔽界和死角，在战斗中就能更好地隐蔽身体，发扬火力，灵活地运用地形地物，隐蔽地运动、集结和转移，以避开或尽量减少敌火力的杀伤，在组织火力配系时就能正确地选择射击位置和组织火力，千方百计地增大危险界和减少射击地带内的遮蔽界与死角，并善于运用弯曲弹道和各种武器的侧射、斜射火力消灭隐蔽在遮蔽界和死角内的敌人。

（三）选定表尺分划和瞄准点

1.瞄准具的作用

因为地心引力和空气阻力的作用，用枪管瞄向目标射击时，射弹就会打低打近。为了命中目标，必须将枪口抬高，使火身轴线与瞄准线之间形成一定的角度，即瞄准角。瞄准角的大小根据射弹在不同距离上的降落量确定。距离越远，降落量越大，所需的瞄准角也就越大；距离越近，降落量越小，所需的瞄准角也就越小。

瞄准具是根据上述射击原理设计的。由于缺口上沿到火身轴线的高度大于准星尖到火身轴线的高度，射击时，通过缺口上沿中央和准星尖的平正关系来对目标进行瞄准。因此，用瞄准具瞄准时，就抬高了枪口，使火身轴线与瞄准线之间构成了一定的瞄准角。

表尺位置高，瞄准角就大，相应的射击距离就远；表尺位置低，瞄准角就小，相应的射击距离就近。各种枪的表尺上都刻有不同的表尺（距离）分划。装定表尺（距离）分划，就是改变表尺的高低位置，实际上也就是装定瞄准角。

由此可见，瞄准具的作用，就是对一定距离上的目标射击时赋予武器相应的瞄准角和射向。射击时，只要按照目标的距离装（选）定相应的表尺分划瞄准射击，就能命中目标。因此，正确地选定表尺分划，对准确命中目标有着决定性意义。

2. 瞄准基本要素

瞄准通常包括以下要素：①瞄准基线：缺口的上沿中央到准星尖的直线；②瞄准线：视线通过缺口上沿和准星尖的延长线；③瞄准点：瞄准线所指向的一点；④瞄准角：射线与瞄准线的夹角；⑤高低角：瞄准线与枪口水平面的夹角（目标高于枪口水平面时，高低角为"+"；目标低于枪口水平面时，高低角为"-"）；⑥瞄准线上弹道高：弹道上的任何一点到瞄准线的垂直距离；⑦落点：弹道降弧与瞄准线的交点；⑧弹着点：弹道与目标表面或地面的交点；⑨命中角：弹着点的弹道切线与目标表面或地面所夹的角，命中角通常以小于 90 度的角计算；⑩表尺距离：起点到落点的距离；⑪ 实际射击距离：起点到弹着点的距离；⑫ 枪口水平面：通过起点的水平面。

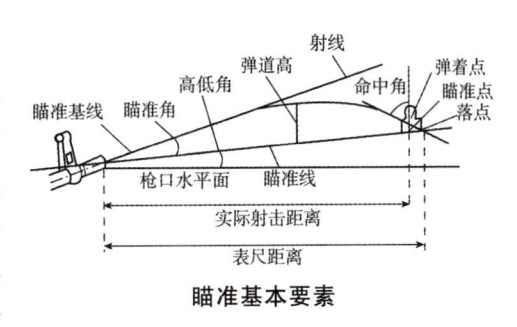

瞄准基本要素

3. 表尺分划和瞄准点的选定

为了使射弹更准确地命中目标，射击时，射手应根据目标距离、大小和武器的弹道高，正确地选定表尺分划和瞄准点。

（1）定实距离表尺分划，瞄目标中央。目标距离为百米整数时，可根据目标的距离装定相应的表尺分划，瞄准点选在目标中央。如自动步枪对 100 米距离人胸靶射击时，定表尺"1"，瞄准目标中央射击，即可命中目标中央。

（2）定大于或小于实距离表尺分划，适当降低或提高瞄准点。目标距离不是百米整数时，通常选定大于实距离表尺分划，根据武器和该距离上的弹道高，相应降低瞄准点射击。如冲锋枪在 250 米距离上对人胸目标射击时，定表尺"3"，在 250 米处的弹道高为 19 厘米，这时，瞄准目标下沿中央射击，即可命中目标中央。

（3）定常用表尺分划，小目标瞄下沿，大目标瞄中央。对 300 米距离以内的目标射击时，通常定常用表尺（表尺"3"）分划，小目标瞄下沿，大目标瞄中央射击。

4. 观察弹着点和修正偏差

射击时，由于测距、瞄准的误差和外界条件对射击的影响，以及射手操作不当等原因，会使射弹产生偏差。因此，射手应注意观察弹着，及时修正偏差，以提高射击效果。

（1）观察弹着点。观察弹着点时，应根据射弹击起的尘土、水花的位置，曳光迹和目标状况的变化等情况，判断射弹是否命中目标或偏差量的大小。各种枪对草地、湿地、硬土地上的目标射击时，弹着不易观察，可用曳光弹射击，确定其偏差量。

（2）修正方法。发现偏差时，应认真分析，找出原因，正确地进行修正。如是武器、风造成的偏差，偏差多少就修正多少。修正时，应以预期命中点为准，向偏差相反的方向修正。

（四）外界条件对射击的影响及修正

1. 风对射击的影响及修正

风是一种具有速度和方向的气流，它能改变射弹的飞行方向和距离。在各种外界条件下，风对射弹的飞行影响最大。因此，必须准确地判定风向和风力，根据风对射弹的影响进行修正，以保证射弹准确命中目标。

（1）风向和风力的判定。按风吹的方向和射击方向所形成的角度可将风分为横风、斜风和纵风。横风是指从左或右与射向成90度的风。斜风是指与射向成锐角的风。纵风是指从后或前与射向平行吹来的风。射击时，通常以射向成45度的风计算。风与射向成60度时，可按横风计算；小于30度时可按纵风计算。顺射向吹来的风为顺风；逆射向吹来的风为逆风。

在气象上把风划分为12个等级，在军事上为了便于区分和应用，按风力的大小将风划分为强风、和风和弱风三种。风力的大小，可用测风仪测出，也可根据人的感觉和常见物体被风吹动的情况来判定。

为了便于记忆，对风力的判定，可以和风为基准风归纳成如下口诀：迎风能睁眼，耳听呼声响，炊烟成斜角，草弯树枝摇，海面起轻浪，旗帜迎风飘，强风比它大，弱风比它小。

（2）风对射弹的影响及修正。横（斜）风能对弹头的侧面施以压力，使射弹偏向一侧，产生方向偏差（斜风还能使射弹产生距离偏差，因偏差很小，故不考虑）。风力越大，距离越大，偏差也就越大。风从左吹来，射弹偏右；风从右吹来，射弹偏左。为了便于记忆，修正量（人体）可归纳为：距离200米，修1/4人体，表尺"3""4""5"，减去2.5，强风加一倍，弱斜风各减半。为了运用方便，根据不同距离上的修正量，将在横和风条件下，对400米内目标射击时的瞄准景况归纳成如下口诀："一百不用修，二百瞄耳线，三百瞄边沿，四百边接边。"

纵风能影响射弹的飞行距离。顺风时，空气阻力较小，使射弹打远（高）；逆风时，空气阻力较大，使射弹打近（低）。在近距离内，风速为10米/抄时，纵风对射弹影响很小，一般可不修正。对远距离目标射击时，应适当降低或提高瞄准点。

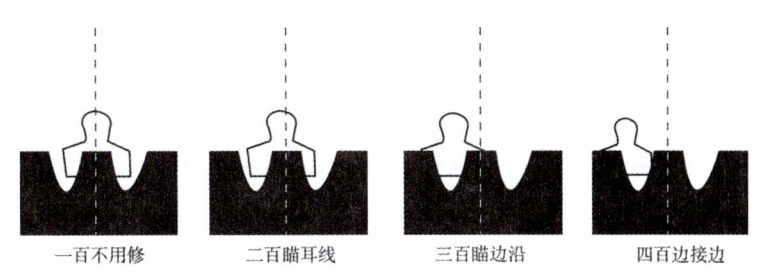

| 一百不用修 | 二百瞄耳线 | 三百瞄边沿 | 四百边接边 |

横（斜）风的修正情况

2. 光对射击的影响及克服办法

（1）阳光对瞄准的影响。在阳光下瞄准时，由于阳光照射作用，缺口部分产生虚光，形成三层缺口：虚光部分、真实部分、黑实部分。如不注意辨清真实缺口的位置，就容易产生误差，使射弹产生如下偏差：①若用虚光部分瞄准，射弹就偏向阳光照来的方向。阳光从右上方照来时，缺口的左边和上沿产生虚光，用虚光部分瞄准，准星实际上偏右高，因此射弹偏右上。阳光从左上方照来，用虚光部分瞄准，射弹则偏左上。②若用黑实部分瞄准，射弹就偏向阳光照来的相反方向。阳光从右上方照来时，用黑实部分瞄准实际上偏左低，因此射弹偏左下。阳光从左上方照来时，射弹则偏右下。③在阳光照射下，缺口和准星尖同时产生虚光时，若用虚光部分瞄准，射弹偏低；若用黑实部分瞄准，射弹偏高。

（2）克服方法。要克服阳光对射击的影响可采取如下方法：①可在不同方向的阳光照射下瞄准，采取遮光瞄准不遮光检查，或不遮光瞄准遮光检查的方法，反复练习，切实辨清真实缺口的位置和正确瞄准的景况。②平正准星与缺口要细致，但瞄准时间不宜过长，以免眼花而产生误差。③平时要注意保护好瞄准具，不使其磨亮而反光。

3. 气温对射弹的影响及修正

（1）气温对射弹的影响。气温变化，空气密度即随之变化，对射弹的阻力也就不同。气温升高时，空气密度减少，射弹在飞行中受到的空气阻力就减少，射弹就打得远而高；反之，射弹就打得近而低。

（2）修正方法。由于各地区各季节的气温不同，很难与标准气温（±15℃）条件相符。因此，应当在当地的气温条件下矫正武器的射效，并以矫正射效时的气温条件为准。射击时，若气温差别不大，在400米内对射弹命中的影响极小，不必修正。若气温差别很大或对远距离目标射击时，应适当提高或降低瞄准点射击。

三、射击基本动作与方法

射击基本技能是指完成一次射击全过程的动作要领、技术和方法。它主要包括：验枪，装（退）子弹及定复表尺，据枪、瞄准、击发等。

（一）验枪

验枪就是检查枪的弹膛、弹匣、弹盒和教练弹中有无实弹。在使用武器前后及必要时均应验枪。验枪时，严禁枪口对人。

听到"验枪"口令后，以右脚掌为轴，身体半面向右转，左脚顺势向前迈出一步（两脚约与肩同宽），同时右手移握护木将枪向前送出（半自动步枪右手将枪向前送出），左手接握下护木，左大臂紧靠左胁，枪托贴于右胯，准星约与肩同高，右手打开保险，卸下弹匣（半自动步枪打开弹仓），交给左手握于护木右侧，弹匣口向后、挂耳向下，右手移握机柄。当指挥员检查时，拉枪机向后，验过后，自行送回枪机，装上弹匣（半自动步枪关上弹仓），扣扳机，关保险，移握枪颈。

听到"验枪完毕"口令后，左手反握护木，将枪倒置于胸前，上背带环约与肩同高，右手挑起背带，身体半面向左转，在右脚靠拢左脚的同时，两手协力将枪送上右肩，恢复背枪姿势（半自动步枪右手握上护木，成持枪立正姿势）。

（二）装（退）子弹及定复表尺

1. 卧姿装（退）子弹及定复表尺

口令：卧姿——装子弹。

退子弹——起立。

要领：听到"卧姿——装子弹"的口令后，右手将枪提起稍向前倾，左脚向右脚尖前迈出一大步（也可右脚顺脚尖方向迈出一大步），左手在左（右）脚尖前支地，顺势卧倒，以身体左侧、左肘支持全身。右手将枪向目标方向送出；左手接握表尺下方，枪托着地，右手拉枪机到定位。解开弹袋扣，换上实弹匣，将空弹匣装入弹袋内并扣好。右手拇指和食指捏压游标卡榫，移动游标，使游标前切面对正所需要的表尺分划。右手移握枪颈，全身伏地，两脚分开约与肩同宽，枪刺离地，目视前方，准备射击。

听到"退子弹——起立"口令后，身体稍向左侧，右手卸下实弹匣交给左手（半自动步枪打开弹仓，接住落下的子弹，装入弹袋），打开保险，拇指慢拉枪机向后，余指接住从膛内退出的子弹，送回枪机，将子弹压入弹匣内，解开弹袋扣，换上空弹匣，把实弹匣装入弹袋内并扣好，扣扳机，关保险，表尺分划归"3"，右手移握护木，将枪收回，同时左小臂向里合，屈左腿于右腿下，以左手和两脚撑起身体，右脚向前一大步，左脚再向前一步，左手反握护木，将枪倒置于胸前，右手挑起背带，在右脚靠拢左脚的同时，恢复持枪姿势。

2. 跪姿装（退）子弹及定复表尺

口令：跪姿——装子弹。

退子弹——起立。

要领：听到"跪姿——装子弹"的口令后，右手移握上护木，使枪口向前（背带从肩上脱下），左脚向前方迈出一步，右手将枪向目标方向送出，左手接握下护木，同时右膝向右跪下，臀部坐在右脚跟上（或右小腿上），左小腿略垂直，两腿约成90度，左小臂放在左大腿上，枪面稍向左，准星约与肩同高。然后，按要领（56式冲锋枪先打开枪刺）换上实弹匣，打开保险，送子弹上膛，关保险，定表尺，右手握把，目视前方，准备射击。

听到"退子弹——起立"口令后，按要领退出子弹，打开保险，扣扳机，关保险，复表尺，右手移握上护木，左脚尖向外打开的同时起立，在右脚靠拢左脚的同时，恢复持枪姿势。

3. 立姿装（退）子弹及定复表尺

口令：立姿——装子弹。

退子弹。

要领：听到"立姿——装子弹"的口令后，右手移握上护木，左脚向前方迈出一步，两脚分开约与肩同宽，右手将枪向目标方向送出（背带从肩上脱下）。左手接握下护木，左大臂紧靠左胁，枪托贴于右胯，准星约与肩同高，然后按要领（56式冲锋枪先打开枪刺）换上实弹匣，打开保险，送子弹上膛，关保险，定表尺，右手握把，目视前方，准备射击。

听到"退子弹"的口令后，按要领退出子弹，打开保险，扣扳机，关保险，复表尺，右手移握上护木，身体大半面向左转，在右脚靠拢左脚的同时恢复持枪姿势。

（三）据枪、瞄准、击发

据枪、瞄准、击发是相互联系和相互影响的动作，稳固持久地据枪，正确一致地瞄准，均匀正直地击发，三者正确地结合，是准确射击的关键。

1. 据枪

（1）有依托据枪。卧姿有依托据枪时，下护木放在依托物上，枪身要正，身体右侧与枪身略成一线。右手将保险机扳到所需的位置，虎口向前紧握握把（半自动步枪握枪颈），食指第一节靠在扳机上，右大臂略成垂直，右肘着地外撑，左手握护木（也可握弹匣），左肘着地外撑，两肘保持稳固，胸部挺起，身体稍前倾（右肘不离地），上体自然下塌，两手用力保持不变，使枪托切实抵于肩窝。头稍前倾，枪托自然贴腮。

跪姿有依托据枪时，通常跪左膝，右膝紧靠依托物前崖或右脚向后蹬。也可跪双膝，上体紧靠依托物前崖，两肘抵在臂座上。

立姿有依托据枪时，上体左前侧紧靠依托物前崖，左腿微屈，右脚向右后蹬，两肘抵在臂座上。

（2）无依托据枪。卧姿无依托据枪时，左手托握下护木或握弹匣，小臂尽量里合于枪身下方，小臂与大臂约成90度角，将枪自然托住。右手握握把（半自动步枪握枪颈），右臂约成垂直，两肘保持稳固，两手正直向后用力，使枪托切实抵于肩窝，自然贴腮。

跪姿无依托据枪时，左手移握下护木或弹匣，左肘放于左膝盖上，使枪、左小臂和左小腿略在同一垂直面上，右手握握把，大臂自然下垂，上体稍向前倾，两手正直向后用力，使枪托切实抵于肩窝。

立姿无依托据枪时，左手移握弹匣，大臂紧靠左胁。小臂尽量里合于枪身下方，也可左手托下护木，大臂不靠左胁。右手握握把，大臂自然抬起，两手正直向后用力，使枪托确实抵于肩窝。

2. 瞄准

据枪瞄准

正确的瞄准方法是：右眼通视缺口和准星，使准星位于缺口中央，准星尖与缺口上沿平齐，指向瞄准点。此时，正确瞄准景况是准星与缺口的平正关系看得清楚，而目标看得较模糊。

如果准星与缺口关系不正确，对射弹命中目标影响很大，准星偏哪儿，弹着偏哪儿。如准星尖在缺口内偏差1毫米，自动步枪弹着点在100米距离上的偏差为32厘米，距离增加几倍，偏差量就增大几倍；若准星与缺口的关系正确，而瞄准点产生偏差，射弹也会产生偏差；枪面倾斜对命中精度也有一定影响，枪面偏左，射弹偏左下；枪面偏右，射弹偏右下。

3. 击发

击发时，射手用右手食指第一指节均匀正直地向后扣压扳机（食指内侧与枪机应有一点空隙），余指力量不变。当瞄准线接近瞄准点时，开始预扣扳机，并减缓呼吸。当瞄准线指向瞄准点时，应停止呼吸，继续增加对扳机的压力，直至击发，击发瞬间应保持正确一致的瞄准。若瞄准线偏离瞄准点或不能继续停止呼吸时，应既不增加也不放松对扳机的压力，待修正或换气后，再继续扣压扳机，完成击发。操纵点射时，应稳扣快松，扣到底松开为 2～3 发。在扣扳机的过程中，应始终保持姿势稳固，操枪力量不变，以提高连发射击的命中率。

知识链接

实弹射击注意事项

实弹射击通常是在统一的组织下进行。应该注意以下问题：

严格遵守实弹射击纪律，服从命令，听从指挥；在没有接到指挥员下达的"进入射击预备地线"命令前，不得擅自进入；进入射击预备地线后，要按口令统一验枪，领取子弹，按照要求装入弹匣；听到进入"射击地线"的口令后，按规定进入射击位置，然后再按口令装弹；装弹后，应按规定关上保险，等候指挥员下达射击命令，再打开保险进行射击；射击过程中，如发现意外情况，要立即中止射击并将武器关上保险放置在射击位置后，及时向指挥员报告；射击中，要尽量使用手中的武器，不应借用他人武器。射击完成后，要向指挥员报告，听到"起立"的口令后再起来；使用武器前和武器使用完毕后，都要验枪；无论在什么情况下，都严禁枪口对人，或者用武器开玩笑，这一点必须引起高度重视。

第二节　战　术

战术是指指导和进行战斗的方法。它主要包括战斗基本原则以及战斗部署、协同动作、战斗指挥、战斗行动、战斗保障、后勤保障和技术保障等。按基本战斗类型分为进攻战术和防御战术；按参加战斗的军种、兵种分为军种战术、兵种战术和合同战术；按战斗规模分为兵团战术、部队战术和分队战术。本节介绍单兵战术基础动作和班（组）战术动作。

一、单兵战术基础动作

单兵战术基础动作主要包括卧倒与起立，直身（屈身）前进，匍匐前进，跃进与滚进和利用地形、地物等。

(一)卧倒与起立

1. 卧倒

在战斗中突然遭敌火力射击时,应当迅速卧倒。卧倒可以分为徒手卧倒、单手持枪(筒)卧倒、双手持枪(筒)卧倒、双手持枪(筒)行进间卧倒和反身卧倒。

(1)徒手卧倒

口令:卧倒。

要领:左脚向右脚尖前迈出一大步,左腿弯屈,上体前倾,两眼注视前方,左手顺左脚方向伸出,掌心向下,手指稍向右,以左膝—左手—左肘的顺序着地,迅速卧倒,左小臂横贴于地面上,右手腕压在左手腕上;两手握拢,手心向下,两腿自然伸直,两脚分开与肩同宽,脚尖向外。必要时,也可右脚向前一大步,左手撑地迅速卧倒。

(2)单手持枪(筒)卧倒

口令:持枪(筒)卧倒。

要领:持自动步枪卧倒时,右手提枪并握背带,其余要领同徒手;卧倒后,右手将枪轻贴身体右侧,枪面向右,枪管放在左小臂上,目视前方;需要射击时,右手以虎口的压力和四指的顶力将枪向目标方向送出,左手接握弹匣,右手收回,打开保险,移握握把,成据枪射击姿势。班用机枪、火箭筒手卧倒时,左手打开脚架,同时左脚向前一大步,将枪(筒)对向目标架在地上,两手在枪(筒)身左侧撑地,两腿同时后伸迅速卧倒;需要射击时,成据枪(筒)射击姿势。

单手持枪卧倒

(3)双手持枪(筒)卧倒

口令:持枪(筒)卧倒

要领:两腿分开,约与肩同宽,两膝稍向里合,上体收腹前倾,身体下塌,重心稍向后移,两膝内侧迅速着地,同时上体前扑,两臂外侧着地,两腿伸直,成据枪(筒)射击姿势。

(4)双手持枪(筒)行进间卧倒

口令:持枪(筒)卧倒。

要领:左脚向右脚前迈出一大步,上体前倾,重心前移,按左膝—左肘的顺序着地迅速卧倒,同时身体里合,右肘着地成据枪(筒)射击姿势。

（5）反身卧倒

口令：反身卧倒（或后方出现目标）。

要领：左脚向前迈出一大步，左手前伸，身体下塌前倾，利用两脚的蹬力将身体向后（反时针方向）旋转180度，重心左倾，按左手、左腿外侧的顺序着地，侧身卧倒，左腿弯曲，右腿伸直，注视目标。

2. 起立

（1）徒手起立

口令：起立。

要领：转身向右，两眼注视前方，左腿自然微弯，左小臂稍向里合，以左手、左肘、左膝的支撑力将身体支起，同时右脚向前一大步，左脚再向前一步，右脚靠拢左脚，成立正姿势。

（2）携枪（筒）起立

口令：起立。

要领：在转身向右的同时，右手提枪（筒）并握背带，然后按徒手要领起立，成持枪或肩枪（筒）立正姿势。双手持枪（筒）起立时，也可收腹、提臀，以肘、膝支起身体，左脚向前一步，右脚跟进，成双手持枪（筒）姿势。

（二）直身（屈身）前进

直身前进是在距敌较远，地形隐蔽，敌观察、射击不到时采用的运动姿势。屈身前进是在遮蔽物略低于人体时采用的运动姿势。

1. 直身前进

口令：向××——直身——前进。

要领：听到口令后，目视前方，右手持枪（筒），大步或快步前进。

2. 屈身前进

口令：向×——屈身——前进。

要领：目视前方，右手提枪（筒），上体前倾，头部不要高出遮蔽物，两腿弯曲（屈身程度视遮蔽物高低而定），大步或快步前进。

（三）匍匐前进

通过敌步枪、机枪火力封锁较短地段或利用较低的遮蔽物前进时，通常采用匍匐前进的运动方法。根据遮蔽物的高低分为低姿匍匐、高姿匍匐、侧身匍匐和高姿侧身匍匐四种。

1. 低姿匍匐

低姿匍匐是在遮蔽物高约40厘米时采用的运动方法。

口令：向××——低姿匍匐——前进。

要领：腹部贴于地面，屈回右腿，伸出左手，用右脚内侧的蹬力和左手的扒力使身体前移，在移动的同时，屈回左腿，伸出右手，用左脚内侧的蹬力和右手的扒力使身体继续前移，依次交替前进。携自动步枪、冲锋枪时，右手掌心向上，枪面向右，虎口卡住机柄，并握住背带，枪身紧靠右小臂内侧，也可右手虎口向上，握枪的上背带环处，食指卡住枪管将枪置于右小臂上；携班用机枪时，通常右手握握把推枪前进，也可由正副射手协同推、拉枪前进；携火箭筒时，右手握握把或脚架顶端，将筒置于右小臂上；火箭筒副射手可采取背、推、拉背具的方法前进。

持枪卧倒，匍匐前行

2. 高姿匍匐

高姿匍匐是在遮蔽物高约 60 厘米时采用的运动方法。

口令：向××——高姿匍匐——前进。

要领：用两小臂和两膝支撑身体前进。携枪（筒）方法同低姿匍匐，有时可将枪托（筒尾）向右，两手托握枪（筒），火箭筒副射手可背背具或以两小臂托背具的方法前进。

3. 侧身匍匐

侧身匍匐是在遮蔽物高约 60 厘米时采用的运动方法。

口令：向××——侧身匍匐——前进。

要领：身体左侧及左小臂着地，左大臂向前倾斜支撑上体，左腿弯曲，右腿收回，右脚靠近臀部着地，右手握枪（筒），用左臂的支撑力和右脚跟的蹬力使身体前移。火箭筒副射手可将背具夹于右胁或右手拉背具前进。

4. 高姿侧身匍匐

高姿侧身匍匐通常是在遮蔽物高 80～100 厘米时采用的运动方法。

口令：向××——高姿侧身匍匐——前进。

要领：左手和左小腿外侧着地，右手提枪（筒），以左手的支撑力和右脚掌的蹬力使身体前移。

（四）跃进与滚进

跃进，是在敌火力下迅速通过开阔地时采用的运动方法。滚进，是在卧姿时，为避开敌人观察、射击，而左右移动或通过棱线时采用的运动方法。

1. 跃进

跃进时要做到跃起快、前进快、卧倒快。跃进前，应先观察前方地形、敌情，选择好前进路线和暂停位置，尔后，迅速突然地前进。

（1）单手持枪（筒）跃进

单手持枪（筒）跃进，通常在距敌较远，地形平坦时采用。

口令：向××——单手持枪（筒）——跃进。

要领：卧姿跃起时，可先向左（右）移（滚）动，以迷惑敌人。自动步枪手应迅速收枪，同时屈左腿于右腿下，右手提枪，以左手、左膝、左脚的撑力将身体支起，右脚向前一大步，左脚再向前一大步的同时，左手挑起背带，压于右手拇指内侧，出右脚迅速前进。班用机枪、火箭筒手跃起时，应以双手和左脚迅速撑起身体，右脚向前一大步，同时右手握护木（握握把），迅速前进。跪姿、立姿时，应迅速利用两脚的蹬力跃起前进。前进时，右手持枪（提筒），火箭筒副射手背背具或右肩挎一侧的背具带，并将背具夹于右胁，目视前方，屈身快跑。班用机枪、火箭筒副射手通常在射手左后侧3～5米处，与射手同时前进。跃进距离和速度应根据敌火威胁程度、地形特点而定。敌火越猛烈，地形越开阔，跃进距离应越短，速度应越快，每次跃进的距离通常为15～30米。当进到暂停位置或遭敌猛烈射击时，应迅速隐蔽或卧倒，并准备射击。

（2）双手持枪（筒）跃进

双手持枪（筒）跃进，通常在距敌较近或通过复杂地段时采用。

口令：向××——双手持枪（筒）——跃进。

要领：卧姿时，可先向左（右）移（滚）动，以迷惑敌人。自动步枪手两小臂撑地，迅速收腹，同时收回左腿，左膝跪地，利用两小臂、左膝将身体撑起，右脚向前一步，同时端枪迅速前进。跪姿、立姿时，应迅速利用两脚的蹬力跃起前进。前进时，左手稍离开身体，左小臂略平，左手虎口正对枪面，右手握握把，枪托轻贴右胯，并与身体后侧取齐，枪身与地面约成45度，枪面稍向左，两腿弯曲，上体前倾，收腹含胸，曲身快跑。班用机枪、火箭筒手两手将身体撑起，左脚向前一步，同时左手握护木、火箭筒手左手托握弹体，右手握握把，迅速跃起前进。

2. 滚进

口令：向××——滚进。

要领：将枪关上保险，左手握枪表尺上方，右手握枪颈附近或两手握护木，枪面向右，顺置于胸、腹前抱紧，两臂尽量向里合，两脚腕交叉或紧紧并拢，全身用力向移动方向滚进。

运动中,也可在卧倒同时向移动方向滚进。其要领:左(右)脚向前一大步,左手在左(右)脚前着地,身体尽量下塌,右手将枪挽于小臂内,枪面向右。身体向右(左)侧,在右(左)肩、臂着地的同时,向右(左)滚进。滚进时,右(左)腿伸直左(右)腿微屈,滚进距离长时可两腿夹紧。

(五)利用地形、地物

地形、地物是地面上防敌火力袭击最好的遮蔽物体。士兵在利用地形地物时,要根据遮蔽物的高低、大小、形状、敌火力的威胁程度等情况,采取适当的姿势利用死角防护。应做到:快速接近,细致观察,隐蔽防护,敌火力减弱时,视情况灵活地变换位置。

利用堤坎、田埂时,由于其是横向地物,应利用背敌斜面,根据地物的高低采取不同姿势隐蔽防护。田埂低,应横向卧倒,身体紧贴田埂。堤坎高,也可采取跪、蹲、坐、立等姿势进行防护。需要射击时,可利用堤坎的右侧或顶部。

利用较大土堆时,应横向卧倒,身体一侧紧贴在土堆的背敌斜面上。如土堆较小时,也可纵向卧倒,头紧靠土堆。需要射击时,可利用土堆的右侧和顶部。

利用土(弹)坑、沟渠时,通常利用其前沿和底部,纵向沟渠利用弯曲部;根据敌情和坑的大小、深度,可采取跳、滚、匍匐等方法进入。在坑里可采取卧、跪、仰等各种姿势实施防护。待敌火力减弱时才能实施观察和射击。

利用树木,可以有效防敌直瞄和间瞄火力的杀伤。利用树木防护时,通常利用其背敌面。树干粗(直径 50 厘米以上),可取卧、跪、立各种姿势。树干细,通常采用卧姿,利用根部。

利用各种工事可以起到很好的防护作用。所谓工事,是为作战而构筑的防护性建筑物,如各种射击掩体、堑壕、交通壕、掩蔽部、崖孔(猫耳洞)、地堡、坑(地道)等有很好的防护作用。士兵在工事内或在阵地附近行动而遭敌机、炮火力袭击时,要听信号和命令迅速进入隐蔽部或坑(地)道防护。如来不及进入隐蔽部,应迅速在壕内卧倒或采取适当姿势防护(有掩盖的堑壕、交通壕防护效果更好)。利用单人掩体防护时,应将随身武器迅速收回,靠至胸前,采取坐、跪、蹲等适当姿势防护。如时间允许,士兵应沿堑壕或交通壕快速进入掩蔽部、崖孔(猫耳洞)内。

利用建筑物防护效果也很好。当收到敌机、炮火袭击警报和号令时,应利用墙根、房角、床、桌等物体,采取下蹲或卧倒姿势进行防护。但要尽可能避开易倒塌、易燃烧的建筑物,不要在独立明显或敌方可能会重点攻击的建筑物内隐蔽防护，以免造成间接伤害。如发现敌精确制导武器向防护的建筑物袭来，应迅速离开建筑物进行躲藏，并利用其他地形实施防护。在建筑物内防护需要射击时，应尽可能靠近门窗口，采取适当姿势射击。

相关链接：
武警特战队员展开单兵战术对抗

二、班（组）战术动作

（一）进攻战斗准备

做好进攻战斗准备，是取得进攻战斗胜利的重要保证。战士在进攻战斗前，应在规定的时间内，迅速周密、细致确实、分段逐次地做好各项战斗准备。

1. 集结地域的战斗准备

在集结地域，战士应注意隐蔽，加强防护与观察。受领开进任务或概略战斗任务后，应熟悉乘车或徒步开进队形中的位置、出发时间、集合点及自己的任务；根据班（组）长的命令，到指定的地点补充、领取武器、弹药和器材；检查手中武器、弹药及各种器材是否良好，有无受潮霉烂、生锈、变质、损坏等情况；特别是注意检查防毒面具有无损坏、漏气、阻气等现象，防护盒内的物品是否完好；如无制式防护器材时，应制作就便防护器材；捆绑炸药包，并做到便于携带和使用。

2. 进攻出发阵地的战斗准备

在进攻出发阵地，战士应根据情况，构筑工事，注意伪装，加强隐蔽和观察。受领战斗任务后，应熟记班（组）和自己的任务，熟悉协同动作、信（记）号和方位物。依据任务和需要，迅速做好如下工作：

（1）进一步检查手中武器、弹药及各种器材是否良好。

（2）接续好火具，系好子弹袋、手榴弹带、鞋带、腰带、小铁锹、伪装衣等装具。

（3）带好弹药、炸药包、爆破筒、80单兵反坦克火箭弹（自动步枪手）、干粮、急救包等。做好准备后，应向班（组）长报告。报告词为："报告班（组）长，×××进攻准备完毕。"

3. 冲击准备

冲击准备，是指利用冲击发起前的短暂时间进行的准备工作。战士占领冲击出发阵地后，应根据情况，构筑或加修工事，注意观察和伪装，看清冲击目标、前进路线、通路位置和便于我利用的隐蔽地形，然后记班（组）、自己的任务和信（记）号。听到"准备冲击"的口令后，应迅速做好如下工作：

（1）装满子弹，准备好手榴弹和爆破器材。

（2）整理好装具，系好鞋带，扎好腰带和子弹袋，装具应尽量靠身后携带，以免妨碍冲击动作。

（3）做好跃起或跃出工事的准备，遮蔽物较高时，应控好踏脚孔。做好准备后，应向班（组）长报告。冲击准备过程中，战士应做到迅速、确实、隐蔽，并不断观察敌情和班（组）长的指挥。

（二）防御战斗准备

战士在规定的时间内迅速周密地做好防御战斗准备，是防御战斗胜利的重要保证。

1. 占领防御阵地前的战斗准备

战士受领任务后，应了解敌人进攻的方法和可能冲击的路线，清楚班（组）和自己的任务与打法，熟记有关的信（记）号、方位物、邻兵的位置及协同的方法，熟悉阵地及其附近的地形特征。根据班（组）长的命令，迅速做好如下工作：

（1）领取武器、弹药和器材。检查手中武器、弹药及各种爆破器材是否良好，有无受潮、霉烂、生锈、变质、损坏等情况。特别要注意检查防毒面具有无损坏、漏气、阻气等现象，防护盒内的物品是否完好。如无制式防护器材时，应制作就便防护器材。

（2）捆绑好炸药包，接续好火具，系好子弹袋、手榴弹带、鞋带、腰带、小铁锹、伪装衣等装具。

（3）带好武器、弹药和各种器材，做好占领防御阵地的准备。做好准备后，应及时向班（组）长报告。报告词为："报告班（组）长，×××做好占领阵地准备。"

2. 占领防御阵地后的战斗准备

战士占领防御阵地后，应迅速构筑工事、设置障碍和加强伪装，做好射击、打炸敌装甲目标和防护准备。

构筑工事、设置障碍和伪装是战士在防御战斗中保存自己、消灭敌人的重要措施，对于防敌各种火力杀伤、抗敌连续冲击、增强防御的稳定性，具有重要作用。

测量距离的目的是为了准确计算敌装甲目标的运动速度和到达防御前沿

第七章　射击与战术训练

的时间，合理把握占领阵地的时机，正确装定表尺分划，以准确的火力消灭敌人。战士在测量距离时，可采用步测、准量测、目测等方法。

（三）敌火力下运动

敌火力下运动，就是在敌火力威胁下向敌前进或实施机动的行动。战士在敌火下运动，应按班（组）长的口令，充分利用我火力掩护和烟幕迷茫的效果，乘敌火力减弱、中断、转移和坦克炮塔转向等有利时机，采取不同的姿势和方法，迅速隐蔽地运动，有时可采取欺骗、迷惑敌人的手段，创造条件突然前进。

敌火力下运动

运动前，战士应根据敌情、任务、地形的不同形态和遮蔽程度，选择好前进路线和暂停位置。运动中，应不断地观察敌情、地形和班（组）长的指挥，灵活地变换运动姿势和方法，准确果断地处置情况，始终保持前进的方向和与友邻战士及支援火器的协同动作。发现目标时，应按班（组）长的口令或自行射击，将其消灭。要做到运动、火力、防护三者紧密结合，尽量避免横向运动。必须横向运动时，应采用间续短距跃进或匍匐前进的方法，以减少伤亡。

战士在接敌时要随时准备防敌炮火袭击。当遭敌零星炮火袭击时，应注意听、看、快速前进。如判断炮弹可能在附近爆炸时，应立即卧倒，待炮弹爆炸继续前进；当遭敌炮火猛烈袭击时，应趁炮弹爆炸的间隙，利用弹坑和有利地形逐次跃进；当通过敌炮火封锁区时，应察明敌炮火封锁的规律，利用敌射击间隙快跑通过。如封锁区不大，也可绕过。

战士在防炮火袭击的同时，应注意防敌化学炮弹杀伤。当发现敌化学炮弹爆炸时，应立即利用地形，穿戴防护器材，尔后快速通过。

当遭敌步、机枪火力封锁时，战士应利用地形隐蔽。抓住敌火力中断、减弱、转移等有利时机迅速前进；也可采取迷惑、欺骗和不规律的行动，转移敌视线、射线，突然隐蔽地前进；或以火力消灭敌人后迅速前进。

遇敌雷区和定时炸弹时，战士应迅速报告上级并进行标示，按照班（组）长的口令排除或绕过，对敌设置（投放）的电子侦察器材，应迅速排除。排除时，应先察明是否设置有爆炸物，尔后视情况将其排除或炸毁。

运动中发现目标时，战士应及时报告或准确地测定距离、装定表尺，选择瞄准点，以正确的姿势和动作进行射击，将其消灭。对集团目标，通常实施长点射和连续射击；对敌散兵，应以单发射或短点射予以消灭。战斗中要注意节省弹药。装定表尺、装弹（装填火箭弹）或排除故障时，应隐蔽迅速地进行。

　　战士在接敌时，要互相支援，主动协同交替掩护前进。自动步枪手应主动以火力掩护反坦克火器和机枪的行动，并及时为其指示目标，利用其射击效果前进。为保证反坦克火器和机枪的战斗行动，必要时，自动步枪手应让开有利的射击位置和前进路线。当邻兵前进时，应以火力掩护；邻兵受阻时，应主动以火力支援或勇猛迅速前进；当落后于邻兵时，应迅速跟上，向最前面的战士看齐。如机枪、120反坦克火箭（火箭筒）手不能继续遂行战斗任务时，自动步枪手应主动接替。

　　战士在敌火力下运动，需在开阔地停留时，可根据班（组）长的口令或自行近迫作业。其要领：卧倒后，将枪放在右侧或上风一臂处，侧身取下铁锹，先从一侧由前向后挖掘，将土投到前方堆成胸墙，一侧挖好后，翻身侧卧于坑内，继续挖另一侧，直到能掩护全身为止。在土层松软情况下，可用锹挖、手推的方法构筑卧射掩体。作业时，姿势要低、动作要快，并不断观察敌情和班（组）长的指挥，随时准备射击或前进。

（四）阵地内防护

　　敌军在进攻战斗中，强调在攻击前和攻击过程中依靠火力，采取远、中、近及空、地等不同火力层次，对对方实施准备射击和攻击支援射击，以破坏对方防御体系的稳定，削弱对方的抗击力。因此，战士在防御战斗中，要采取各种切实有效的防护措施，达到保存自己、防敌炮火袭击，充分利用工事及有利地形，待机歼敌的目的。

1. 遭敌炮兵火力袭击时的防护

　　遭敌炮兵火力袭击时，战士应按班（组）长的命令或信号，迅速进入工事隐蔽，并做好战斗准备。待接到占领阵地的命令或信号后，应迅速占领射击位置，做好抗击敌人冲击的准备。

　　当担任观察员、值班火器射手的战士来不及进掩蔽工事防护时，应迅速收枪，关上保险，利用就近的掩体或堑壕，身体下蹲或转体坐下，并尽量靠近背敌炮弹爆炸的壕壁进行防护。当敌炮火袭击减弱或转移时，应迅速占领观察、射击位置，加强观察，继续值班。

　　敌在炮火袭击时，为诱骗我占领阵地，增大杀伤效果，通常实施炮火假转移。战士在防御战中应通过对敌炮火射击规律、敌攻击分队所处的位置和敌炮火准备时间等，进行正确的分析，判明敌企图。当确实判明敌炮火假转移时，应继续隐蔽，以免遭敌炮火杀伤。

第七章 射击与战术训练

2. 遭敌航空兵力袭击时的防护

遭敌航空兵力袭击时，战士应按班（组）长的命令，根据情况及时防护或实施对空射击。如敌机侦察时，战士应迅速进入掩蔽工事或就地隐蔽。就地隐蔽时，可利用堑壕、射击掩体等，将反光物体遮盖好，两眼注视敌机航向，敌机过后，继续占领射击位置，做好战斗准备。如敌机轰炸扫射时，战士应迅速利用工事进行防护，来不及利用工事防护时，应就地利用掩体或堑壕进行防护。对低空扫射的飞机，视情可按班（组）长的命令或信号进行对空射击。

3. 遭敌燃烧武器袭击时的防护

当敌运用燃烧武器袭击时，战士应根据班（组）长的命令，首先收藏或转移好武器、弹药及器材，避开火源，尔后迅速进入掩蔽工事进行隐蔽。担任观察员、值班火器的战士，应充分利用掩体、堑壕、交通壕或选择在火源上风处的有利位置进行防护，继续执行观察、警戒任务。

敌燃烧武器袭击后，战士应依班（组）长的命令迅速占领射击位置，继续做好战斗准备。当阵地起火时，应视情以制式器材或各种就便器材灭火。

（五）冲击

冲击，是近距离内向敌猛扑，以火力、爆破、突击结合的手段消灭敌人的战斗行动，是战士的战斗意志和军事技术全面发挥的关键时刻，是决定战斗胜败的重要阶段。冲击时，战士必须具有一往无前的精神和压倒一切敌人的英雄气概，根据不同的冲击目标、地形及任务，灵活地采取不同的冲击行动，勇猛地冲入敌阵，坚决消灭敌人。

1. 冲击发起

战士听到"冲击前进"的口令或收到冲击信号时，应迅速跃起或跃出工事，最大限度地利用我火力效果，迅猛地向指定目标冲击前进，各种枪手通常持枪跑步前进。

2. 通过道路

当在火力掩护下通过道路时，战士应充分利用我火力掩护的效果，按班（组）长规定的顺序隐蔽接近道路，迅速潜入，快跑通过。遇有地雷等残存障碍物时，应根据班（组）长的指示和障碍物的性质，迅速排除，或使用就便器材克服通过。机枪手在道路中，可采取行进间射击，或迅速抢占通路侧的有利地形射击，射弹不得横贯道路，以免影响邻兵动作。

3. 向敌前沿冲击时的动作

在火力掩护下通过道路后，战士应迅速散开，向预定目标勇猛冲击。冲击中，应不断观察敌情、班（组）长的指挥及邻兵动作，发现目标以行进间射击或发射枪榴弹消灭、压制敌人。进至投弹距离时,自动步枪手应自行或按班(组)长的口令向敌堑壕内投弹,趁手榴弹爆炸的瞬间,大喊"杀"声,勇猛冲入敌阵地,以抵近射击、拼刺消灭敌人。

在坦克引导下通过道路后,战士应迅速超越坦克,向预定目标勇猛冲击。超越坦克时,应离开坦克一定距离,防止敌射击我坦克火力的附带杀伤和己方坦克的射击误伤。冲击中应与坦克保持协同,积极为坦克排除前进中的障碍。搭乘坦克通过道路后,战士应根据班(组)长的命令迅速下车,按预定目标,勇猛冲击。

4. 冲击中打炸敌坦克与火力点时的动作

战士在冲击中,应充分利用我火力袭击和烟幕迷茫的效果,坚决勇猛地向指定的坦克或火力点接近。步枪、机枪手应以积极的行动吸引敌人,或以火力射击敌坦克观瞄部位、天线底座、火力点的射孔,掩护打炸敌坦克、火力点的行动。炸敌坦克或火力点时,爆破手应在火力和烟幕掩护下,抓住敌坦克炮塔转向及敌坦克火力点的火力中断、减弱等有利时机,充分利用地形和敌坦克、火力点的观察、射击死角从翼侧迅速逼近,投送爆破器材,将其炸毁。

思考题:

1. 简述81式自动步枪。
2. 简述弹道的基本要素。
3. 如何修正外界条件对射击的不利影响?
4. 单兵战术基础动作中,如何有效利用地形、地物?

第八章　防卫技能与战时防护训练

教学目标

了解格斗、防护的基本知识，熟悉救护基本要领，掌握战场自救互救的技能，提高学生安全防护能力。

第一节　格斗基础

格斗是人与人之间的有身体接触的对抗，是以踢、打、摔、拿、击、刺等技击动作为主要内容，按攻、防、进、退等规律进行的以克敌制胜为目的的，对抗性很强的一种实用性技能。

一、格斗常识

格斗由踢、打、摔、拿等搏击、散打的基本动作组成。练习格斗，能使全身各部位得到比较全面的活动，尤其是能使上下肢肌肉的爆发力、各关节的灵活性和柔韧性，以及快速的反应能力得到提高。了解人体的主要关节与要害部位，练习基本手法与步法，是格斗的基本常识。

（一）人体的主要关节

人体骨与骨连接的部位称为关节，在人体中起着连接骨骼的作用，能使身体做出转、展、旋、屈、翻等多种不同的动作。人体关节在受到超过生理限度的压迫、击打、拧转、扳压时，会造成脱臼、骨折或韧带撕裂等情况，从而使关节失去原有的活动能力。因此，了解人体关节的活动范围、要害部位的生理机能，对保护自己，制伏敌人，是十分重要的。

1. 下颌关节

下颌关节由下颌骨的下颌小头与颞骨的下颌窝和关节结节构成，只能做开口与闭口运动，活动范围小。由侧面击打或挤挫下颌关节，可使其脱臼，不能发音，并影响头部和身体各部位的运动。用勾拳由下向上击打下颌，易伤舌头，并对大脑产生剧烈震动。

2. 颈椎关节

颈椎关节由七块颈椎骨，以及相邻椎骨的下、上关节突连接组成，是连接头颅和躯干的关节。活动范围较大，能左右侧屈45度，前屈后伸45度，左右旋转80度。如用力击打或过度拧转、推压，可使其失去正常的生理功能，并影响身体的运动姿态。严重的会造成颈椎受伤、错位甚至导致脊髓受损，造成高位截瘫。

3. 肩关节

肩关节由肩胛骨的关节盂和肱骨头构成。是全身最灵活的关节，可做屈90度、伸45度、内收外展总和90～120度、旋内旋外总和90～120度以及环转运动。由于肩关节前下方肌肉较少，关节囊软弱，如向左右猛拧或向前后扳拉超过极限时，会使肩关节脱臼或肌肉、韧带拉伤甚至撕裂，从而造成剧烈疼痛甚至昏迷，使上肢和上体丧失活动能力。

4. 肘关节

肘关节由肱尺、肱桡、桡尺三组关节包在一个关节囊内组成。主要能做屈、伸运动，一般屈可达148度，而伸仅为10～20度。由于肘关节前、后方没有韧带加强，在肘关节伸直后如受杠杆力击打或扳压，会造成关节损伤或肌肉撕裂；倒地过猛时，如用手臂伸直撑地，会导致肘关节脱臼，使手臂丧失运动功能。

5. 膝关节

膝关节为人体内最大、最复杂的关节，由股骨下端、胫骨上端及髌骨连接而成。关节腔内有半月板，起润滑和缓冲作用。关节两侧有侧副韧带，起稳固制约作用。主要能做屈伸运动，正常屈伸130度左右。当膝关节伸直支撑身体时，关节处于紧密嵌合位置，此时如从膝关节前后方向或左右两侧猛力踢打，会造成关节腔内半月板损伤甚至撕裂，或造成左右侧副韧带拉伤甚至撕裂，从而使下肢丧失运动功能。

(二) 人体的要害部位

人体受到外力击打或压迫时，会出现剧痛、昏迷甚至死亡的生理部位，称为要害部位。

1. 头部

人的头部有五官和脑部，每个部位都非常脆弱，对头部进行击打，可以造成重创。头部的百会穴在头顶的正中线上，是人体的致命穴位之一。头部的太阳穴，骨平均厚度仅为1~2毫米，组织非常脆弱，击打太阳穴会使人昏迷甚至死亡。此外，两耳部是距离小脑最近的部位，击打此处会使人因小脑震动而造成人体平衡系统失常，重者瘫痪、致命。人的面部神经、血管分布相当丰富，痛觉极其敏感。眼睛是人手足之导，一旦受到击打会丧失战斗力。鼻对来自正面和侧面的击打承受能力很弱，若受到击打轻则疼痛、视线模糊，重则骨折、昏迷。

2. 颈部

人的颈部是头部和躯干相连接的部位，可以击打的部位包括喉、颈动脉和颈椎。喉位于颈前部，是人的呼吸通道和发声器官。对喉部进行击打可造成呼吸不畅，重者会造成窒息。对喉部的攻击可采用砍掌和锁喉。颈动脉位于颈的两侧，左右各一，是向脑部输送血液的通道。压迫双侧颈动脉，可迅速、有效地减少脑血流量，时间延长，可引起昏迷和严重的脑损伤。对颈动脉的攻击可采用双掌砍击等。颈椎位于颈的后部，上接生命中枢延髓。颈椎受到重击，轻则瘫痪，重则死亡。击打方法主要有插掌、劈掌等。

3. 胸部

胸部有心脏这一重要器官。胸部在受到骤然的暴力作用时，易造成血压下降、心跳减慢甚至心跳骤停。心肌挫伤会引起剧痛、心慌气短、心律失常，重者甚至死亡。胸部受到重创，心脏会立即停止跳动，造成死亡。如果胸壁受重击，肺部血管膨胀，血液流通受阻，人会窒息甚至死亡。击打方法主要有拳击、肘击等。

4. 肋部

肋部一般指软肋，是人体十二对肋骨中后下四对肋骨。肋部受到外力击打时，极易发生骨折，骨折断端可能会刺破胸膜和肺组织，轻者疼痛难忍，呼吸困难，失去正常功能，重者会因内脏失血过多而死亡。击打方法主要有勾拳、顶膝等。

5. 腹部

腹部可分为上腹部和下腹部。上腹部有胃、十二指肠等。击打力量重可引起疼痛性休克、血压下降、心搏骤停，击打力量轻可引起呕吐。常用的击打方法有勾拳和顶膝。下腹部主要有肝脏和脾脏。击打力量重可导致肝脏和脾脏挫伤、破裂、出血，引起昏迷和死亡。击打方法主要有勾拳和顶膝等。

6. 腰部

腰部主要是肾脏，左右各一。肾脏紧贴腹部后壁，位置较浅。肾脏质地脆弱，在钝性暴力的击打下，易造成肾脏挫伤、破裂和出血，引起剧痛和死亡。击打方法主要有踢击和勾拳等。

7. 裆部

裆部指的是生殖器所在的部位，是人体中神经末梢最丰富的地方。击打力量轻可引起剧痛，击打力量重可引起出血肿胀，造成疼痛性休克。对裆部的击打简单、有效，可采用踢、击等方法。

二、格斗基本功

格斗技术的训练与其他搏击课目训练是相关联的，与它相关的技击术有散打、拳击、摔跤、跆拳道、泰拳等，按照技术要求完成动作的能力是格斗术的综合体现。实践证明，基本技能、相关技能储备越多，格斗技能发挥出的效果就越大。格斗的基本功包括以下几方面。

（一）拳法

拳法主要在双方中近距离格斗时使用，拳法运动路线短、隐蔽，击打角度多，安全性、稳定性好，给对手的反应时间短，不易防守，主要击打对手头、胸、腹部。

1. 直拳

直拳是拳法中实用性强、不易防守的一种直线性拳法。以左势为例，左直拳也叫刺拳，可作为拳法、腿法进攻的引拳，右直拳则是重拳，迎击时可产生重创对手的效果。

左直拳　　　　　　　　　　右直拳

（1）左直拳。实战姿势站立，右脚蹬地，重心稍移向左脚；腰向右转、送肩，同时左臂内旋直线向前快速出击，拳心向下，力达拳面。注意的要点有：靠蹬地、拧腰、送肩协调发力；冲拳时上体不可过分前倾；击打到目标的一瞬间要把拳头握紧，有着力点，快打快收，迅速还原成实战姿势。

（2）右直拳。实战姿势站立，右脚蹬地，脚尖内扣，身体向左转动，拧腰送肩的同时，右拳直线向前击出，有着力点，力达拳面。注意的要点有：靠蹬地、拧腰发力，有着力点；快打快收，迅速还原成实战姿势。

2. 勾拳

勾拳是近距离击打对方的最有效拳法，一般用于贴身近战。若能准确有力地击打到对手的腹部和下巴，就能使其失去战斗力。

（1）左平勾拳。实战姿势站立，身体重心移至左脚，左脚蹬地，脚跟外展，腰部突然向右转动，同时左肘关节抬起，外张约45度（大臂和小臂约成90度），左拳由左向右横线击打，力达拳面。注意的要点有：肘关节抬起，拳、肘、肩在同一水平线上；靠脚蹬地、转腰发力。

（2）右平勾拳。实战姿势站立，右脚蹬地，脚尖里扣，腰部突然向左转动，同时右手肘关节迅速抬起，外张约45度（大臂和小臂约成90度），右拳由右向左横线击打，力达拳面。注意的要点有：抬肘时，拳、肘、肩在同一水平线上；靠脚蹬地、转腰发力，要有着力点。

（3）左上勾拳。实战姿势站立，左膝微屈，左臂稍下降，左脚蹬地，挺髋，腰部突然向右拧转，同时左拳从下向前上方勾起，高与鼻齐，拳心朝里，力达拳面。注意的要点有：利用蹬地、转腰发力，动作要连贯、协调；向上勾拳时，左臂应先微内拉再外旋上勾。

（4）右上勾拳。实战姿势站立，重心稍沉，右臂稍下降，右脚蹬地，挺髋，腰部突然向左拧转，同时右拳从下向前上方勾起，高与鼻齐，拳心朝里，力达拳面。注意的要点有：利用蹬地、转腰突然发力，以增大击打力度；向上勾拳时，右臂应先微内拉再外旋上勾。

3. 摆拳

摆拳是侧面攻击对手的拳法，它的特点是力量大，特别是后手摆拳，能充分利用右脚蹬地、转腰的力量，是很有杀伤力的重拳，但与直拳相比较，动作幅度较大，动作路线较长，相对易防守，击空时不易控制身体重心。

（1）左摆拳。实战姿势站立，重心移至左脚，左脚蹬地碾地，腰部突然向右拧转，同时左臂抬起（上臂与小臂夹角约145度）并稍向外张，左拳向右横向击打，拳心向下，力达拳面。注意的要点有：利用蹬地、碾地转腰发力；转腰要绕纵轴转动，拳击至人体正中线，迅速还原成实战姿势。

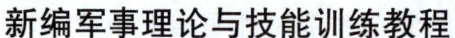

（2）右摆拳。实战姿势站立，右脚蹬地，脚尖里扣，腰部突然向左拧转；同时右臂抬起并稍向外张，右拳向左横线击打，拳心向下，力达拳面。注意的要点有：蹬地、转腰要充分；动作要协调，劲力要顺达；肘要抬起，使肩、肘、拳在同一水平线上。

左摆拳　　　　　　　　　　　　右摆拳

4. 鞭拳

鞭拳是横向型进攻动作之一，一般结合转体利用惯性完成击打动作。它的特点是动作幅度大，运动线路长，力量大。若使用得好，可起到隐蔽、突然、让对手防不胜防的效果。鞭拳一般以后手为多，并结合转体。以转身右鞭拳为例：实战姿势站立，以左脚为轴，右脚经左脚后插步，同时左拳回收至胸前，身体向右转体180度，同时以右拳向右侧横线鞭打，拳与肩平，拳眼朝上，力达拳背。注意的要点有：转体要迅速，以腰带臂，利用前臂鞭打横甩；动作连贯、协调，重心要稳。

（二）腿法

腿法是两方中远距离格斗中使用的主要技法。腿法与拳法相比，有以下特点：击打距离远、力量较大、更为隐蔽、攻击范围广。因此，腿法在实战中使用率最高，效果最明显。腿法主要有边腿、蹬腿和侧踹腿等。

1. 边腿

边腿，是横向弧形腿法的统称，它包括横摆腿和侧弹腿。两种动作大同小异，横摆腿以直腿横摆打腿，预兆较大；而侧弹腿则靠合髋伸膝弹击的方法，动作灵活多变，较为隐蔽，且攻击面大，是较为常用的腿法之一。

（1）左边腿。实战姿势站立，上体稍向右转，重心移至右脚，右膝微屈，

第八章 防卫技能与战时防护训练

左腿屈膝上抬，左膝内扣，左小腿略外翻，右脚尖外展，脚掌碾地，同时利用转腰伸膝使左小腿由左向右向前弧形弹踢，脚尖绷直，力达脚背或小腿胫骨下端。注意的要点有：利用蹬地、提膝、拧腰，转和支撑脚碾地猛然发力；弹击腿膝盖内扣，脚背绷紧；踢腿的高度主要取决于提膝的高度。

（2）右边腿。实战姿势站立，上体左转，重心移至左脚，左掌碾地，右腿屈膝上抬并内扣，右小腿略外翻，左脚尖外展，利用转腰转髋伸膝使右小腿由右向左向前弧形弹踢。脚尖绷直，力达脚背。注意的要点有：转体要快，借拧腰切胯发力，快踢快收。

右鞭腿

2. 蹬腿

蹬腿是用于正面直线性进攻的屈伸性腿法，该腿法力量大，攻击力强，既可用于攻击对手亦可用于阻截对手的进攻，是常用的基本腿法。

（1）左蹬腿。实战姿势站立，身体重心移至右腿，右腿微屈，左腿提膝上抬，脚尖勾起，随即左腿伸膝，以脚跟领先向前方蹬出，力达脚跟；也可送髋挺踝脚掌下压，力达前脚掌。注意的要点有：提膝要达腰，先提膝后蹬腿，动作要连贯快速。

（2）右蹬腿。实战姿势站立，身体重心前移至左脚，左脚尖稍外展，身体稍左转，左膝微屈，右腿提膝上抬，脚尖勾起，随即右腿伸膝，以脚跟领先向前方蹬出，力达脚跟；也可送髋挺踝，脚掌下压，力达前脚掌。注意的要点有：左脚迅速碾地；蹬击时要有爆发力，快踢快收。

3. 侧踹腿

侧踹腿是直线进攻的屈伸性腿法，攻击距离远，攻击性强，攻击面大；使用时变化较多，是阻击对手进攻的主要腿法。

（1）左侧踹腿。实战姿势站立，身体重心移到右脚，左腿屈膝上提至胸前，随即翻髋转髋，小腿与大腿呈水平状，脚尖勾起，脚掌正对攻击目标，右脚跟内收，前脚掌碾地，上体略向右侧倾的同时左腿展髋伸膝向前踹出，力达整个脚掌。注意的要点有：利用蹬地、展髋、伸膝发力，上体和下肢要成一条直线；踹腿的高度取决于提膝和上体的倾斜度；踹出后应迅速回收。

（2）右侧踹腿。实战姿势站立，身体重心移至左脚，左脚尖外展，身体左转，同时右腿屈膝上提至胸前，小腿外翻，高与大腿平，脚尖勾起，脚掌正对

215

攻击目标，上体略向左倾的同时右腿展髋伸膝，向前踹出，力达整个脚掌。注意的要点有：身体左转的同时屈膝上提，踹击时要有爆发力，且快踢快收。

（三）摔法

摔法是指在格斗中用于破坏对方重心，并将其摔倒在地的技法。在格斗中摔倒对手，可使对手处于不利、被动的状况，甚至被摔伤倒地不起，是战胜对手取得胜利的重要手段。使用摔法技术时，要讲求快速干脆，快速摔倒对手。

1. 抱单腿转压摔

实战姿势站立，对手上步以直拳进攻。可下蹲避开来拳，并抱住对手的左腿，左肩抵住对手左腿胯部，随即两手将其左腿抱起经裆部向后拉，同时身体顺时针转动，左肩向下转压使对手摔倒。注意的要点有：两手后拉要使对手膝部伸直；左肩要顶住对手胯部；压肩转体和拉腿要协调一致。

2. 抱单腿腿别

实战姿势站立，对手以左边腿进攻，可将其左腿抄抱住，紧贴胸腹前，左脚迅速插上别对手支撑脚的同时上体右转，使其失去重心倒地。注意的要点有：抱腿快速、准确，别腿、压腿上体右转要连贯协调。

3. 抱单腿手别

实战姿势站立，对手以左蹬腿踢我肋部，可抄抱其左小腿，并以右手抱住，向前下方弯腰，左手臂从对手裆下穿过，用手向里别其膝窝的同时，右手抱对手左小腿向右转体，胸部下压，使其摔倒。注意的要点有：抱腿要准，手别、转体、胸压要协调一致。

4. 抱单腿打腿

实战姿势站立，对手用摆拳进攻，可下潜躲闪并靠近对手，将其左腿抱起，左腿向前摆至对手右小腿处，上体右转的同时，以左小腿向后扫打对手右小腿，使其腾空倒地。注意的要点有：抱腿要准、快速，前摆、后打腿协调、连贯、有力。

5. 抱单腿扛摔

实战姿势站立，双方对峙。可突然上步下蹲，以左手由内向外抱住对手左大腿上部，右手环绕抱住其膝窝，随即两脚蹬地，上体直起，挺胸、抬头，同时两手将对手向上扛起并向后摔出。注意的要点有：上步要快，抱腿要准，扛起后摔要协调、连贯、有力。

三、捕俘拳

捕俘拳招式简洁，出拳动作干脆，没有装饰性。它包括多种步伐，以拳、步、挡、削进攻敌人要害，猛烈攻击以至敌人瞬间丧失战斗力。

（一）挡击冲拳

起右脚原地猛力下踏，左脚向左侧跨出一步，在左转身的同时，左臂上挡，拳心向前，右拳从腰际旋转冲出，拳心向下，成左弓步。

（二）拧臂绊腿

左拳变掌向前击右拳背，右拳收回腰际，右脚前扫；左手挡抓、拧、拉于腰际，同时右脚后绊，右拳猛力旋转冲出。

（三）叉掌踢裆

上右脚步成右弓步，同时两拳变掌，沿小腹向上叉掌护头；两拳变勾猛力向后击，同时起左脚，大腿抬平、脚尖绷直、猛力向前弹踢，迅速收回。

（四）下砸上挑

两手变拳，左拳由上猛力下砸，与膝同高，同时左脚向前跨步，成左弓步；右拳由前上挑护头，拳心向前，起右脚大腿抬平，脚绷直，头向左甩。

（五）下蹲侧踹

（1）上体正直下蹲，右脚猛力下踏，两小臂上下置于胸前，左臂在上拳心向下，右臂在下拳心向上。

（2）迅速起身，两拳交错外格，起左脚大腿抬平，脚尖里勾，向左猛踹，迅速收回。

（六）顺手牵羊

（1）左脚向前落地屈膝，两拳变掌起在左前方，成抓拉姿势。

（2）两手向右后猛拉，同时右脚前扫。

（七）上步抱膝

（1）右脚向前落地同时，左手变拳，小臂上挡。

（2）左转身屈膝下蹲，两手合力后抱，两掌相对，掌心向内，略低于膝，右肩前顶成右弓步，转体合抱要协调一致。

（八）插裆扛摔

（1）左手向上挡抓，右手插前裆，掌心向上。

（2）左手向右下拧拉，大臂贴肋，小臂略平，拳心向上同时右臂上挑，右肩上扛，身体大部分落于右脚，成右弓步。

（九）下拨勾拳

左拳下拨后摆，左转身同时，右拳由后向前猛力上击，拳心向内，与下颌同高，同时右脚向右自然移动，成左弓步。转身要快，勾拳要猛。

（十）卡脖掼耳

（1）向左踹步，在左脚落地同时，右脚上步，左拳变掌，置于胸前，右拳后摆。

（2）向左转体，左手下按，右拳向下猛力横击，成左弓步。踹步有力，转体、卡脖、拳击要协调一致。

（十一）内外挂腿

（1）在起身的同时，左脚向右踹步，右脚前扫，两手合掌于右肩前。

（2）两手猛力向左肩前拧拉，上体稍向左转，同时右脚后绊，成左弓步。

（3）踹步、合掌、前扫要协调一致，重心要稳。

（十二）踹腿锁喉

（1）右脚向右前方踹步，左脚向右跃步，然后起右脚，大腿抬平，脚尖里勾，两臂弯曲，置于胸前，掌心向下。

（2）右脚侧踹，在落地同时，右手前插，左手抓握右手腕，右手变拳，猛力后拉下压，成右弓步。

（十三）内拨冲拳

（1）上左脚右转身成右弓步，左臂顺势内拨护于胸前，右拳收于腰际，拳心向上。

（2）左拳向左后，右拳向前以蹬腿、扭腰送胯之合力同时冲出，成左弓步。

（3）双拳冲出要有爆发力。

（十四）抓手缠腕

（1）两手变掌，左手抓握右手腕。

（2）右掌上挑外拨，身体稍向右转，两臂用力后拉，猛扣压于腰际，成右弓步。

（3）抓握要快而有力。

（十五）卡脖提裆

（1）左手抬起，臂弯曲，掌心向前，右手下插，后拉上提，置于肋前，屈指、掌心向上，同时左手猛力向前下推压与膝同高，掌心向下，成左弓步。

（2）上提、推压要协调一致。

（十六）别臂下压

（1）右转身成右弓步，同时两手变拳，右小臂上挡。

（2）上左脚成弓步，左手立掌插向前上方，臂稍屈，右手抓握左手腕。

（3）左手变拳，向右转体，两手下拉别压，成右弓步。

（4）拉、压、转体要协调一致。

（十七）结束姿势

左脚靠拢右脚，恢复立正姿势。

相关链接：
捕俘拳完整动作

第二节　战场医疗救护

随着武器杀伤力的不断提高，战时伤员将大量增加，对战伤救护提出了新的要求。通过初步的紧急救护可以尽量减少伤员的痛苦，尽可能地救护有生力量。战场医疗救护分为自救和互救。当伤员身边没有其他人员，自己还有一定的行动能力时，可以展开自救；当伤员受伤情况严重，没有自救能力时，需要伤员身边的其他人员包括医护人员或其他战士来对其进行救护。

一、救护基本知识

掌握战场医疗救护的基本知识，可以帮助自己或他人减轻伤病造成的痛苦，有效预防并发症。因为战争中外伤比较多，所以在救护的过程中一定要注意伤口的治疗，保证伤口不被感染，造成破伤风等。战场医疗救护只是初步的治疗，最终还要靠全面的治疗。有效的初步治疗是全面治疗的基础，因为对于伤员来说，时间十分宝贵，在越短的时间内得到救护，最后痊愈或恢复得就越快，效果也就越好。

（一）战场医疗救护的基本原则

战场医疗救护应当遵循以下六条基本原则。

1. 先复苏后固定

对有心搏、呼吸骤停又有骨折的伤员，应首先用口对口呼吸、胸外按压等技术使心肺复苏，直至心跳、呼吸恢复后，再进行固定骨折。

2. 先止血后包扎

对大出血又有创口的伤员，首先立即用指压、止血带或药物等方法止血，再进行创口消毒、包扎。

3. 先重伤后轻伤

对垂危的和较轻的伤员，应优先抢救危重伤员，后抢救较轻的伤员。

4. 先救治后运送

对各类伤员，要按战伤救治原则分类处理，待伤情稳定后才能后送。

5. 急救与呼救并重

对成批的伤员，又有多人在现场的情况下，救护者应当分工合作，实施急救和呼救同时进行，以较快地争取到急救外援。

6. 搬运与医护同步

搬运与医护应当协调配合、同步一致，要做到：任务要求一致，协调步调一致，完成任务的指标一致。运送途中，减少颠簸，注意保暖，最大限度地减少伤员痛苦，减少死亡率，安全到达目的地。

（二）战场医疗救护的基本要求

救护伤员时，不准用手和脏物触摸伤口，不准用水冲洗伤口（化学伤除外），不准轻易取出伤口内异物，不准送回脱出体腔的内脏，不准用消毒剂或消炎粉涂抹伤口。

1. 救护头面部伤

伤员头面部受伤时，应保证其呼吸道畅通，清除口内异物，将伤员衣领解开，采取侧卧或俯卧姿势，防止吸入呕吐物，并妥善包扎和止血。

2. 救护胸（背）部伤

伤员胸（背）部受伤时，出现胸（背）部伤往往伴有多根肋骨骨折，除用敷料包扎外，还应用绷带环绕胸（背）部包扎固定。

3. 救护腹（腰）部伤

伤员腹（腰）部受伤时，腹壁伤要立即用大块敷料和三角巾包扎。伴有内脏伤时，不能喝水、吃东西、吃药，尽快后送。

4.救护四肢伤

伤员四肢受伤时，除了手指或脚趾伤必须包扎外，包扎其他四肢伤时，要把手指或脚趾露出，以便随时观察血液循环情况，采取相应措施。

相关链接：

战场上的生命守护者——医疗救护员

二、特殊战伤的救护

特殊战伤表现为伤情严重、复杂，往往危及伤员生命，急需救治。及时准确有效地处理伤情，稳定伤势，能够为抢救和后送伤员争取时间，避免因重伤致残或致死。

（一）贯通伤的急救

贯通伤是战时常见的一种战伤，多为子弹、弹片、刺伤等所造成的损伤。贯通伤的急救必须迅速、准确、有效，做到抢救争分夺秒。一是救护人员应使伤员迅速安全地脱离危险环境，排除可以继续造成伤害的原因。如将伤员从炮火中抢救出来，应转移到通风、安全、保暖、防雨的地方进行急救。但搬运伤员时动作要轻、稳，以免造成继发性损伤。二是解除呼吸道梗阻，呼吸道梗阻或窒息是伤员死亡的主要原因。应及时清除口咽部的血块、呕吐物、稠痰及分泌物，牵出后坠的舌或托起下颌，置伤员于侧卧位，或头转向一侧，以保持呼吸道通畅。三是控制明显的外出血，是减少贯通伤死亡的最重要措施。具体包括以下几个步骤：将伤员放平，抬高患处；去除容易去除的异物，但不要探查伤口深处异物；用衣服衬垫压迫伤口，连同伤口边缘一起固牢，如果受伤处仍有异物包埋，应避免外源压力直接压迫；使用绷带或条状物牢固地包扎伤口以施加压力；如果衬垫被血液渗透，不要移开，而用更多的衬垫放于患处并用另一条绷带扎牢。四是当胸部受伤发生开放性气胸时，应迅速用厚层无菌敷料、毛巾等严密封闭伤口，变开放性气胸为闭合性气胸。五是伤口应用无菌敷料覆盖，如无现成的无菌敷料，也可暂时用洁净的布类物品代替以覆盖创面，外用绷带或布条包扎，以免加重损伤和将污染物带入伤口深部。伤口内异物或血凝块不要随意去除，以免发生大出血。

（二）化学伤的急救

化学伤就是化学毒剂中毒或伤口直接染毒而造成的人员伤病。化学毒剂可以经过呼吸道、消化道、皮肤或黏膜进入人体，造成人员中毒甚至死亡。特别是创伤伤口被感染后，毒素吸收快，中毒程度明显加重。依据毒剂种类不同，其伤情表现有不同的特点。

对化学伤的急救方法主要是迅速消除毒物：对皮肤染毒伤员，立即脱去染毒衣物，水溶性毒剂用清水冲洗皮肤10分钟以上，脂溶性毒剂用专门化学洗毒剂彻底清除毒素；对经呼吸道吸入中毒的伤员，迅速撤离染毒区，短时间不能撤离的伤员，可戴防毒面具；眼内染毒的伤员，用大量清水冲洗10分钟以上；经消化道中毒的伤员，可催吐、洗胃、导泻等；伤口染毒的伤员，应用清水冲洗干净（注意勿让洗液沾染周围组织，防止交叉染毒），再包扎。

三、战场自救互救基本技能

熟练掌握救护动作，正确运用救护技术，能够提高士兵的救护能力，减少战时不必要的牺牲。

（一）人工呼吸

呼吸是人生命存在的征象。当发生伤害，呼吸困难甚至停止时，如不及时进行急救，很快会死亡。人工呼吸就是用人为的力量来帮助伤员进行呼吸，最后使其恢复自主呼吸的一种急救方法。在施行过程中，绝不要轻易放弃，要有充分的耐心和信心，直到病人恢复呼吸为止。

1. 仰卧人工呼吸

使伤员仰卧，清理其口中堵塞物，以保持呼吸道通畅，然后托起伤员下颌，使其头部后仰，将口腔打开；用一手捏住伤员鼻孔，另一手放在颈下并上托；深吸一口气，对准伤员口用力吹气，然后迅速抬头并同时松开双手；听有无回气声响，如有则表示呼吸道通畅。如此反复进行，每分钟16～20次。如果心跳停止，应与胸外心脏按压同时进行，每按压心脏4～5次后吹气一次，吹气应在放松按压的间歇中进行。

2. 俯卧人工呼吸

使伤者俯卧，头偏向一侧，一臂弯曲垫于头下，另一臂伸直。救护者跨过伤者大腿部，跪在地上，两臂伸直，两手掌放在伤者胸部下方最后一对肋骨上，手指分开，用全身力量通过上肢从伤者胸部的后下方压向前上方，持续3秒，把肺部空气压出。随后，救护者伸直上身，两手松开，使伤者胸廓自然扩张而吸入空气，持续2秒。重复上述动作，每分钟进行12～15次，直到伤者恢复呼吸为止。

3. 胸外心脏按压

当发现伤员失去知觉时,要立即检查其心脏是否跳动。用手指在喉结两侧接触颈动脉,看有无搏动,如无搏动应紧急采取胸外心脏按压法抢救。

使伤员仰卧在地上或硬板床上,找准按压部位,将左手掌根放在伤员胸骨下 1/3 处,右手掌压在左手背上,然后用力向下按压,使胸骨下陷 3～4 厘米,再放开。如此反复进行,每分钟 60～80 次。进行胸外按压的同时,必须进行口对口人工呼吸。如急救时只有一人,可先向伤员口中吹 4 大口气,然后每按压 15 次后,再迅速吹 2 大口气,如此反复进行。

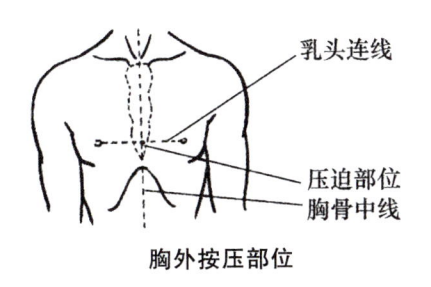

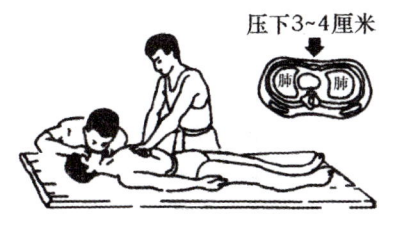

胸外按压部位　　　　　　　胸外按压和人工呼吸

(二) 止血

1. 出血的种类

判定出血种类是正确实施止血的首要工作,具体要根据出血的特征加以判断。如果是动脉出血,则颜色鲜红,呈喷射状,有搏动,出血速度快且量多;如果是静脉出血,则颜色暗红,呈涌出状或徐徐外流,出血量较多,速度不如动脉出血快;如果是毛细血管出血,则颜色鲜红,从伤口向外渗出,出血点不容易判明。

2. 指压止血

指压止血是一种简单方便而有效的临时止血法,适用于头部、颈部及四肢较大动脉出血的急救。根据动脉走行位置,在出血伤口的近心端,用手指将动脉压在邻近的骨面上,阻断血液来源以达到暂时止血的目的。

3. 止血带止血

止血带止血是战伤救护中对出血伤员常用的止血方法,多用于四肢较大的动脉出血。止血带是一种制止肢体出血的急救用品,常用的止血带是约 1 米长的橡皮管。一般在四肢大动脉出血用其他方法止血无效时,采用止血带。方法要诀是"橡皮带左手拿,后头五寸要留下,右手拉紧环体扎,前头交左手,中食二指夹,顺着肢体向下拉,前头环中插,保证不松垮"。使用止血带时应注意：止血带与皮肤之间要加垫敷料、衣服等，不能直接扎在皮肤上；扎止血带的伤员必须做标记，注明扎止血带的时间；止血带每隔 1 小时（冬季半小时）松开一次，每次放开 2～3 分钟，以暂时改善血液循环；松开时要逐渐放松，如有出血，应再扎上止血带。

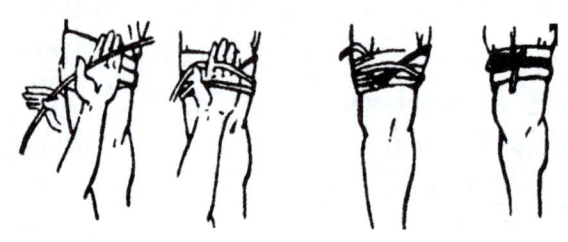

止血带止血法

4. 加压包扎止血

加压包扎止血法用于一般出血，其方法是用纱布、棉花等物品做垫子，放在伤口敷料的外层，然后加压包扎即可。

（三）包扎

包扎在战场救护中应用非常广泛，有止血、保护伤口、防止感染、扶托伤肢和固定敷料、夹板等作用。有利于伤口尽早愈合。

在包扎时，首先要考虑有无大出血。对于一般创伤出血应尽量采取加压包扎或填塞包扎止血，若有大出血，应使用止血带，防止伤员因流血过多而造成休克或死亡。

不准用手和脏物触摸伤口，不准用消毒剂或消炎粉等涂抹伤口，不准用水冲洗伤口，不准轻易取出伤口内异物。不准将脱出体腔的内脏送回体内。对伤员的包扎、急救要快，包扎时消毒敷料要对准伤口，包扎要牢固可靠。

包扎伤口的材料有三角巾、绷带、四头带，并配有敷料。用一块边长 1 米以上的正方形棉布，沿其对角线剪开即为两条三角巾。将三角巾的顶角折向底边的中央，再根据包扎的实际需要折叠成一定宽度的条带。若将三角巾的顶角偏折到底边中央偏左或偏右侧，则为燕尾巾，其夹角的大小可视实际包扎需要而定。三角巾使用方便，容易掌握，包扎面积大，每个指战员都要熟练掌握其使用方法。包扎方法是先把三角巾封皮沿箭头指向处撕开，将敷料盖在伤口上，然后进行包扎。在没有材料时，可用毛巾、被单、衣服等代替，但盖伤口的材料必须干净。三角巾包扎的要诀是："角要拉得紧，结要打得牢，包扎要贴实，松紧要适宜。"

包扎方法主要有以下几种：

1. 头面部包扎

将三角巾底边折叠约两指宽，放于前额眉上。顶角拉至枕后，左右两底角沿两耳上方往后，拉至枕外隆凸下方交叉，并压紧顶角；然后再绕至前额打结。顶角拉紧，并向上反折，将角塞进两底角交叉处。

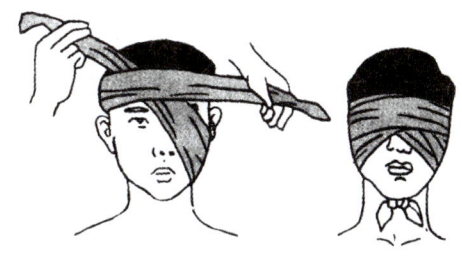

头面部包扎法

2. 躯干部包扎

三角巾底边横放在胸部，顶角从伤侧越过肩上折向背部；三角巾的中部盖在胸部的伤处，两底角拉向背部打结。顶角结带也和这两底角结打在一起。

3. 四肢包扎

将三角巾底边向上横置于腕部或踝部，手掌（足跟）向下，放于三角巾的中央，再将顶角折回盖在手背（足背）上，然后将两底角交叉压住顶角，再于腕部（踝部）缠绕一周打结。打结后，应将顶角再折回打在结内。

（四）固定

骨折是战伤中常见的损伤之一。在战场救护中能否对骨折及时和正确的处理，将影响伤员伤肢的功能恢复。若处理不当，除了会增加伤员痛苦之外，更严重的是造成伤员的死亡和终身残疾。固定是处理骨折患者的前期方法。判断是否骨折的方法有：用手指轻轻按摸受伤部位时疼痛加剧；受伤部位变形；受伤部位明显肿胀不能活动；有时可摸到骨折断端或摩擦感。对骨折患者临时固定一般采用木制夹板，没有时也可用木棍、树枝、竹片等代替。

1. 上臂骨折固定

把两块夹板分别放在上臂内侧和外侧，垫好后用绷带或三角巾固定，再用三角巾将前臂悬吊于胸前。

2. 前臂骨折固定

可在前臂的外侧放一块夹板，垫好后用两条布带将骨折上下端固定，再将前臂吊于胸前。

3. 小腿骨折固定

将夹板（长度等于自大腿中部到脚跟）放于小腿外侧，垫好后用布带分段固定。

4. 大腿骨折固定

将一块长度相当于从脚至腋下的木板放于伤肢外侧，在关节和骨突处加垫，用 5～7 条三角巾分段固定。

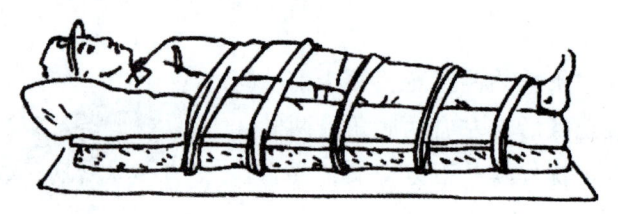

大腿骨折固定

（五）搬运

搬运伤员的目的是迅速安全地将伤员搬至隐蔽地域或送至上级救护机构，以防止伤员在战场上再次负伤，并能得到及时的救治。搬运伤员时一般应当先止血、包扎、固定，后搬运。常见的搬运方法有以下几种。

1. 徒手搬运

单人搬运可采取扶、抱、背的方法，双人搬运可采取椅式、拉车式、平托式的方法运。

2. 担架搬运

先把担架放在伤员的伤侧，然后两个救护人员在伤员健侧跪下一腿，解开伤员的衣领后，第一人右手平托伤员的肩和头部，左手捧着伤员的下肢，把伤员轻轻地放在担架上。伤员躺好后，要用衣物等软东西把空隙垫好，以免摇荡。担架行进时，伤员头部要向后，以便后面的人随时观察伤情。伤情恶化时，要停下来急救，抬担架时要尽可能保持平稳。搬运脊椎骨骨折伤员，必须用木板做担架，不能用普通的帆布担架。冬季要防冻保暖，夏季要防暑遮阴。

第三节　核生化防护

防护，是士兵在作战过程中防备敌人的各种常规武器和核武器、生物武器、化学武器的杀伤，有效保存自己的战斗行动。士兵要学会对核武器、生物武器、化学武器的防护，以适应现代条件下作战的需要。

一、核武器防护技能

核武器防护，简称"核防护"，是指为避免或减轻敌核袭击造成的毁伤而进行的防护。核武器防护主要包括核武器防护知识、核防护技术和技能、核武器袭击警报报知系统、了解人防工事的核防护功能、人防核防护专业分队等。

（一）核武器的毁伤效应

核武器的毁伤效应，主要由核武器爆炸产生的光辐射、冲击波、早期核辐射、核电磁脉冲和放射性沾染五种毁伤因素形成的。某一毁伤因素形成的毁伤效应被称为单一毁伤效应，两种以上毁伤因素形成的毁伤效应被称为复合毁伤效应。在空袭中，核武器的杀伤破坏作用通常表现为复合毁伤效应。

1. 光辐射

光辐射又称"热辐射"，是核爆炸的闪光以及高温火球辐射出来的强光和热。火球中心温度可达上亿摄氏度，比照射到地球上的太阳光强千万倍，不断地以光和热的形式向外辐射能量。光辐射以光速沿直线向四周传播，其作用时间在几秒到几十秒。光辐射能灼伤人的皮肤，造成眼角膜和视网膜灼伤，闪光可使人眼睛致盲，吸入炽热空气可导致呼吸道烧伤。光辐射能使物体熔化、灼焦、炭化和燃烧，形成大面积火灾，造成人员间接损伤。

2. 冲击波

冲击波是核爆炸瞬时形成的高速高温高压气流。它是核武器的主要毁伤因素。冲击波从爆心以超音速向四周传播，作用时间只有几十秒。冲击波到达时，能使空气压强突然升高形成超压，还迫使空气迅速流动形成动压。冲击波对人员可造成直接杀伤和间接杀伤。直接杀伤是超压对人体及其肠胃、心脏、肺部的挤压作用和动压对人体的抛掷和撞击作用；间接杀伤是受冲击波破坏的倒塌建筑物或抛射物体对人员的伤害作用。例如，3万吨级的原子弹在空中爆炸时，距爆心投影点800米处，压缩区内气流的运动速度可达200米/秒。与台风相比，台风的风速也不过是40～50米/秒由此可见冲击波的破坏力。

3. 早期核辐射

早期核辐射是指在核爆炸最初十几秒辐射出来的伽马射线和中子流，是核爆炸特有的杀伤破坏因素。早期核辐射接近光速，呈直线传播，当发现闪光时，人员已受到射线的作用了。早期核辐射能像X射线那样穿透人体和物体，能穿透几千米的空气层。当射线照射人体，杀死细胞达一定程度时，人就会得放射病。例如，人员吸收的剂量不同，会造成不同程度的伤害。如吸收的剂量为100～200拉德，为轻度急性放射病。虽有疲乏、头昏、恶心脱发等症状，但适当休息，可以恢复；如吸收的剂量为350～550拉德，为重度急件放射病，会出现咳血、吐血、便血等出血症状和胃肠功能紊乱，有些人因全身衰弱而死亡。照射到土壤、食盐、碱、食品和某些金属器具上，还会使这些原来没有放射性的物质产生放射性，也会对人员造成伤害。早期核辐射能使光学玻璃变暗、胶卷感光、化学药品失效，并能影响电子仪器的性能。

4. 核电磁脉冲

核电磁脉冲是核爆炸时产生的电磁脉冲。电磁脉冲是一种强电磁波。它与自然界的雷电十分相似，其作用半径随爆炸高度升高而增大。百万吨当量的核弹在几百千米的高空爆炸，地面上其他杀伤破坏效应范围很小，但核电磁脉冲的危害半径可达几千千米。核电磁脉冲能消除计算机内存储的信息，使自动控制系统失灵，无线通信器材和家用电器受到干扰和损坏。如美国在约翰斯顿岛进行的代号为"海盘车"、当量为 140 万吨的核试验，距爆心 1000 千米的檀香山，造成 1000 个报警器同时报警，所有的继电器、变压器像爆米花一样被烧毁，线路中断，路灯熄灭。但它对人员没有直接的杀伤作用。

5. 放射性沾染

放射性染是核爆炸时产生的放射性物质对地面、人员、空气、水和物体所造成的沾染。它的杀伤效果，与早期核辐射一样，也能使人员患放射病。放射性沾染的来源主要有三个：核裂碎片、未裂变的核材料、感生放射性物质。例如，1945 年，日本的广岛市遭原子弹轰炸后的一周内，约有 37000 人进入市区执行抢救、抢修任务，结果都受到不同程度的放射性沾染的伤害。

（二）核武器的防护

每个公民都必须了解和掌握核武器防护技能和方法，提高在空袭的核条件下的生存能力。人员对核武器的防护主要包括两个方面：一是对核爆炸瞬时毁伤效应的防护；二是对放射性沾染的防护。放射性沾染的防护措施可分为防止沾染和消除沾染。

1. 对核武器爆炸瞬时毁伤效应的防护

核武器爆炸瞬间，主要产生光辐射、冲击波、早期核辐射、核电磁脉冲四种杀伤破坏方式。人员对核爆炸后几十秒内起杀伤破坏作用的冲击波、光辐射、早期核辐射和电磁脉冲等瞬时效应的防护，主要是利用工事进行掩蔽，或利用地形地物进行防护。永久工事的防护效果最好，野战工事的效果也不错。山洞、土坑、沟渠、涵洞等地形地物也有一定的防护作用。在开阔地面上的人员，当发现核爆闪光时，立即背向爆心卧倒，可减轻伤害。装甲车辆乘员，可利用车体进行防护。武器装备和其他军用物资的防护，主要是利用工事和地形、地物加以掩蔽。利用坚固、耐热的护罩或护套等遮盖，或者涂刷防火涂料、白灰浆和泥土等，亦有防护作用。对于电子器材，采用气蔽、接地和增加保护装置等措施，可防护核电磁脉冲的破坏。

2. 对放射性沾染的防护

对放射性沾染进行防护的基本措施，可概括为：在核袭击后，迅速组织技术力量对人员活动的地区进行辐射侦察，查明沾染区情况；人员要力求避开在沾染区或高照射量的地区行动；人员通过沾染区时尽量乘坐车辆，在沾染区作业时要尽量缩短时间；充分利用工事、建筑物和山洞等遮蔽物进行防护；及时穿戴个人防护器材，防止身体受沾染；对撤离沾染区的人员和武器装备等，进行沾染检查；受染人员及其随身携带物品，在撤离沾染区后，要尽快进行洗消，以消除沾染；进入沾染区执行任务的人员，可服用抗辐射药，以减少放射性物质在人体内的存留。当敌方实施核袭击时及时采取上述防护措施，可以减轻人员伤亡和武器装备及其他军用物资的损失。

知识链接

核事故的防护

第一，掩蔽。有重大事故发生时，一般人员应立即停止户外活动，迅速进入室内或地下室。要关闭门窗，堵住通风孔，防止放射性物质进入室内。第二，交通管制。禁止人员、车辆进入危险区，防止放射性物质在更大范围内扩散。第三，服用碘片。在必要时，政府会向市民发放碘片，以防止和消除放射性物质对人体的损害。第四，临时疏散人员。这是放射性物质在本地区超过一定程度时所采取的极端措施，市民应在统一安排下，有组织、有秩序地撤离到安全区。第五，做好个人防护。外出时要戴好口罩、风镜、帽子、面纱巾，扎好领口、袖口和裤脚口，以免暴露部位和空隙处遭受污染。第六，做好食品和饮用水的管理工作。在还未受到污染时，及时把堆放在室外的粮食、蔬菜、水果等食品收藏到室内，水井用塑料布等包住井口后再加盖。对可能受到污染的食品和饮用水不能随便食用，须经卫生监测部门检测，并经清洗、存放及其他方法处理合格后才能食用。

二、生物武器防护技能

生物武器防护，旧称"细菌武器防护"，是指为避免或减轻敌生物武器袭击伤害而进行的防护。通过学习和了解生物战剂的基本常识，熟练掌握生物武器的防护技术、方法和措施，不断提高居民的生物武器防护技能。

（一）生物战剂的侵害途径

生物战剂的侵害途径是指生物战剂侵入人体并发生伤害作用的途径，生物战剂侵入人体的主要途径有消化道、皮肤和呼吸道三种。

1. 消化道

人畜通过食（饮）用生物战剂污染的食品（水），使生物战剂经消化道进入人畜体内，感染生物战剂而发病。敌方可能利用特工投放生物战剂污染食物或者水源，也可利用航空器机等投洒生物战剂污染水源。

2. 皮肤

生物战剂通过皮肤途径侵入人畜体内，使人畜感染致病。生物战剂通过皮肤侵入人畜体内的方法通常有两种：一是皮肤直接沾染生物战剂，使其通过皮肤渗透，侵入人畜体内；二是通过媒介昆虫或媒介动物叮咬皮肤，将生物战剂侵入人畜体内。

3. 呼吸道

生物战剂气溶胶通过呼吸道侵入人畜体内，使人畜感染生物战剂。微生物气溶胶是现代生物战广泛使用的一种生物战剂施放方式。将生物战剂在空气中分散成微生物气溶胶，造成空气大面积污染。空气中微生物气溶胶被人畜吸入体内，并在呼吸道内沉积，然后侵入血液，伤害人畜全身或身体某一部位而感染致病。

（二）生物武器的杀伤方式

生物武器的杀伤方式是指生物战剂的施放方式，也就是使生物战剂发挥杀伤作用的方式。生物战剂侵入人畜体内的主要途径有消化道、皮肤和呼吸道三种。与之相对应，生物战剂的杀伤（施放）方式也有相应的三种类型：布洒生物战剂气溶胶、投放生物战剂媒介物、污染水源和食物。

1. 布洒生物战剂气溶胶

气溶胶就是生活中常能看到的呈气溶胶状态的物质。换句话说，固体或液体的微小颗粒悬浮在空气中，就叫作气溶胶。液体微粒分散并悬浮在空气中形成的胶体分散体系，被称为雾；固体微粒分散并悬浮在空气中形成的胶体分散体系，被称为烟。几乎所有生物战剂都可用气溶胶方式施放。利用气溶胶方式施放生物战剂，可提高生物武器的威力，是进行生物战的主要手段。

布洒生物战剂气溶胶的杀伤特点：施放效率高，覆盖面积大。1架轰炸机或者1枚导弹施放的生物战剂气溶胶，可污染数千甚至数万平方千米。凡是空气流通而无"三防"设施设备的地方都能侵入，如无"三防"的工事、车辆和建筑物等。不易被人的感官和一般侦察仪器所察觉或发现。可直接经呼吸道侵入人畜体内，成人在沾染区域内停留1分钟就可能被感染。还可通过污染水源、食物或其他物品间接使人感染。

2. 投放生物战剂媒介物

生物战剂媒介物是指能感染、储存或携带并传播生物战剂的媒介昆虫或媒介动物，其主要通过叮咬人畜皮肤等途径，将作为生物战剂的微生物传入人畜身体而致病。施放携带生物战剂的媒介物，是生物战最早期的投放方式之一，也是现代生物战施放生物战剂的重要方式。可携带生物战剂的媒介物主要包括媒介生物和杂物。生物战剂经媒介生物传播扩散，如黄热病毒、多种脑炎病毒、登革热病毒等，可经蚊类传播扩散；Q热立克次体，可经蜱类传播扩散；炭疽杆菌，可经蝇类传播扩散；鼠疫，可经蚤类传播；等等。

生物战剂媒介物的杀伤特点：媒介昆虫的生产周期较长，储存期较短，在装弹、运输、撒布过程中自然损失率较高，地面活动能力受气象、地形的影响较大。但生物战剂在媒介昆虫体内能生长繁殖，其存活时间较空气中持久。媒介昆虫又有主动扩散、潜藏和侵袭人畜的能力，在一定条件下，其危险性、危害性可能超过微生物气溶胶。

3. 污染水源和食物

使用生物战剂污染食物和水源，是生物战剂施放方式之一。通过人畜食用和饮用被感染的食物、饮用水，达到感染致病的生物战目的。敌方通常将携带生物战剂的食品、日用品或杂物等遗弃在实施生物战的区域内，使对方人员或动物感染发病。将生物战剂秘密地投放到食品工厂、水源等，使人畜直接受到传染。也有可能将生物战剂或昆虫直接播撒在农作物上。

（三）生物武器的防护

1. 生物战剂气溶胶的防护

（1）人员防护方法。生物战剂气溶胶通过呼吸道、消化道、黏膜和皮肤特别是受伤皮肤，进入人体后发挥杀伤作用，这就需要防止生物战剂气溶胶从这些部位进入人体。具体做法主要包括以下几方面内容：一是利用各种制式的军用防毒面具、民用防毒面具、防疫口罩、防尘口罩，或者用布片、手帕等自制呼吸道简易防护器材进行防护；二是利用防毒服、防疫服、简易皮肤防护器材等制式或者简易防护器材，对人员身体表面进行防护；三是利用具备防毒设施的工事、掩蔽部等进行集体防护。

缺乏上述条件时，可利用地形、地物避免和减轻危害。如运动到生物战剂气溶胶云团或污染区域的上风方向；黄昏、夜晚、黎明和阴天时，在高处地形等待隐蔽；不停留在容易滞留生物战剂气溶胶的植被区域。

（2）食物与水源防护方法。生物武器袭击前，应将粮食与食物存放在封闭严密的仓库或容器内；少量的粮食与食物，可存放在密闭的箱子、盒子内，以及塑料袋、厚纸袋或者其他密闭容器内；水井与储水器应加盖密封。遭受生物武器袭击后，应当先将装有粮食、食物和水的容器表面和覆盖物，以及水井盖表面进行消毒，经检查合格后方可启用。

2. 生物战剂媒介物的防护

对生物战剂媒介物的防护方法，主要是保护人员暴露的皮肤，防止蚊虫叮咬。

（1）利用工事、房屋和帐篷防护。受到生物武器袭击后，人员应当进入密封的工事、房屋和帐篷，防止生物战剂媒介物的叮咬感染。对门窗或出入口，应当安装纱窗、纱门，挂上用防虫药物浸泡过的门帘，或者关闭孔口、密闭门。将棉线网浸入避蚊胺与801醇酸树脂等量混合液，制成驱蚊网，有20～30天的防护效果，失效后，再次浸药可重复使用。根据需要，可制成个人防护网或者集体防护网。

（2）利用制式和简易器材防护。穿戴防护衣、防蚊服、防蚊帽等可用于防护。穿扎紧"三口"（领口、袖口、裤口），穿高筒布袜等，以防昆虫叮咬。防止昆虫进入衣服，可将袖口、裤脚扎紧，上衣塞入裤腰（或扎腰带），颈部用毛巾围捂。对于蜘蛛等小虫的防护，应当经常检查衣服，将爬行在衣服上的小虫等及时除掉。

（3）涂抹驱虫剂防护。使用驱虫剂，防护蚊虫叮咬。常用驱虫剂有避蚊胺、驱蚊灵等。使用时，可将皮肤外用驱虫剂涂在暴露皮肤上，每次用量3～5毫升，避蚊胺涂抹后可维持4～6小时，或者将药涂抹在衣服的裤脚、袖口和领口处，使用驱虫剂切忌全身涂抹，尤其不得抹入眼内，以免引起皮肤中毒。

3. 生物战剂污染区防护

识别污染区的标志，做好人员通行防护。根据生物战剂污染区的标志进行个人防护，并遵守污染区的行动规则，按照规定和要求的路线、队形、间距，迅速通过污染区。通过时，要做到行动快、动作轻，尽量减少停留时间。

4. 消毒灭菌技术

消毒灭菌技术包括消毒和杀虫灭鼠两方面的技术和方法。消毒是用物理或者化学方法，将污染对象表面的生物战剂杀灭或消除，达到无害化处理，保障人员、武器装备、物资器材等的清洁安全。生物武器防护的消毒，与化学武器防护的消毒方法大致相同。杀虫灭鼠是防止生物战剂病原体的传播与扩散，预防传染病的发生和流行的主要手段。主要包括人员体表消毒、武器装备消毒、服装器材消毒、食物与水消毒等。当敌方使用经媒介动物传播的鼠疫杆菌、黄热病毒、各型脑炎病毒等生物战剂时，在采取上述消毒措施后，还须在生物战剂污染区域或邻近区域广泛开展杀虫灭鼠工作。

三、化学武器防护技能

化学武器防护，简称"化学防护"，又称"防化学"，是指为避免或减轻敌化学袭击的伤害而进行的防护。化学武器防护主要包括化学防护知识、化学防护技能、化学袭击警报报知系统、了解人防工事的化学防护功能和设施等。

（一）化学毒剂的种类及其杀伤机理

目前世界上储存装备的毒剂按性质和杀伤机理，主要分为神经性毒剂、糜烂性毒剂、全身中毒性毒剂、窒息性毒剂、失能性毒剂和刺激剂六大类。化学毒剂决定了化学武器的性质和使用方式。下面简要介绍化学毒剂的种类及其杀伤机理。

1. 神经性毒剂

神经性毒剂指破坏神经系统正常传导功能的毒剂。这类毒剂为含有机磷酸酯类化合物，称为含磷毒剂或有机磷毒剂。其主要有沙林、梭曼、塔崩、维埃克斯，神经性毒剂中毒典型症状可归纳为"三流四缩"。"三流"：流口水、流汗、流泪；"四缩"：瞳孔缩小（视力模糊）、呼吸道收缩（呼气困难）、胃肠道收缩（呕吐）、肌肉收缩（抽筋）。最后呼吸停止而死亡。

2. 糜烂性毒剂

糜烂性毒剂指使皮肤、黏膜细胞组织坏死溃烂的毒剂，又称"起泡毒剂"。其主要有芥子气、路易氏气、芥子气与路易氏气混合毒剂。如侵华日军遗弃化学武器造成的齐齐哈尔"8·4染毒事件"所涉及的毒剂，就属芥子气。皮肤感染该类毒剂后，经2～6小时潜伏期，染毒处红肿、痒痛，开始起珍珠状小水泡，之后来连成大水泡，而后溃烂，甚至致人死亡。

3. 全身中毒性毒剂

全身中毒性毒剂指破坏人体内细胞色素氧化酶，破坏组织细胞氧化功能，使全身缺氧的毒剂。其主要有氢氰酸、氯化氰。如氢氰酸，主要通过呼吸道吸入中毒，中毒后迅速出现口舌麻木、头痛头晕、呼吸困难、眼球突出、瞳孔散大、皮肤呈红色、强烈抽筋、角弓反张等症状。若抢救不及时，则会因心脏停止跳动而死亡。

4. 窒息性毒剂

窒息性毒剂指刺激呼吸道，伤害人体肺部造成肺水肿、使人员缺氧窒息的毒剂。其主要有光气。光气通过呼吸器官进入人体伤害肺部，引起肺水肿，使肺吸不进氧气也排不出二氧化碳，造成缺氧窒息，剧烈咳嗽并大量吐带有淡红色泡沫状痰等症状，若抢救不及时，则会因肺水肿而死亡。如1991年5月在石家庄发现的日军遗弃的52枚毒气弹，就属光气弹。

5. 失能性毒剂

失能性毒剂指造成人的思维和运动感官功能障碍，使人员暂时失去战斗能力的毒剂。如毕兹，通过呼吸道进入人体后，中毒半小时后出现头晕、心跳加快、瞳孔散大、精神错乱。导致战场官兵不该射击却到处打枪，战车到处乱开，不该冲锋却乱冲锋，战场混乱无法控制，中毒重的官兵身体瘫痪、昏睡等。

6. 刺激剂

刺激剂指直接刺激眼睛、上呼吸道和皮肤的一类化学物质，又称控制剂。其主要有苯氯乙酮、亚当氏气、西埃斯、西阿尔。如苯氯乙酮，主要用烟状使空气染毒，也可用粉状使地面染毒。刺激剂主要刺激眼睛，引起流泪；浓度高时，皮肤刺痒、辣痛。如用于驱散人群的"催泪瓦斯"就属此类毒剂。

相关链接：
不曾醒来的噩梦

（二）化学武器的防护

采取化学防护行动和使用防护器材对人的呼吸道、眼睛、皮肤进行防护，免受毒剂伤害。个人防护器材主要有制式防护器材和简便器材，制式防护器材有防毒面具、防毒衣等；简便防护器材有口罩、毛巾、围巾、风镜、雨披（衣）、雨靴、大衣、毛毯等呼吸道、皮肤防护物品。

1. 利用掩蔽工事防护

遭化学袭击的人员，应在现场人防工作人员的指挥下，迅速进入人防工事或撤离有毒区域。情况允许时，应立即进入掩蔽工事，关闭密闭门或放下防毒门帘。利用有防护设施的工事防护时，应根据指挥人员的命令有组织地进入，不得随意进出。进入工事时，应防止将毒剂带入工事内。进入后要减少各种活动。人员在没有密闭设施的工事内，要戴好防毒面具进行防护。遭受持久性毒剂袭击时，离开工事前要进行下肢防护。

2. 利用防护器材防护

利用防护器材防护包括以下两方面内容：

第一，呼吸道和眼睛防护。遭受敌人化学武器袭击时，要迅速戴好防毒面具对呼吸道和眼睛进行防护。主要防护毒剂蒸气、毒烟、毒雾通过呼吸道吸入体内引起中毒。没有防毒面具可以用毛巾、手帕、纱布等浸上水或碱水（浸上人尿也有一定的防毒作用）等捂住口鼻，戴上防毒眼镜。碱性物质对很多毒剂有消毒作用。来不及时，用毛巾或布包上泥土捂住口鼻也有一定防护作用。还可利用自制的简易防毒眼镜、防风眼镜等对眼睛进行防护。用塑料薄膜贴在眼部也有一定的防护作用。

第二，全身防护。敌机布洒毒剂，毒剂炮弹、毒剂炸弹爆炸后有飞溅的液滴或者飘移的气雾时，除进行呼吸道和眼睛防护外，还要迅速对全身进行防护。全身防护是指利用制式防护器材和简易防护器材，对整个人体实施防护，即披上防毒斗篷、雨衣或塑料布等遮盖整个身体，防止毒剂伤害人体；同时，应防止毒剂液滴溅落在随身携带的物品、装具和武器上。防护时，应利用没有染毒的位置，主要利用制式或者简易防护器材，如穿上防毒衣、雨衣，披上油布、棉被等，然后穿上防毒靴（皮鞋、胶鞋也可），包裹好腿脚（可以用帆布、油布等材料），戴好防毒手套，做到及时有效的防护或者尽快离开染毒区。

3. 对物资和水源的防护

对物资和水源的防护包括以下两方面内容：

第一，对物资进行防护。物资、器材和食物应尽量放在地下仓库或人防工程里；露天堆放的物品采用玻璃纤维塑料布和棉帆布掩盖，有一定的防护作用。

第二，对水源进行防护。尽可能在人防工事内挖水井、修水池，并利用一切容水器储备清水，以备地面水源遭染毒时使用；地面水井应加密封，防止染毒。

4. 迅速撤离染毒区域

撤离时，要沿逆风方向撤离，避开低洼、丛林、居民区，撤至上风空旷区域。要服从命令、听从指挥，有序撤离。

四、防护装备使用

防护装备是用于人员免受毒剂、生物战剂和放射性灰尘伤害的器材。它包括呼吸道防护器材、人体皮肤防护器材和简易防护器材等。

（一）呼吸道防护器材

呼吸道防护器材用于防止人员吸入有毒气体，同时又使人员能够正常呼吸以维持生命。常用的呼吸道防护器材为过滤式防毒面具，由面罩、滤毒罐和面具袋等组成。滤毒罐有滤烟层和滤毒层两部分，滤烟层能有效滤除毒烟、毒雾，滤毒层则能滤掉空气中的毒气。若某些有毒气体不能被滤毒罐除去，就应换装有生氧剂的面具进行防护。在使用防毒面具时，要选配适合的面具，过大、过小都不能保证防护效果；要检查外观，看是否有损坏；要进行灭菌，保证卫生；要进行气密性检查，看是否漏气；还要进行佩戴训练，做到正确、迅速地佩戴面具，使之发挥最佳效果。由于滤毒罐的过滤能力是有限的，在使用时不得超过使用时限。

（二）人体皮肤防护器材

人体皮肤防护器材能有效阻挡化学毒剂、生物战剂及放射性尘埃对皮肤的直接伤害。皮肤防护装备包括防毒衣、防毒斗篷、防毒围裙、防毒手套和防毒靴等。66型连身防毒衣是上衣、裤子、靴套连在一起的，与手套、腰带和衣袋组成一套。穿防毒衣时，先撑开颈口、胸襟，把两腿穿进裤内，再穿好上衣。然后卷起外袖，将拇指插入套环，系好鞋带、腰带，戴上防毒面具。接着戴上防毒头罩，扎好胸襟，系好颈扣带，戴上手套，放下外袖系紧。

（三）简易防护器材及其制作

在没有制式器材可用的情况下，利用一些就便材料，也可以制作一些简易器材。

1. 简易呼吸道防护器材

简易呼吸道防护器材包括滤毒口罩（取普通毛巾叠成12层，将上端两角折回，按自己脸型缝成鼻垫，加上带子做成口罩，浸上弱碱性溶液。浸碱防毒口罩对沙林、光气、氢氰酸等毒剂有一定防护效果）和简易滤毒筒。

滤烟材料可用锯木屑、纸粉、棉花和棉织物，滤毒材料可用晒干的浸碱砖粒、石灰黏土颗粒等。要注意均匀装填，保证气流均匀通过；要注意滤毒筒与脸部的密合程度，否则达不到防护效果。

2. 简易防毒眼镜

选取适当材料按要求制作防毒眼镜，对眼睛进行防护，可以减轻对眼睛的伤害。

3. 简易防毒面具

用简易防毒面罩、简易滤毒筒、简易防毒眼镜可以制成简易防毒面具。制作防毒面罩的材料要柔软且具有一定的强度，不透气，如人造革、橡胶布、桐油布等。

思考题

1. 格斗基本功包括哪几项内容？
2. 简述捕俘拳的16式内容，并尝试练习。
3. 战场医疗救护的基本知识有哪些？
4. 如何对特殊战伤进行急救？
5. 如何对核武器袭击进行防护？
6. 如何对化学武器袭击进行防护？
7. 防毒面具的使用方法有哪些？

第九章　战备基础与应用训练

教学目标

了解战备规定、紧急集合、徒步行军、野外生存的基本要求、方法和注意事项，培养学生具备一定的分析判断和应急处置能力，提升综合军事素质。

第一节　战备规定

战备规定，主要规定了我军的日常战备制度、战备秩序和战备等级划分等。认真落实战备的各项规定，是部队平时保持良好战备状态，情况紧急时能在最短时间内以最快速度投入战斗，并能圆满完成任务的重要保证。

一、战备规定的主要内容

战备规定的内容主要有战备教育、战备方案、战备调动、战备值班、战备等级转换、"三分四定"等。其中，战备教育是指以树立常备不懈思想和保持良好战备状态为目的的教育，是军队战备工作和经常性思想政治教育的重要内容之一。战备方案是指军队为落实战备而制订的各种作战准备方案的统称，包括作战方案、机动方案、留守方案、处置突发事件行动方案，以及相应的保障方案等。战备调动是指军队在平时为及时应对可能发生的战争或突发事件而调动部队的行动，部队

武警战士在战备库室领取背囊

调动必须严格按规定权限执行。战备值班是军队为防备敌人突然袭击和应付意外情况而建立的值班。战备等级转换是军队的战备由一个等级向另一个等级的改变。"三分四定"是战备工作的主要内容,"三分"指携行、运行、后留,"四定"指定人、定物、定车、定位。对于军人来说,应对战备等级转换和"三分四定"两项内容重点掌握。

(一)战备等级转换

战备等级是指对部队战备工作轻、重、缓、急程度,按照一定的标准的区分。全军战备等级分为四级战备、三级战备、二级战备和一级战备四个级别。其中四级战备最低,一级战备最高。

四级战备,为最低一级。此时部队呈戒备状态,收拢人员,控制外出,进行必要的战备教育,保持警惕性。一般在国外发生重大突发事件或者我国周边地区出现重大异常,有可能对我国安全和稳定带来较大影响时部队所处的战备状态。部队的主要工作:进行战备教育和战备检查;调整值班、执勤力量;加强战备值班和情况研究,严密掌握情况;保持通信顺畅;严格边境管理;加强巡逻警戒等。

三级战备,部队进入部分作战准备状态,进行战备动员和物资器材的准备。一般为局势紧张,即周边地区出现重大异常,有可能对我国构成直接军事威胁时,部队所处的战备状态。部队的主要工作:进行战备动员;加强战备值班和通信保障,值班部(分)队能随时执行作战任务;密切注视敌人动向,及时掌握情况;停止休假、疗养、探亲、转业和退伍,控制人员外出,做好收拢部队的准备,召回外出人员;启封、检修、补充武器装备器材和战备物资;必要时启封一线阵地工事;修订战备方案;进行临战训练,开展后勤、装备等各级保障工作等。

二级战备,部队进入全面准备状态,进行深入的战备动员,完成一切战斗行动准备。即局势恶化,是指对我国已构成直接军事威胁时,部队所处的战备状态。部队的主要工作:深入进行战备动员;战备值班人员严守岗位,指挥通信顺畅,严密掌握敌人动向,查明敌人企图;收拢部队;发放战备物资,抓紧落实后勤、装备等各种保障;抢修武器装备;完成应急扩编各项准备,重要方向的边防部队,按战时编制齐装满员;抢修工事、设置障碍;做好疏散部队人员、兵器、装备的准备;调整修订作战方案;抓紧临战训练;留守机构展开工作等。

一级战备,为最高一级。此时部队呈待发状态,人员、车辆、物资器材全部准备就绪,武器不离身,并立即进行临战动员。一声令下,可立即触动。即局势崩溃,是指针对我国的战争征候十分明显时,部队所处的战备状态。部队的主要工作:进入临战战备动员;战备值班人员昼夜坐班,无线电指挥网全时收听,保障不间断指挥;运用各种侦察手段,严密监视敌人动向,进行应急扩编,战备预备队和军区战备值班部队,按战时编制满员,所需装备补充能力优先保障;完成阵地配系;落实各项保障;部队人员、兵器、装备疏散隐蔽伪装;留守机构组织人员向预定地区疏散;完善行动方案,完成一切临战准备,部队处于待命状态等。

通常情况下,部队战备等级的转换应根据命令由平时状态向四级战备—三级战备、二级战备——一级战备状态依次转进。特殊情况下,也可根据命令越级转进。

(二)"三分四定"

"三分四定"是战备工作的重要内容,每一名战士在平时要严格按照规定做好各项工作,保证一旦有紧急情况,即可立即出动。

1. "三分"

"三分"就是将个人的物资分为携行、运行、后留三部分,分别放置。携行物资就是紧急情况时自己随身携带的必备物资。运行物资就是一些物资虽然个人工作、生活、作战时非常需要,但靠个人携带不了,需要上级单位帮助搬运的物资。后留物资就是不需要随同执行任务带走的个人物资(一般是个人购买的,不是部队配发的物品),留在营房内,由上级统一保管。

2. "四定"

"四定"即定人、定物、定车、定位。定人是指根据战备行动方案,确定每个军人在可能出现的紧急情况中所担负的任务、归谁指挥、可能的行动等内容。定物是指确定军人紧急出动时携带物资的数量、种类,主要规定武器装备的携带方法。定车是指军人紧急出动时所乘坐的车辆(车辆编号)。定位是指确定军人乘坐车辆的具体位置及在行进中可能担负的任务。

二、战备规定的要求

(一)日常战备的要求

日常战备的要求主要包括以下几个方面:第一,部(分)队必须高度重视战备工作,严格执行战备法规制度,紧密结合形势任务,经常进行战备教育,增强战备观念,建立正规的战备秩序,保持良好的战备状态。第二,部(分)队应当制定完善战备方案,经常组织部属熟悉方案内容,进行必要的演练。编制、人员、装备、战场和形势任务等情况发生变化时,应当及时修订战备方案。第三，部（分）队各类战备物资，应当区分携行、运行、后留，分别放置，并做到定人、定物、定车、定位。战备物资应当结合日常训练、正常供应周转和重大战备行动，进行更新轮换，使其处于良好状态。战备物资不得随意动用；经批准动用的，应当及时补充。后留和上交的物资，应当建立登记和移交手续。个人运行和后留物品应当统一保管，并按照有关规定注记清楚。第四，部（分）队应当按照规定保持装备完好率、在航率和人员在位率，保持指挥信息系统常态化运行，保证随时遂行各种任务。

（二）节日战备的要求

各级应当按照战备工作有关规定，周密组织节日战备。节日战备前，各级应当组织战备教育和战备检查，制定战备方案，修订完善应急行动方案，落实各项战备保障措施。节日战备期间，各级应当加强战备值班。担负战备值班任务的部（分）队，做好随时出动执行任务的准备。节日战备结束后，各级应当逐级上报节日战备情况，组织部（分）队恢复经常性戒备状态。

第二节 紧急集合

紧急集合，就是在紧急情况下迅速进行的集合，是应付突然情况的一种紧急行动。军人一般是根据上级的紧急战备号令实施紧急集合。军人一旦接到紧急集合的信号或命令，应立即按规定着装，携带武器装备和器材，迅速到达规定地点集合。

一、紧急集合要领

紧急集合要领包括以下几个方面：第一，部（分）队应当根据上级的紧急战备号令，或者在下列情况下实行紧急集合：发现或者遭到敌人的突然袭击；受到火灾、水灾、地震、台风等自然灾害威胁或者袭击；上级赋予紧急任务或者发生重大意外情况。第二，部（分）队首长应当预先制定紧急集合方案。紧急集合方案通常规定下列事项：紧急集合场的位置，进出道路及其区分；警报信号和通知的方法；各分队（全体人员）到达集合场的时限；着装要求和携带的装备、物资、粮秣数量；调整勤务的组织和通信联络方法；值班分队的行动方案；警戒的组织、伪装、防空和防核、防化学、防生物以及防燃烧武器袭击的措施；留守人员的组织、不能随队伤病员的安置和物资的处理工作等。第三，部（分）队接到紧急集合命令（信号），应当迅速而有秩序地按照紧急集合的有关规定,准时到达指定位置,完成战斗或者机动的准备。第四,部(分)队首长根据情况及时增派或者撤收警戒;督促全体人员迅速集合;检查人数和装备;采取保障安全的措施;指挥部(分)队迅速执行任务。第五,为锻炼提高部(分)队紧急行动能力,检查战斗准备状况,通常连级单位每月、营级单位每季度、旅(团)级单位每半年进行一次紧急集合。紧急集合的具体时间由部(分)队首长根据任务和所处环境等情况确定。第六,舰(船)艇部队、航空兵部队和导弹部队的部署操演、实兵拉动、战斗值班(战备)等级转进、战斗演练,按照战区、军兵种有关规定执行。

二、紧急集合训练

紧急集合分为全副武装紧急集合和轻装紧急集合两种。全副武装紧急集合根据当时部队所处战备等级状态确定。此时,人员的负重量、携行的装备和器材均按战备方案和上级的规定执行。轻装紧急集合是在执行临时性紧急任务时所采取的一种方式。着装时,为减轻军人的负荷量,通常不背背包(或携带单兵生活携行具),以提高部队的快速机动能力。紧急集合的程序可分为四步:着装、打背包、装具携带和集合。

紧急集合

(一)着装

紧急集合时的着装通常为作训服。昼间进行紧急集合时,一般按当时的训练着装进行。如果上级重新规定着装,军人应立即换装。夜间实施紧急集合时,军人应迅速起床,按照帽子(冬季戴皮、棉帽时,换装后再戴)—上衣—裤子—袜子—鞋子(双层床上层的军人打完背包再穿鞋子)的顺序进行穿戴。

(二)打背包

没有装备生活携行具时,应打背包。背包的宽度为 30~35 厘米,竖捆两道,横压三道。米袋捆于背包上端或两侧;雨衣、大衣通常捆于背包上端,大衣袖子捆于背包两侧;鞋子横插在背包背面中央或竖插两侧;锹(镐)竖插在背包面中央,头朝上。

（三）装具携带

装具分为全副武装和轻装。学生军训时主要携带的装具和方法为：背挎包，右肩左胁；扎腰带；背水壶，右肩左胁；背背包。

（四）集合

着装完毕后，军人应迅速跑步到班集合地点，向班长报告。全班到齐后，班长要整队，然后带领全班迅速赶到排集合场，并向排长报告。紧急集合时要做到迅速、肃静、确实、完整、安全、便于行动。这就要求在平时应按规定放置武器、弹药、装具和衣物，并牢记地点位置，才能在紧急集合时迅速有序拿取和穿着，行动迅捷而不慌乱。

相关链接：
紧急集合不用怕，打背包秘籍在此

第三节　行军

行军是军队按照预先计划和沿指定路线进行的有组织的移动。行军通常分为常行军和强行军。常行军是按照正常的每日行程和时速实施的行军，每日行程通常为30～40千米，平均时速为4～5千米；强行军是加快行军速度和延长行军时间的行军。

一、行军组织准备

（一）研究情况，拟出行军计划

指挥员在了解任务的基础上，应召集有关人员研究敌情、行军道路及其两侧的地形、本分队的任务，确定分队的行军序列，组织观察、警戒。

（二）做好思想动员

行军前，指挥员应根据本分队所担负的任务，结合分队的思想情况，进行深入的思想动员，保障分队顺利完成任务。

（三）下达行军命令

下达行军命令时应指出：
（1）敌情。

（2）本分队的任务，行军路线、里程，出发及到达指定地区的时间以及大休息的地点。

（3）分队集合地点，行军序列，乘车时还应区分车辆。

（4）着装规定。

（5）完成行军准备的时限，明确起床、开饭、集合的时间。

（6）行军口令及对口令传递的要求。

（四）组织战斗保障

（1）指定1～2名战士为观察员，负责观察地面和天空；指定值班分队及火器，负责对空防御。

（2）规定遭敌原子、化学、细菌武器袭击时，各分队的行动方法。

（3）规定在敌航空兵或炮火袭击时的行军方法。

（4）规定伪装方法及伪装纪律。

（五）做好物资、装具准备

为了顺利完成行军任务，保持分队战斗力，行军前指挥员应做到：

（1）检查携带的给养、饮水、武器、弹药等情况。

（2）检查着装情况，如鞋袜的整理、背包的捆绑、装具的佩戴等。

（3）妥善安置伤病员。

（4）根据季节，进行防暑、防冻的教育和物品的准备。

二、行军管理与指挥

（一）准时集合出发，维护行军秩序

集合场地的选择应便于进入行军道路的位置，集合时检查分队人员的武器装备、车辆、着装等情况，行军应维护行军秩序，听从调整人员指挥，未经上级允许不得超越前面的分队。给执行特殊任务的车辆和分队让路，行军中严格组织纪律，保守行动机密，搞好宣传鼓动，开展团结互助。

行军

（二）掌握行军路线和速度

指挥员根据情况利用地图按方位角行进，也可按行军路线图，依据识别路标、信号等方法掌握行军路线。行军速度应根据敌情任务、时间、行军能力、

道路状况、天候而定。队形间距，徒步行军通常连与连之间为100米左右，乘车通常连与连之间为200～300米，车距为50米左右。开始行军应稍慢，而后按正常速度行进。通过特别地形时应控制速度和间隔，经过渡口、桥梁、隘路等难以通行的地点时，指挥分队有序通过，防止拥挤；通过后，前部应适当减速，后部应大步快速跟上，不宜跑步。

（三）组织休息

行军中，在上级编成内行军的大、小休息和远程连续行军的休息时间，通常由上级统一掌握。单独行军时，由本级指挥员掌握。小休息每50分钟一次，大约10分钟。应靠路边，面向路外侧，保持原队形，督促战士整理鞋袜和装具，明确上厕所的范围。大休息，通常在完成当日行程一半以上进行。应离开道路，进入指定的地区，休息时间为2小时左右，应明确出发时间，派出警戒，必要时值班分队占领有利地形，迅速组织做饭、吃饭、补充饮水、妥善安排伤病员，督促分队抓紧时间休息。夜间休息时，人员不能随便离队，武器不能离身。休息完毕要清点人数，检查武器、弹药、装具、器材和其他物资，严防丢失，按时进入行军序列。

（四）情况处置

指挥员应注意观察，及时发现各种情况，灵活、果断处理，并及时报告上级。受到核、化学武器袭击时，应迅速做好防护准备。遭敌空袭时，应就地疏散隐蔽或利用地形加速前进。通过敌炮火、航空兵封锁地段时，应力求绕过或增大间距快速通过。对有敌情顾虑的地段应派出班、组进行搜索。接到上级改变行军路线的命令时，立即停止前进，研究、查明新的行军路线后组织分队沿新的路线前进。

实施行军时应考虑到人员和技术兵器能否在各种环境中长时间内承受一定的负担。任何行军，特别是徒步实施的行军，要求全体人员具有很强的体力。在严寒条件下行军，应准备好防冻的被服、装具和药品等。在炎热的条件下行军，应准备好防暑、防毒虫等药品，多带饮用水，并可在饮用水中适当放盐。

三、宿营

宿营是指军队在行军、输送或战斗后的住宿。其目的是使部队得到休息和整顿，以便继续行军或做好战斗准备。现代高技术局部战争条件下，无论采取何种宿营方式，都应制定侦察、防空和防核、化学、生物、燃烧武器等袭击的措施，做好抗袭击准备，保障部队安全休息。

（一）宿营地选择

宿营地区的选择应根据敌情、地形、任务和行军编成而定。通常应符合下列条件：避开城镇、集市、车站、渡口、大的桥梁附近。避开疫区、传染病流行村落。有适当的地幅，通常师、团、营的宿营面积分别为600平方千米、60平方千米、6平方千米。有较好的进出道路，便于车辆、人员通行。露营地域，夏季要尽量选在高处，避开谷地、低地、洪水道和易于坍塌的地方；冬季应选在避风向阳处，土质较黏便于搭设简易遮棚或挖掘的地方。

露营配置地域通常以班为点，排为块，连为片，团（营）为区，根据地形特点，可成"一"字形、梯形、三角形、扇形配置，形成野训营地。首长机关通常设在便于观察、指挥的位置，分队与分队之间要按战术要求保持一定间隔。

知识链接

宿营物资器材准备

宿营前，应认真检查个人的着装（衣服、被褥）。冬季宿营时要重点检查棉（皮）帽、棉（皮）手套、棉（皮）大衣、棉（皮）鞋的携带情况；夏季宿营时应重点检查雨衣（布）、蚊帐的携带情况。每人都应准备1～2套干净的内衣，以备更换。除携带装备的锹、镐以外，还应准备必要的大镐、大锹、钢钎、麻袋等工具和物资。为弥补制式露营器材的不足，部（分）队应视情况购买或租借部分露营所需要的材料，如搭设简易帐篷的塑料薄膜、稻草、支撑木、斧、锯、线绳等。

（二）宿营地工作

部队到达宿营地后，应立即组织所属指挥员勘察地形，选定紧急集合场所，组织部队构筑必要的工事，组织各种保障，以保证部队安全宿营。

1. 组织侦察

为了防止敌人突然袭击和为继续行军，部队到达宿营地域后，应立即向有敌情顾虑和尔后行动的方向上派出侦察，察明敌情和尔后行军路线情况。同时，迅速搜集部（分）队的行军情况和到达宿营地域后的住宿情况，了解有关敌情和社情。

2. 组织警戒

为保障部队安全休息，要周密地组织宿营警戒。宿营警戒的组织应根据敌情、地形和宿营部署确定。通常团（营）向受敌威胁较大的方向上派出连（排）哨，向次要方向派出排（班）哨，连派出班哨、步哨、潜伏哨、游动哨。警戒派出的距离以保障主力不受突然袭击和有时间组织部队投入战斗为宜。一般连哨为4～6千米，警戒地带的宽度连哨为2～3千米，排哨为1～1.5千米，必要时，应组织有重点的环形警戒。

宿营警戒

除派出战斗警戒外，各部（分）队还应指定值班分队或火器，并派出直接警戒。

3. 组织对空防御和对核、化学武器的防护

为防止敌人航空兵和核、化学武器的袭击，应周密地组织观察警报，确定对空值班分队，组织防空火力体系，划分防空疏散地域，规定隐蔽伪装、灯火管制措施，明确遭敌空袭及核、化学武器袭击时各部（分）队的行动与遭敌袭击后的处置方法。如敌可能在附近地区空降，还应制订反空降作战方案，组织部（分）队构筑必要的防空工事等。

4. 建立通信联络

建立顺畅的通信联络，必要时可以利用地方的通信设备，但应当严格执行保密规定。宿营地域的通信联络，通常以有线电通信和运动通信为主，同时应充分利用地方既设线路。驻地较远的部（分）队可在短时间使用无线电联络。

5. 严密封锁消息

战时部队到达宿营地域后，要主动会同地方有关部门做好安全保密工作；必要时，还应当加强战斗准备，制定应对意外情况的措施。

6. 密切军民关系

部（分）队在野外驻训、行军、宿营等野营活动前，应当认真做好准备，进行思想动员和政策纪律教育，同野营地区人民政府取得联系，了解当地社情和环境，协商解决部队宿营等问题。野营活动中，应当尊重当地风俗习惯，保护环境和文物古迹，遵守群众纪律，维护军政、军民团结。

部（分）队离开野营地时，应当清扫驻地，掩埋临时挖掘的厕所，消除危险物品，平复或者移交工事，清点物资，结算账目，检查遵守群众纪律情况，征求地方人民政府和群众的意见，向有关单位和群众致谢。

第四节　野外生存

野外生存是指在食宿无着的特殊条件下生存与自救的活动。组织野外生存训练时，应做好充分的准备，除必带的装备物品外，还应携带刀具、火柴和打火机、手电筒、绳索、药品等，并应了解和掌握野外觅水、取火、觅食、救护等基本知识。

一、野外觅水

水是野战生存的重要条件。俗话说："饥能挡，渴难挨。"水在某种程度上说比食物更重要。因此，觅水训练是野战生存训练的重要内容之一。

（一）寻找水源的方法

根据实践经验，寻找水源通常采取观察草木的生长位置和动物的活动范围的方法来判定。

在许多干旱的沙漠、戈壁地区生长着怪柳、铃铛刺等灌木丛的地表下6～7米深就有地下水；有胡杨生长的地方地下水位距地表面仅5～10米；茇茇草指示地下水位只有2米左右；生长茂盛的芦苇，地下水位只有1米左右；如果发现金戴戴、马兰花等植物，便可判定下挖1米左右就能找到地下水。

野外觅水

在南方，叶茂的竹丛不仅生长在河流岸边，也常生长在与地下河有关的岩溶大裂隙、落水洞口的地方。这些落水洞有的在洞口能直接看到水，有的在洞口看不到水，但只要深入下去往往就能找到地下水。

另外在地下水埋藏浅的地方，泥土潮湿，蚂蚁、蜗牛、螃蟹等喜欢在此做窝聚居；冬天青蛙、蛇类动物喜欢在此冬眠；夏天的傍晚，因其潮湿凉爽，昆虫通常在此呈柱状盘旋飞绕。

在无水源的情况下，也可利用简便方法获取少量的水。如用一个塑料袋套在树枝上将袋口扎紧，每天取水量可达1升左右。还可以用塑料布收集露水等。

另外，山野中有许多植物可用以解渴。如北方的黑桦、白桦的树汁，山葡萄的嫩条，酸浆子的根茎；南方的芭蕉茎、扁担藤等。

（二）取水的方法

1. 露水的采集

在日夜温差较大的地区或季节，清晨会有很多露水。采集的办法：用吸水性强的衣服或布料做成布团，在草地上来回拖动，吸收叶片上的露水，待布团吸足露水之后，再将其拧在容器里或直接吮吸，也可采集挂在树枝上的水滴、岩石上的积水。

2. 雨水的收集

雨水一般是野外最安全的水源。下雨时，尽可能选择大面积的集水区，利用容器收集。采集到的雨水，要避免污染，最好烧开后饮用。

3. 冰雪化水

一般而论，能融冰则不化雪。因为融冰比化雪消耗的热能少，可以更快更多的化水。化雪时，应先融化小块的雪，待罐子里雪化成水后，再逐渐加雪，这样有利于热传导和保护化雪容器。

4. 蒸馏取水

有些水是不能直接饮用的，但通过蒸馏，可以得到洁净的可饮用水。蒸馏的方法：先找一些能替代实验室里曲颈瓶一类的用具，将软管一端插入一只盛满水的密闭容器顶部，另一端插进封闭的器皿中，给盛水的容器加温，水沸腾产生的蒸汽经管子散发到冷气器皿中冷凝结成洁净的水。

（三）净化水质的方法

野外水源水质浑浊有异味不便直接饮用时，首先应辨别水中是否含有有毒腐烂的物质，一般情况下，有强烈异味的水是不宜饮用的。遇到水质较差的情况，要做净化处理。

1. 药物净化

使用 69-1 型饮水消毒片、漂白粉精片处理浊水，可以起到澄清杀菌的作用，使用明矾可以使浊水变清。

2. 植物净化

将一些含有黏液质的植物如仙人掌、榆树皮等，捣烂成糊加入浊水中，搅拌 3 分钟后，再静止 10 分钟左右，可起到类似明矾的作用。一般 15 千克水可用 4 克植物糊净化。

3. 过滤水

将竹节一端堵节打掉，在另一端堵节上钻一个小孔。竹节内从下向上依次放入石子、沙、土、木炭碎块做成过滤器。将浊水缓缓倒入竹节，小孔中就流出比较洁净的过滤水。

知识链接

鉴定水质的方法

一是通过水的颜色鉴定。纯净的水在水层浅时无色透明，深时呈浅蓝色。可以用玻璃杯或白瓷碗盛水观察，通常水越清水质越好，水越浑则所含杂质越多。水色随含污情况不同而变化，如含有腐殖质呈黄色，含低价铁化合物呈淡绿蓝色，含高价铁或锰呈黄棕色，含硫化氢呈浅蓝色。二是通过水的味道鉴定。一般清洁的水是无味的，而被污染的水带有一些异味。可以把盛水的瓶子放在约60℃的热水中，若闻到水里有怪味，就不能饮用。三是通过水温鉴定。地面水（江河、湖泊）的水温，因气温变化而变化，浅层地下水受气温影响较小，深层地下水，水温低而恒定。如果水温突然升高多是有机物污染所致。工业废水污染水源后也会使水温升高。四是通过水点斑痕鉴定。用一张白纸，将水滴在上面，晾干后观察水迹。清洁的水是无斑迹的，有斑迹则说明水中杂质多、水质差。

二、野外取火

火在野外生存中具有重要作用，它可以用来热熟食物、烧水、烘烤衣物、取暖御寒、驱除猛兽和有害昆虫，必要时还可以作为信号使用。在没有火柴的情况下，可采取以下几种方法取火。

（一）枪弹取火法

取一颗子弹，将弹丸拔出，倒出三分之二的发射药，撒在干燥易燃的枯草、纸等引火物上，把弹壳空出的地方塞上纸和干草，然后推弹壳入膛，用枪口贴近撒了发射药的引火物射击，引火物即可燃烧。

（二）透镜取火法

用放大镜，如果没有放大镜可用望远镜或瞄准镜、照相机上的凸透镜代替。冬季可用透明的冰块磨制。透过阳光聚焦照射易燃的引火物（腐木、布中抽出的线、撕成薄片的干树皮、干木屑等）取

透镜取火法

火。利用放大镜取火最为迅速的是照射汽油、酒精和枪弹的发射药或导火索，可在 1～2 秒内点燃引火物。

（三）发电机、电池取火法

用手摇发电机，电台照明用的一号"甲电"，将正负两极接在削了木皮的铅笔芯的两端。顷刻间，铅笔芯就会烧得通红。用手电筒内电池和电珠也可做成引火工具：把电珠在细石上小心磨破，注意不能伤及钨丝，然后把火药填入电珠内，通电后即能发火。

（四）击石取火法

取一块坚硬的石头（黄铁矿石最好）做"火石"，用小刀的背或小片钢铁向下敲击"火石"，使火花落到引火物上燃烧。

（五）钻木取火法

用强韧的树枝或竹片绑上鞋带、绳子或皮带做成一个弓子。在弓子上缠一根干燥的木棍，用它在一小块硬木上迅速地旋转。最后钻出黑粉末，这些黑粉末冒烟而生出火花点燃引火物；用一根干的树干，一头劈开，并将裂缝撑开，塞上引火物，用一根藤条穿在引火物后面，迅速抽动藤条，使之摩擦发热而引燃引火物；还可以用两块软质的木头或竹片，用力相互摩擦取火，下面垫以棕榈皮或易燃烧物也可引燃取火。

相关链接：
《探索·发现》之手艺：钻木取火

三、野外觅食

在野外可寻觅的食物种类主要有野生植物、动物、昆虫、鱼类、藻类等。大部分野生植物、动物、昆虫、鱼类都可食用，只有少量有毒不可食用。

（一）野生食物识别的一般方法

识别野生食物的关键是要能够鉴别有毒野生动植物。

在各种野生动物里，除了海洋中外型奇特的鱼类、贝壳、鲨鱼和少数江河中的河豚有毒，以及野生动物内脏，尤其是肝和卵一般不能食用外，其他均可食用。

在各种野生植物里，有毒植物种类不多，数量有限，大部分野生植物均可食用。可食用的野生植物可分为根茎类、野菜类和野果类。松树、柳树、杨树和白桦树的内皮也可食用。在鉴别野生植物是否有毒时,可采取如下方法:首先用手仔细触摸,无毒植物通常不会使手上皮肤产生发痒、发红、起风疹块等刺激症状,如折断枝、叶也不会有牛奶样的汁液流出,闻之也无腐败及其他使人感到怪异的气味。而后可将少量食物放入嘴里咀嚼几分钟,无毒植物一般不会有烧灼感,也无辛辣、苦味或滑腻味,此时,就可以少量食用,8小时后没有特殊感觉,就可较大量地食用。另外,还可以通过观察哺乳类动物所食用的植物种类,以分辨哪些植物能够被人食用。像老鼠、松鼠、兔子、猴子、熊等吃过的植物一般都可以食用。鸟类可以食用的植物,人不一定能够食用。

有乳汁状汁液的植物和野果核里的种子,一般不能食用。但面包果、木瓜、杬果和野生无花果则可以食用,白果(银杏)、苦杏仁、毒草莓、毒蕈(毒蘑菇)和水芹不能食用。毒蘑菇一般色彩鲜艳,有特殊气味,靠近根部有菌托,茎上有菌环;水芹通常生长在潮湿的地方,空心茎的根部有一空心球茎,根茎的形状像纺锤,有刺鼻的怪味;毒草莓一般生长在山坡上或树木较多的沼泽地。发芽的马铃薯在芽及芽点周围有龙葵素,食用时应削除;木薯不经过处理不能食用。

(二)野生食物的食用方法

野生食物分为可食用的野生动物和可食用的野生植物。可食用的野生动物一般应去掉其内脏,食用其肉。可食用的根茎类野生植物,应食用根部和嫩茎叶、树的内皮及嫩软的树尖;野菜类野生植物应食用其嫩苗、嫩茎叶、菌体;野果类野生植物应采果食用。

食用各种野生食物一般应利用炊具进行煮炒,也可采取烤和石煮的方法进行制作。

烤,即将可食用的动物和根茎类植物块根用木棍等穿挂,放在火焰上或炭火中烤(烧)熟。鱼(不去鳞片)和块根应用泥土包裹烤熟后剥皮食用。贝壳类动物可放在火堆下烤熟食用,其方法是:先在地上挖个浅坑,坑的四周衬以树叶或湿布,然后将食物放入坑内,再在食物上面盖上树叶或布,上面再压一层3厘米厚的沙子。最后在该坑上面生起火堆,待食物烧熟后取出食用。

石煮,就是先在地上挖个坑,将火堆中烤热的石块先放于坑内,后将食物放在石块上,上面再盖湿树叶、草和沙土,靠热石块散发的热气将食物烧熟。

四、野外救护

在野外孤立无援的情况下，掌握一些简易的自救和求救方法，能够有效地帮助自己和同伴解除些许伤痛，尽快得到救援，为生存创造条件。

（一）毒蛇咬伤

在山野丛林中活动时，一旦被毒蛇咬伤应立即采取紧急救护措施。首先，马上用布条或布绳等缚住伤口处靠近心脏一端，以减少毒血上流。随后，用刀子在毒蛇咬伤处划一个十字口，挤出毒液，也可用口吸出毒液（口内有溃疡、生疮、出血等不能用口吸，以免中毒），随吸随吐，有条件的还可进行冲洗，然后尽快就医，不可延误。

相关链接：
毒蛇咬伤且莫慌　五步急救保平安

（二）昆虫叮咬

在野外为了防止昆虫的叮咬，最好穿着长袖衣和长裤，扎紧袖口、领口和裤腿。如有条件，皮肤暴露部位涂擦防蚊药。不要在潮湿的树荫和草地上坐卧。宿营时，可以燃点艾草、香蒿、柏树叶、野菊花等植物驱赶昆虫。被昆虫叮咬后，可用氨水、肥皂水、盐水、氧化锌软膏涂抹患处止痒消毒。

（三）蚂蟥叮咬

在野外，蚂蟥是危害很大的虫类。遇到蚂蟥叮咬时，不要硬拔，可用手拍打，或用肥皂液、盐水、烟油、酒精滴在其前吸盘处，或用烧着的香烟烫，让其自行脱落，然后压迫伤口止血，有条件的要用碘酒洗涤伤口防感染。野外行进中，应经常查看有无蚂蟥爬到脚上，在鞋面上涂些肥皂、防蚊油，可以防止蚂蟥爬上，涂一次的有效时间为 4～8 小时。此外，将大蒜汁涂抹于鞋袜和裤脚，也能起到驱避蚂蟥的作用。

（四）蜇伤

被蝎子、蜈蚣、黄蜂等毒虫蜇伤后，伤口红肿、痛痒，并伴有恶心、呕吐、头晕等症状，要先挤出毒液，然后用肥皂水、氨水、醋等涂擦伤口。可以捣碎马齿苋，汁冲服，渣外敷，也可将蜗牛洗净捣碎后涂在伤口处。另外，大蒜汁对蜈蚣的咬伤有一定疗效。

（五）中毒

中毒的症状是恶心、呕吐、腹泻、胃痛、心脏衰弱等。遇到这种情况时，首先要洗胃，快速喝大量的水。用手指触咽部引起呕吐，然后吃蓖麻油等泻药清肠，再吃活性炭等解毒药及其他镇静药，多喝水，以加速排泄。

（六）中暑

在炎热暑季，人体的体温调节和其他生理机能发生障碍或活动量过大，休息不足，水盐补充不及时，衣服不通气等都会引起中暑。其症状是突然头晕、恶心，昏迷、无汗或湿冷、瞳孔放大、高热。发病前，常感口渴头晕，浑身无力，眼前阵阵发黑，此时，应立即在阴凉通风处平躺，解开衣裤带，使全身放松，再服十滴水、仁丹等药。发热时，可用凉水洗头，或冷敷散热，如昏迷不醒，可掐人中穴、合谷穴使其苏醒。

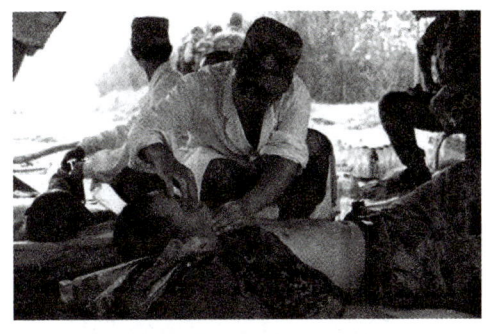

医生为中暑士兵治疗

（七）冻伤

当气温在0℃以下，人长时间在户外活动，耳、鼻、手、脚、脸都容易冻伤。当发现皮肤有发红、发白、发凉、发硬等现象，应用手或干燥的绒布摩擦伤处，促进血液循环，减轻冻伤。轻度冻伤可以用辣椒泡酒，涂擦便可缓解症状。如发生身体冻僵的情况，应先摩擦肢体，做人工呼吸，待伤者恢复知觉后，再到较温暖的地方抢救。也可将冻伤部位放在30℃左右的温水中缓缓解冻。

（八）昏厥

野外昏厥多是由于摔伤、疲劳过度、饥饿过度等原因造成的。主要表现是脸色突然苍白，脉搏微弱而缓慢，失去知觉。遇到这种情况时，不必惊慌，注意观察昏厥者的心肺情况，一般过一会儿便会苏醒。醒来后，应喝些热水并注意休息。

（九）救援

要想获得援助，必须发出信号让他人知道自己的处境和位置。白天可施放烟雾、向友邻喊叫或在开阔地面上写字等；夜间可发出灯光、火光、音响等。国际上通用的求救信号是英文字母"SOS"，可写在地上，也可用移动电话或电

253

台发出，还可用旗语表示。只要是重复三次的行动都象征着求救，如三堆火、三股浓烟、三声音响、三次光亮闪耀等。在用音响或发光亮信号时，每组发送三次后，间隔1分钟再重复发出。

第五节　电磁频谱监测

一、电磁频谱简介

电磁频谱，是指按电磁波波长（或频率）连续排列的电磁波族。在军事上，电磁频谱既是传递信息的一种载体，又是侦察敌情的重要手段，因此成为交战双方争夺的制高点之一。

战场电磁环境是指在给定战场空间内对作战有重大影响的电磁活动和现象的总和，即在一定的作战环境中，由空域、时域、频域上分布的数量繁多、样式复杂、动态交叠的电磁信号构成的一种电磁环境。

根据战场电磁环境的性质和形成机理，一般认为战场电磁环境由自然电磁辐射、人为电磁辐射两部分组成。自然电磁辐射是非人为因素产生的电磁波辐射，在自然电磁环境中，静电、雷电和地磁场等是最主要的电磁辐射。人为电磁辐射是由人工操控条件下各种电子装置或其他电器设备向空间发射电磁能量的电磁辐射，它是战场电磁环境的主体部分。

二、电磁频谱的特点

电子技术装备利用的电磁频谱已覆盖从极低频、短波、微波、毫米波、亚毫米波、红外到可见光等全部频谱，电磁空间将全方位地向其他空间扩展，并相互渗透。在未来复杂的信息化战场环境中，合理地管理与有效地利用无线电频谱，达到制频谱权的目的，已成为克敌制胜的关键因素之一。

在信息化战场中，决定频谱承载力的因素很多，包括：带宽、可利用性/可及性、空间参数、瞬时参数、电磁波特性、电磁环境、功率、频谱管理措施、技术限制等。在信息化战场中数字射频系统对频谱有更高要求，数字无线电系统具有新的特征，保密性和抗干扰能力得到更大程度的提高，使用无线电频谱的设备数量与设备种类特别多。

在数字化战场条件下，频谱管理工作自然发生了很大变化，除了考虑一般性因素外，还应该考虑诸如如何制频谱权、频谱如何支持战场信息传输系统等一系列问题。

三、电磁频谱监测工作

电磁频谱监测是电磁频谱管理的耳目和神经,是电磁频谱管理的科学依据。所谓电磁频谱监测,就是监测人员通过监测设备(包括测向设备)在一定的时间,对监测地域(包括空间)的电磁环境进行监测并得出监测报告。这里的监测人员、监测设备(包括测向设备)、监测时间、监测地域(包括空间)和监测报告,是扎实做好监测工作和圆满完成多样化电磁频谱管理任务的必要因素。

(一)提高监测队伍素质是关键

频谱监测工作是电磁频谱管理的一项基础性工作,专业性和技术性较强,对人的依赖性较大,需要大量实践的历练和经验的积累。

目前的监测设备在扫描测试、捕捉信号、频谱特性参数测量和频率占用度统计等方面自动化程度较高,但在信号分析与识别方面还远不能替代人工智能,对监测人员掌握的经验值、知识面和信息量依赖较大。因此,需要监测一线人员充分利用现有的电磁频谱监测系统和设备,最大限度地从空中提取尽量多的信号特征(包括频域特征、音域特征、时域特征等),以便将各种无线电信号的基本特征铭刻在脑海里,从而形成直观、感性的认识,建立起识别信号的样本。

(二)可靠的监测装备是频谱监测的必要条件

普通的电磁频谱监测系统其原理无异于一部无线电接收机,加上设备控制和数据处理等应用软件,就能够对空中无线电信号进行扫描测试、信号捕捉和解调监听,实现对频谱占用情况的统计分析、频谱参数的测量。现代信息化条件下的战争早已呈现出大范围、高机动性、变化快的特点,迫切需要一种能够实现大地域、易机动、高精度的频谱监测系统,实时、全面、准确地掌握电磁环境和战场电磁态势,从而使战场频管能力大幅度提升。因此,监测装备的可靠性不仅仅体现在系统的稳定和功能的完备上,更体现在要与应完成的监测任务相匹配。

在新的形势下,如何为演习、训练和值勤服务,如何为完成反恐、维稳、抗洪抢险和抗震救灾以及护航保障等多样化军事任务和信息化作战服务,是圆满完成军事频管监测任务的出发点和落脚点。这就要求军事频管监测装备发展的思路应立足战时、兼顾平时,平战结合;监测装备建设的投入应以机动监测为主、固定监测为辅（固定监测以地方无线电管理部门为依托），机动、固定一体；装备建设的目标应是能够持续、有效地对重点地域和重点目标进行全频段、全时段、全地域（包括陆、海、空域直至太空域）的电磁环境测试，对主战武器用频装备和无线电通信指挥信息系统进行保护性监测，及时发现并查处干扰。

（三）足够的监测时间是完成监测任务的基本保证

要掌握重点方向、重点目标和重点地域或空间电磁环境变化的规律，查找违规发射和各种无线电干扰，为实时、合理、有效地进行频率分配和频率指配提供技术支持，必须长期不间断地进行电磁频谱监测。一方面要尽量保证足够的监测时间；另一方面要在有效的监测时间里提取最大的信息量，不断提高监测分析人员的工作能力。此外，还要创造良好的监测值勤条件，确保监测时间落实，进行正规化值勤是避免弄虚作假、扎扎实实完成监测任务的基本保证。

（四）科学地选择监测地点是开展监测工作的重要保证

由于频率和传输媒介不同，电波传播的特性也会不同，因此在进行重点区域短波、超短波和微波等不同频段的电磁环境和相对应台站的选址测试时，选择合适的监测地点（或站址）至关重要。在这方面，主要应注意两点：第一，要选择合适的监测点。一是尽量避开大功率辐射源、移动通信系统基站、高压输电线、电气化铁路、交通主干道、高速公路、立交桥和高架路以及各种影响监测质量的障碍物；二是尽量将监测站址选择在高山或高楼等制高点；三是长时间监测时尽量选择交通便利、供电和通信能够得到保障的位置；四是利用移动监测车、可搬移式或便携式监测设备在某一区域开展监测工作时，同次任务尽量选择相同的位置。第二，要选择足够的监测点。即根据不同频段电波传播的特性、地理地质情况以及监测区域的大小选定一定数目的监测站点，以达到较大的覆盖面。

（五）有价值的监测报告是监测工作的效果体现

通常从选择监测站点，实施监测到形成监测结论并完成监测报告，往往会因人而异、因设备而异、因地而异和因时而异，不可能做到绝对统一。但通过制定相应的技术规范，对监测站点评估、监测系统检测、监测方法选择、测试参数设置、数据提取和处理、信号分析与识别、监测报告内容和格式等监测工作流程各环节进行标准化规定，以及对监测人员进行系统培训和模拟测试，可以最大限度地减少人为和环境因素造成的影响，也能减少监测设备内在和外在的影响，使监测数据更加真实、准确、可比对，监测结论具体、科学、能推敲，监测报告完整、实在、有价值。

思考题：

1. 在野外如何获取饮用水？
2. 如何鉴定水质的好与坏？
3. 在没有火柴的情况下有哪些取火方法？
4. 在野外如何防止昆虫叮咬？
5. 当发现有人中暑时，应如何急救？
6. 电磁频谱监测工作包括哪些要素？

附　录

[QR code] 家国与边关

[QR code] 参军报国　不负韶华

[QR code] 大学生应征入伍政策

[QR code] "军事理论篇"思考题答案

参考文献

[1] 王保存.世界新军事革命[M].北京：解放军出版社，1999.

[2] 宋华文.信息化武器装备及其运用[M].北京：国防工业出版社，2010.

[3] 姚有志，杨家祺.新编大学军事教程[M].北京：中国人民大学出版社，2013.

[4] 张勇，蒋研川，刘君.军事课教程[M].北京：高等教育出版社，2013.

[5] 孙凯.大学生军事训练教程[M].北京：国防大学出版社，2014.

[6] 廖廷阳.大学生军事课教程[M].北京：北京师范大学出版社，2014.

[7] 杨桂英，吴晓义.普通高校军事教程[M].北京：中国人民大学出版社，2014.

[8]《高校军事理论教程》编写组.高校军事理论教程[M].武汉：武汉大学出版社，2014.

[9] 张正明.军事理论教程[M].北京：高等教育出版社，2015.

[10] 王哲，王飞.大学生军事课教程[M].北京：机械工业出版社，2015.

[11] 赵建世，闫成.军事理论教程[M].上海：上海交通大学出版社，2015.

[12] 中华人民共和国国务院新闻办公室.中国的军事战略[M].北京：人民出版社，2015.

[13] 曲超法，吕妍，马小晶.大学军事理论教程[M].成都：电子科技大学出版社，2015.

[14] 朱玉国.高等院校现代军事理论教程[M].北京：国防工业出版社，2015.

[15] 邹治泰主编.国防基本技能[M].北京：国防大学出版社，2015.

[16]《总体国家安全观干部读本》编委会.总体国家安全观干部读本[M].北京：人民出版社，2016.

[17] 雷亮.世界武器装备发展概论[M].北京：国防工业出版社，2017.

[18] 干焱平.军事科学概论[M].北京：高等教育出版社，2017.

[19] 杨明建，瞿维中，沈言锦.士官生军事训练教材[M].武汉：华中科技大学出版社，2018.

[20] 谢佳山.警用格斗技术训练教程[M].厦门：厦门大学出版社，2018.

[21] 中共中央宣传部. 习近平新时代中国特色社会主义思想三十讲[M]. 北京：学习出版社，2018.

[22] 中共现代国际关系研究院. 国际战略与安全形势评估2018—2019[M]. 北京：时事出版社，2019.